세계민담전집

세계
민담
전집

08

프랑스 편

김덕희 엮음

세계 민담 전집을 펴내면서

민담이란 한 민족이 수천 년 삶의 지혜를 온축하여 가꾸어 온 이야기들입니다. 그 민족 특유의 자연관, 인생관, 우주관, 사회 의식이 속속들이 배어 있는 민담은 진정 그 민족이 발전시켜 외부와 교통해 온 문화를 이해하는 골간입니다. 세계화 시대를 맞아 국경의 의미가 나날이 퇴색되고 많은 사람들이 인류 공통의 문제를 피부로 느끼는 지금, 한편으로는 국가와 민족 인종 간의 몰이해로 인한 충돌이 더욱 빈번해져 가고 있습니다. 서로의 문화를 진정으로 이해해야 할 필요성이 더욱 커진 오늘, 한 민족의 문화에서 민담이 갖는 중요성을 생각할 때, 우리나라에 아직 믿고 읽을 만한 민담 전집을 갖지 못했다는 것은 여러 모로 불행한 일이 아닐 수 없습니다.

지금까지 세계 여러 민족의 옛이야기들이 전혀 출판되지 않았던 것은 아니지만, 개별적으로 나와 망실되고 절판된 데다가 영어나 일본어 판에서 중역된 것이 대부분이었고, 그나마 아동용으로 축약 변형되어 온전한 모습으로 소개되지 못했습니다. 황금가지에서는 각 민족의 고유 문화를 이해하는 실마리가 될 민담을 올바르게 소개하고자 다음과 같은 원칙에 따라 편집을 진행하였습니다.

첫째, 근대 이후에 형성된 국가의 구분에 얽매이지 않고 더 본질적인 민족의 분포와 문화권을 고려하여 분류하였습니다. 국가적 동질성과 문화적 동질성이 반드시 일치하지는 않기 때문입니다.

둘째, 각 민족어 전공자가 직접 원어 텍스트를 읽은 후 이야기를 골라 번역했습니다. 영어 판이나 일본어 판을 거쳐 중역된 이야기는 영어권과 일본어권 독자들의 입맛에 맞도록 순화되는 과정에 해당 민족 고유의 사유를 손상시켰을 우려가 높습니다. 황금가지 판 『세계 민담 전집』은 해당 언어와 문화권을 잘 이해하고 있는 전공자들이 엮고 옮겨 각 민족에 가장 널리 사랑받는 이야기, 그들의 문화 유전자가 가장 생생하게 드러나는 이야기들을 가려 뽑도록 애썼습니다.

셋째, 기존에 알려져 있던 각 민족의 대표 민담들뿐 아니라 그동안 접하기 힘들었던 새로운 이야기들을 여럿 소개합니다. 또한 이미 들은 적이 있는 이야기일지라도 축약이나 왜곡이 심했던 경우에는 원형에 가까운 형태로 재소개했습니다.

황금가지 판 『세계 민담 전집』은 또한 작은 가방에도 들어가는 포켓판 형태로 제작되어 간편하게 들고 다니며 읽을 수 있게 하였습니다. 세계를 여행하면서 그 지역에 뿌리를 두고 자라난 이야기들을 읽고 확인하는 것도 이 전집을 읽는 또다른 즐거움이 될 것입니다.

세계 민담 전집 편집부

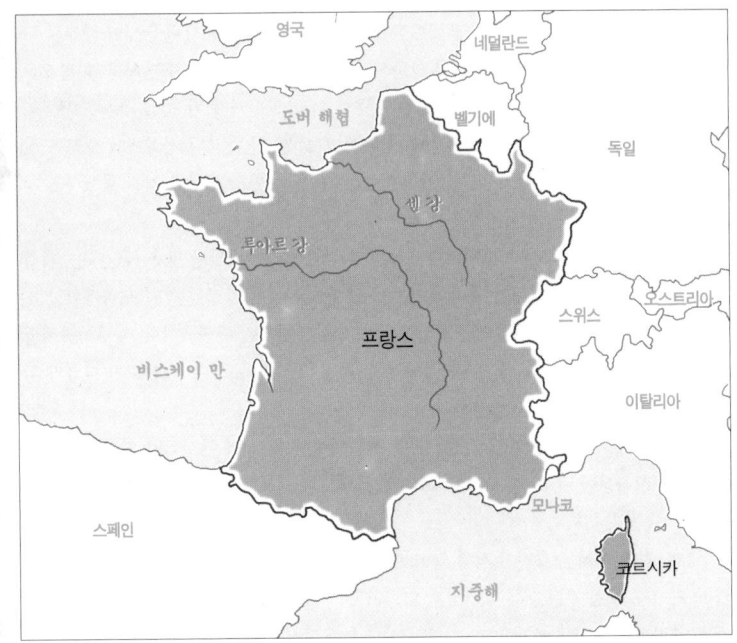

● 유럽 대륙의 서쪽 해안에 접한 프랑스는 지중해와 대서양 사이에 있으며 전체적으로 육각 단괴형인데, 삼면은 바다를 면하고 삼면은 산지에 둘러싸여 있다. 이 책에서는 잘 알려진 페로 민담과 함께 서북부 대서양 연안의 브레타뉴부터 중부 내륙 및 지중해 연안에 이르기까지 여섯 지방의 민담을 소개한다.

차 례

황금가지 세계 민담 전집 프랑스 편

제1부 페로 민담과 그 밖의 이야기
　　　당나귀 가죽 ●●● 11
　　　엄지 동자 ●●● 28
　　　꽁지머리 리케 ●●● 48
　　　푸른 수염 ●●● 57
　　　요정 이야기 ●●● 68
　　　할머니 이야기 ●●● 73
　　　인간의 머리를 한 괴물 ●●● 79
　　　철인 시종 ●●● 87

제2부 지방 민담
　　　멜뤼진 ●●● 99
　　　말하는 물고기와 삼 형제 ●●● 111
　　　황금 사과 ●●● 119
　　　유명한 사람 ●●● 130
　　　까마귀 이야기 ●●● 141
　　　작은 조 반쪽 ●●● 150
　　　타르타리 바르바리 ●●● 156
　　　작은 정어리 ●●● 162
　　　뱀의 알 ●●● 173
　　　늑대를 부리는 마법사 ●●● 180
　　　안과 밤에 빨래하는 여자 ●●● 191
　　　늑대 인간 ●●● 200
　　　프랑시와 하얀 여인들 ●●● 208

붉은 산의 거인 ●●● 215
금빛 머리의 미녀 ●●● 222
제 꾀에 속은 악마 ●●● 228
코리간의 여왕과 은 쟁반 ●●● 235
마르고디그의 마지막 무도회 ●●● 241
땅딸보 굴벵 ●●● 247
포르 블랑의 바다 미녀 ●●● 255
바뀐 아기 ●●● 261
악마에게 영혼을 판 선원 ●●● 266
밤에 빨래하는 여자 ●●● 279
드모아젤 호와 마녀들 ●●● 284
악마를 골린 바람 행상 ●●● 293
밀랍 아가씨 ●●● 308
성녀 마르타와 어린 목동 ●●● 317
난쟁이와 인간 ●●● 325
한스 트랍 ●●● 333
호수의 약혼녀 ●●● 340

해설 | 프랑스 민담을 소개하며 ●●● 351

제 1 부

··········

페로 민담과 그 밖의 이야기

··········

당나귀 가죽

 옛날에 한 훌륭한 왕이 있었다. 그는 백성들로부터 많은 사랑을 받고, 이웃나라와 동맹국으로부터 많은 존경을 받았으니 왕중에 제일 행복한 왕이라 할 수 있었다. 게다가 아름답고 덕이 높은 왕비를 두었으니 그의 행복은 한층 더한 것이었다. 왕과 왕비는 완벽한 결혼 생활을 하며 살고 있었다. 그들 사이에서 우아하고 매력이 넘치는 딸이 태어나 그들은 더 많은 자식을 두지 않은 것을 아쉬워하지 않아도 될 정도였다.
 그들의 궁전에는 웅장함과 세련됨과 풍요로움이 넘쳐났다. 대신들은 현명하고 유능했다. 궁전을 드나드는 귀족들은 덕망 있고 충성스러웠다. 시종들도 충직하고 부지런했다. 넓은 마구간은 값진 마의(馬衣)를 입은 세상에서 제일 멋진 말들로 가득 했다. 하지만 이곳을 구경하러 오는 사람들을 놀라게 하는 것은 눈에 가장 잘 띄는 곳에 대장 당나귀가 그 길고도 큰 귀를 과시하고 있는 모습이었다. 왕이 괜히 멋으로 그렇게 한 것이 아니라 이유가 있어서 우아하고 특

별한 장소를 마련해 준 것이었다. 이 희귀한 동물의 재주는 특별 대접을 받을 만했다. 자연이 이 동물을 아주 특별하게 만들어서 그의 잠자리는 불결하기는커녕 매일 아침 갖가지 빛나는 금화로 차서 매일 아침 나귀가 깰 때 신하가 그 돈을 걷으러 갔다.

허나 왕이나 신하나 인생이란 허무하게 마련이며 모든 행복 속에는 불행이 섞여 있게 마련이다. 하늘은 갑자기 왕비가 지독한 병에 걸리도록 만들었다. 의사들이 학식과 기술을 총동원해도 손을 쓸 수가 없었다. 온 나라가 슬픔에 잠겼다. 왕비를 사랑하고 정이 많은 왕은 '결혼은 사랑의 무덤'이라는 속담과는 달리 주체할 수 없는 슬픔에 빠졌다. 그래서 왕국의 모든 사원에서 기도를 올렸다. 하지만 신들과 요정들은 이 기도를 듣지 않았다. 마지막 순간이 다가오는 것을 느낀 왕비는 눈물을 흘리고 있는 왕에게 말했다.

"제가 죽기 전에 폐하께 한 가지 소원이 있습니다. 폐하께서 다시 결혼하시려면······."

이 말에 왕은 비통하게 소리를 질렀다. 그리고 왕비의 손을 잡고 눈물로 손을 적셨다. 그리고는 재혼에 대해서 이야기하는 것은 쓸데없는 짓이라고 했다.

"아니오, 아니오, 사랑하는 왕비, 당신이 죽지 않을 거라고 말해 주시오."

"왕국은, 왕국은 후사를 요구할 것입니다. 저는 딸 하나밖에는 두지 못하였으니, 폐하를 닮은 아들들을 낳으시라고 요구할 것입니다."

왕비는 이렇게 단호하게 말해서 왕을 더욱 큰 슬픔에 빠뜨렸다.

"하지만 폐하께 간청드립니다. 폐하께서 저보다 더 얼굴과 몸이 아름다운 여인을 만나기 전에는 백성들의 압력에 굴복하지 않으시기를, 폐하께서 저에게 보여 주신 모든 사랑을 걸고 청하옵니다. 폐하의 맹세를 들으면 편안히 눈을 감겠습니다."

 자존심이 강한 왕비는 이 세상에 그녀만큼 아름다운 여인은 없을 거라고 여기고 이런 맹세를 요구한 것으로 짐작할 수 있다. 결국 왕비는 죽었다. 어떤 남편도 이렇게 슬퍼하지는 않았으리라. 왕은 홀아비의 작은 권리인 밤낮으로 울고 한탄하는 것으로 세월을 보냈다.
 큰 슬픔은 오래 가지 않는 법이다. 게다가 왕국의 대신들이 회동을 가졌다. 그들은 모두 함께 와서 왕에게 재혼을 권하였다. 그들이 처음 청했을 때 왕은 고통스러웠다. 그래서 다시 눈물을 흘렸다. 왕은 왕비와의 약속을 내세우며 대신들에게 왕비보다 더 아름다운 여인을 찾을 수 있으면 찾아와 보라고 했다. 그건 불가능하리라고 생각하면서 말이다. 하지만 대신들은 그런 약속 따위는 하찮은 일로 치부하면서, 왕비는 덕성을 갖추면 그만이지 미모는 중요하지 않다, 왕국의 안정과 평화를 위해서 왕자가 있어야 한다고 말했다. 공주는 훌륭한 여왕이 될 모든 자질을 갖추고 있지만 결혼을 할 것이고, 이방인인 부마가 공주를 그의 나라로 데려 가거나 공주가 남편과 함께 이 나라를 통치하게 되면 그 자녀들은 이 왕가의 후손이 아닐 것이다, 이 왕가의 이름을 가진 왕이 없으면 이웃나라들이 업신여겨 전쟁을 일으키고 왕국은 멸망한다고 했다. 이런 논의에 마음이 움직인 왕은 그들을 만족시켜 줄 방법을 찾기로 약속했다.
 그래서, 그는 다른 나라의 공주들 중에서 자신에게 알맞는 상대를 찾아 보았다. 신하들은 매일 그에게 아름다운 공주들의 초상화를 가져왔다. 하지만 아무도 죽은 왕비만큼 우아하지 않았다. 그래서 왕은 결정을 내리지 못하고 있었다.
 그런데 불행하게도 왕은 자신의 딸인 공주가 왕비보다 더 아름답고 똑똑하다는 것을 깨닫게 되었다. 그녀의 젊음과 아름답고 싱그러운 피부는 너무나 강렬하게 왕의 감정을 들끓게 해서 왕은 딸에게 그것을 숨길 수가 없었다. 그는 자신을 왕비와의 맹세로부터 해방시켜 줄 사람은 공주밖에 없기에 공주와 결혼하기로 결심했다고 했다.

덕이 있고 정숙한 어린 공주는 이런 끔찍한 청혼에 기절할 뻔했다. 그녀는 부왕의 발밑에 엎드려, 그런 엄청난 죄를 짓게 하지는 말아 달라고 있는 힘을 다해 빌었다.

왕은 이런 기괴한 생각이 떠오르자 공주를 안심시키기 위해서 한 늙은 드루이드 사제를 불러 의논하였다. 신앙심보다는 야심이 더 많은 이 드루이드 사제는 왕의 측근이 되기 위해서 순수한 미덕을 수호하기를 포기했다. 그리고 어찌나 능수능란하게 왕의 환심을 사고 왕이 지금 저지르려고 하는 일에 대한 죄의식을 어찌나 잘 무마시켰는지, 심지어는 자신의 딸과 결혼하는 것이 경건한 행동이라고 설득하기까지 하였다. 간신의 말에 홀린 왕은 그와 포옹하고, 그와 함께 예전보다 더 자신의 계획에 열중하게 되었다. 그래서 딸에게 아버지의 명령에 복종할 준비를 하라고 지시하였다.

너무나 고통스러웠던 젊은 공주는 자신의 대모인 라일락 나무의 요정을 만나러 가는 수밖에 없다고 생각했다. 그러기 위해서 그날 밤, 요정에게 가는 길을 아는 커다란 양 한 마리가 끄는 예쁜 마차를 타고 길을 떠났다. 그녀는 요정이 있는 곳에 무사히 도착했다. 공주를 아끼는 요정은 공주가 말하려는 것을 알고 있다고, 염려할 필요가 없다고 했다. 그저 자신이 공주에게 일러주는 대로만 하면 아무도 공주를 해칠 수는 없을 것이라고 했다.

"사랑하는 공주님, 아버지와 결혼하는 것은 크나큰 죄악이에요. 하지만 아버지의 뜻을 거스르지 않고 그걸 피할 수 있어요. 아버지께 말씀드려요. 아버지의 이상한 꿈을 이루기 위해서는 저 하늘의 색과 같은 색의 드레스 한 벌을 당신께 가져오라고요. 아무리 그가 사랑의 힘과 권력을 다 동원해도 구해 올 수 없을 거예요."

 공주는 요정에게 감사를 표했다. 그리고 바로 다음 날 아침 부왕에게 요정이 말한 대로 요구했다. 저 하늘의 색과 같은 색 드레스 한 벌을 가져오지 않으면 결혼에 동의할 수 없다고 했다. 하지만 공주가 준 희망에 고무된 왕은 일류 재봉사를 모두 불러 들였다. 그리고 공주가 말한 드레스를 만들라고, 그런 드레스를 만들지 못하면 모두 목 매달릴 줄 알라고 했다. 왕이 그렇게까지 할 필요는 없었다. 재봉사들은 왕이 그토록 원하는 드레스를 바로 이튿날에 가져왔으니까 말이다. 금빛 구름을 두른 하늘도 그 드레스만큼 아름다운 푸른색을 띠지는 않았을 것이다.

 공주는 당황했다. 이렇게 난처한 상황을 어떻게 벗어나야 할지 몰랐다. 왕은 결혼을 재촉했다. 공주는 다시 대모에게로 달려갔다. 대모는 자신의 비법이 듣지 않은 것에 놀라면서 이번에는 달빛 드레스를 주문하라고 하였다. 공주의 말이라면 다 들어주는 왕이 더욱 솜씨좋은 재봉사들을 불러 너무도 급하게 달빛 드레스를 주문하였기에, 왕이 이 드레스를 주문하여 받기까지 스물네 시간밖에 걸리지 않았다.

 공주는 부왕의 정성보다도 이 드레스의 아름다움에 더 마음이 끌렸지만 시녀들과 유모와 함께 있을 때는 몹시 괴로워했다. 모든 것을 알고 있는 라일락의 요정이 상심한 공주를 도우러 달려 왔다.

 "장담하건대, 공주님이 태양 빛깔의 드레스를 달라고 하시면 아버지를 질리게 할 수 있을 거예요. 아무도 그런 드레스를 만들 수는 없을 것이거든요. 아니면 최소한 시간은 벌 수 있어요."

공주는 그러자고 했다. 그리고 드레스를 주문했다. 사랑에 빠진 왕은 이 드레스를 만드는 데 쓰라고 자신의 왕관에 박힌 모든 다이아몬드와 루비를 거침없이 내놓았다. 드레스를 태양처럼 만드는 데 아무것도 아끼지 말라는 명령도 함께 내렸다. 그렇게 해서 만들어진 드레스를 펼쳤을 때는 그것을 보러 온 모든 사람들이 눈을 감아야만 했다. 그만큼 눈이 부셨다. 이때 녹색과 검은색 안경이 생겨났다.

이런 광경을 보고 공주는 어떻게 했을까? 이토록 아름답고 예술적으로 만들어진 것은 아무도 본 적이 없었다. 공주는 어쩔 줄을 몰랐다. 눈이 아프다는 핑계를 대고 매우 수치스러워하면서 요정이 기다리고 있는 자신의 처소로 물러났다. 사태는 더 나빠졌다. 태양빛 드레스를 보면서 그녀는 화가 나서 얼굴이 붉어졌다.

"오! 공주님. 이번에는 당신 아버지의 추잡한 사랑을 호되게 시험합시다. 그가 거의 다 된 줄로 여기는 이 결혼에 아주 집착하고 있는 것 같지만 내가 지금 당신에게 말할 요구 사항을 들으면 아마 당황할 거예요. 그가 그토록 아끼는 그 당나귀의 가죽을 요구하세요. 이렇게 흥청망청 써 대는 모든 비용을 그 당나귀가 대고 있잖아요. 자, 가서 그 당나귀 가죽을 달라고 말해 보세요."

그 끔찍한 결혼을 무산시킬 수 있는 방법이 아직 있다는 것에 만족한 공주는 아버지가 절대로 그 당나귀를 희생시키지 않으리라고 생각하면서 아버지에게로 갔다. 그리고 그 대단한 당나귀의 가죽을 요구했다. 왕은 공주의 엉뚱한 생각에 놀라기는 했지만 그녀의 요구를 들어주기를 망설이지 않았다. 가엾은 당나귀는 희생되었다. 그리고 그 가죽은 기꺼이 공주에게 주어졌다. 자신의 불행을 피할 길이 없다는 것을 안 공주는 절망했다. 그때 그녀의 대모가 달려왔다.

"공주님, 뭐하고 있어요?"

자신의 머리칼을 쥐어뜯고 예쁜 뺨에 상처를 내고 있는 공주를 보면서 요정은 말했다.

"지금이 당신 생에 가장 행복한 순간이에요. 이 가죽을 입으세요. 이 궁전을 빠져 나가요. 되도록 멀리 도망가세요. 미덕을 지키기 위해 모든 것을 바치면, 신들은 거기에 보상을 해 준답니다. 당신이 어디를 가든지 몸치장하는 물건들이 따라다니도록 할게요. 당신이 어디에 가든지 당신 옷과 보석이 든 가방이 발밑 땅 속에서 당신을 따라갈 거예요. 자, 여기 내 요술봉을 받아요. 그 가방이 필요할 때 이것으로 땅을 치면 가방이 눈 앞에 나타날 거예요. 서두르세요. 어서요."

공주는 대모를 수없이 안아 주고 자신을 버리지 말아 달라고 부탁했다. 그녀는 보기 흉한 당나귀 가죽을 입고 벽난로의 검댕을 얼굴에 발랐다. 그리고 아무도 알아채지 못하게 그 화려한 궁전을 빠져나왔다.

공주가 사라지자 큰 소란이 일어났다. 성대한 결혼식을 준비시켰던 왕은 이만저만 실망한 게 아니었다. 그는 공주를 찾기 위해 기병과 총사를 수백 수천 명 보냈다. 하지만 공주를 보호하는 요정이 어떤 수색대에게도 들키지 않게 했다. 왕은 포기할 수밖에 없었다.

그러는 동안 공주는 계속해서 길을 갔다. 멀리 갔다. 아주 멀리. 여기저기 머무를 곳을 찾아다녔다. 사람들이 그녀를 불쌍히 여겨 가끔 먹을 것을 주기는 했지만, 그녀가 너무나 더러워서 아무도 받아 주지 않았다.

어느 날 그녀는 한 아름다운 도시에 다다랐다. 그 도시의 입구에 한 소작농이 살고 있었다. 농부의 아내는 하녀를 찾고 있었다. 걸레를 빼고 칠면조와 돼지의 여물통을 치울 하녀 말이다. 지저분한 행색의 공주를 본 농부의 아내는 그녀를 집 안으로 들였다. 공주는 부엌 구석 후미진 곳에 있는 방을 쓰게 되었다. 처음에는 그곳에서 머슴들과 하녀들의 저속한 놀림감이 되었다. 당나귀 가죽 때문에 더럽고 역겨운 모습을 하고 있었던 것이다. 하지만 시간이 흐르자 익숙해졌다. 게다가 공주가 아주 열심히 자신이 맡은 일을 했기에 농부의 아내는 그녀를 감싸고 돌았다. 공주는 시간이 되면 양들을 우리에 몰아 넣었다. 칠면조들을 어찌나 요령있게 잘 키우는지 마치 이런 일만 하고 살아 온 사람 같았다. 이렇게 그녀의 손이 닿으면 모든 것이 좋은 결실을 맺었다.

어느 날, 자신의 서글픈 운명을 한탄하러 종종 찾는 맑은 연못가에 앉아 있던 공주는 연못에 자신의 모습을 비추어 보고 그녀의 머리와 몸을 감싸고 있는 당나귀 가죽에 깜짝 놀랐다. 이런 몰골이 부끄러워서 공주는 얼굴과 손의 때를 깨끗이 씻었다. 얼굴과 손이 상아보다 더 하얗게 되었다. 그녀의 아름다운 피부는 본래의 싱그러움을 되찾았다. 이렇게 다시 아름다워지니 기분이 좋아진 공주는 목욕까지 하였다. 하지만 농가로 돌아가기 위해서는 다시 그 지저분한 가죽을 입어야만 했다. 다행스럽게도 다음 날은 휴일이었다. 가방을 땅에서 꺼내 몸치장을 할 여유가 있었다. 아름다운 머리에 분을 바르고 하늘색 드레스를 꺼내 입었다. 그녀의 방은 너무 좁아서 드레스의 끝자락을 펼칠 수도 없었다. 아름다운 공주는 거울을 들여다 보고 자신의 모습에 감탄했다. 그래서 그녀는 재미삼아 매주 일요일과 휴일에는 자신의 화려한 드레스들을 하나씩 차례로 입어 보기로 마음먹은 후 그렇게 하였다. 아름다운 머리를 꽃과 다이아몬드로 멋지게 장식했다. 그리고 자신의 아름다움을 보아 줄 것이 양들과 칠면조들 밖에는 없다는 사실에 한숨지었다. 이 동물들은 그녀가 당나귀 가죽을 입고 있을 때도 그녀를 무척 따랐다. 농가에서는 그녀를 '당나귀 가죽'이라고 불렀다.

어느 휴일, '당나귀 가죽'이 태양빛 드레스를 입고 있을 때 이 농가의 지주인 왕자가 사냥에서 돌아오면서 쉬었다 가려고 농가에 들렀다. 왕자는 젊고 잘생기고 멋졌으며 왕과 왕비, 그리고 백성들의 사랑을 한몸에 받고 있었다. 사람들이 바치는 시골식 식사를 기꺼이 먹은 후에 왕자는 축사와 농장의 후미진 곳들을 둘러 보기 시작했다. 여기저기 돌아다니다가 어두컴컴한 좁은 통로로 들어간 왕자는 그 끝에 잠긴 문이 하나 있는 것을 보았다. 그는 호기심에 열쇠 구멍으로 방 안을 들여다 보았다. 그 순간 아름답고 찬란한 옷차림을 한 공주를 보고 왕자가 얼마나 놀랐겠는가? 그녀의 고귀하고 품위 있는 모습을 보고 왕자는 그녀가 천사라고 생각했다. 그 매혹적인 여인이 그에게 존경심을 불러일으키지 않았더라면, 그 순간의 격렬한 감정으로 문을 밀치고 들어갔을 것이다.

왕자는 그 어둡고 좁은 통로를 겨우 빠져 나왔다. 그리고 그 작은 방에 누가 살고 있는지 물었다. 누군가 지저분한 일을 맡아 하는 하녀의 방인데 그녀가 당나귀 가죽을 입고 다니기 때문에 모두들 '당나귀 가죽'이라고 부른다고 대답했다. 그녀는 너무 지저분하고 더러워서 아무도 그녀를 쳐다보지 않고 말도 걸지 않으며 다만 불쌍해서 거두어 양과 칠면조를 치게 한다고 했다.

이런 설명만으로는 만족하지 못한 왕자는, 이 비천한 사람들이 뭘 모른다고 생각하고 더 이상 물어야 소용이 없다고 판단했다. 그는 다시 궁전으로 돌아왔다. 하지만 그는 말할 수 없이 깊은 사랑에 빠졌다. 그의 눈 앞에는 열쇠 구멍을 통해 본 공주의 아름다운 모습이 계속 어른거렸다. 문을 부수고 들어가지 않은 것이 후회되었다. 다음 기회에는 꼭 그렇게 하리라 다짐했다. 하지만 그날 밤, 사람의 열정이 흔들어 놓은 그의 젊은 피 때문에 그는 심한 열병에 걸렸고 곧 아주 위험한 지경에까지 이르렀다.

어머니인 왕비는 하나뿐인 아들에게 아무런 약도 듣지 않자 절망에 빠졌다. 그녀는 의사들에게 큰 포상을 약속했지만 아무런 소용이 없었다. 의사들은 모든 의술을 동원했지만 왕자를 고치지 못했다.

마침내 의사들은 어떤 치명적인 슬픔이 이런 병을 가져왔다고 추측하고 왕비에게 그 사실을 고했다. 아들을 사랑하는 왕비는 왕자에게 와서 병의 원인을 말해 달라고 했다. 왕관이 갖고 싶은 것이라면 부왕이 기꺼이 왕관을 물려 줄 것이며 어느 공주를 원한다면 그 공주의 아버지와 전쟁이라도 할 것이라고 했다. 어떤 문제든지 그것을 해결해 주기 위해 모든 것을 희생할 것이며 왕과 왕비의 목숨도 그에게 달렸으니 제발 죽지만 말아 달라고 했다.

왕비는 이렇게 애절한 말을 하면서 눈물로 왕자의 얼굴을 적셨다.

"어머니, 저는 아버지의 왕관을 탐낼 정도로 불효자가 아닙니다."

아주 가느다란 목소리로 왕자가 말했다.

"아버지의 만수무강을 기원하고 있습니다. 그래서 제가 모든 신하들 중에서 아버지께 가장 충성스럽고 복종하는 신하가 되기를 기원합니다. 어머니께서 말씀하신 그 공주들 얘기라면, 아직 결혼은 생각해 보지 않았습니다. 어머니의 말씀에 복종해 온 저는 무슨 일이 있더라도 언제까지나 복종할 것입니다."

"아! 내 아들아."

왕비는 다시 말을 이었다.

"네 생명만 살릴 수 있다면 나는 무슨 일이든 할 수 있다. 아들아, 네 소원은 반드시 들어 줄 것이니 믿고, 제발 네가 원하는 것이 무엇인지 말해서 내 생명과 부왕의 생명을 건져 다오."

"어머니, 제 생각을 말하라 하시니 분부에 따르겠습니다."

왕자는 말했다.

"제가 사랑하는 두 분의 생명을 위태롭게 하는 것은 죄가 되니까요. 저는 '당나귀 가죽'이 제게 과자를 구워 주었으면 합니다. 과자가 구워지면 바로 갖다 주십시오."

이런 이상한 이름에 놀란 왕비는 '당나귀 가죽'이 누구냐고 물었다.

"왕비 전하."

우연히 그 소녀를 본 적이 있는 신하들 중 한 명이 대답했다.

"늑대 다음으로 더러운 여인입니다. 시커먼 가죽을 입고 전하의 소작지에서 칠면조를 치는 하녀입니다."

"상관없다. 아마도 내 아들이 사냥에서 돌아 오다 그 집에서 과자를 먹었나 보구나. 열병 때문에 헛소리를 하는 것이니, 가서 당나귀 가죽더러 빨리 과자를 구우라고 해라."

신하는 소작농 집으로 달려 가 '당나귀 가죽'을 불러 왕자를 위해 정성껏 과자를 구우라고 명령했다.

어떤 이야기꾼들은 왕자가 열쇠 구멍으로 들여다 보았을 때 '당나귀 가죽'도 그것을 알았다고도 한다. 그리고 작은 방 창문으로 젊고 잘생긴 왕자를 보고는 마음 속에 품고 그의 생각을 하면서 종종 한숨지었다고 한다.

'당나귀 가죽'이 왕자를 보았든 사람들이 칭찬하는 소리를 들었든 그녀는 자신을 알릴 방법이 생긴 것에 기뻐하면서 자신의 방으로 들어 갔다. 그리고 그 더러운 가죽을 벗고, 손과 얼굴을 씻고 금발을 손질하고 반짝이는 은색 코르셋과 은색 치마를 입고, 왕자가 그토록 원하는 과자를 만들기 시작했다. 그녀는 가장 질 좋은 밀가루에 신선한 계란과 버터를 넣었다. 반죽을 하면서 의도적이었는지 우연이었는지 손가락에 끼고 있던 반지를 반죽 속에 빠뜨렸다. 과자가 다 만들어지자, 그녀는 다시 당나귀 가죽을 입고 신하에게 과자를 건네 주면서 왕자의 소식을 물어보았다. 신하는 대답도 않고, 과자를 왕자에게 갖다 주러 궁전으로 달려가 버렸다.

신하에게서 과자를 황급히 받아든 왕자가 어찌나 맹렬히 먹던지, 그곳에 있던 의사들은 저런 이상한 행동은 좋은 징조가 아니라고 말했다. 아닌 게 아니라 왕자는 과자 조각 속에 들어 있던 반지가 목에 걸려서 죽을 뻔했다. 다행히 절묘하게 입 속에서 반지를 꺼냈고, 섬세한 반지를 들여다 보느라 과자를 삼키던 맹렬함이 조금 누그러들었다. 그 반지는 무척이나 작은 황금 테에 에메랄드가 박혀 있어서, 왕자는 이 세상에서 제일 아름다운 손가락에만 이걸 낄 수 있으리라고 생각했다.

그는 반지에 수없이 입을 맞추고 베개 밑에 넣었다. 그리고 아무도 없을 때면 꺼내 보곤 했다. 이 반지가 맞는 손가락을 지닌 여자를 어떻게 만날 수 있을까 생각하느라 괴로웠다. 과자를 만들어 준 '당나귀 가죽'을 부르면 과연 그녀를 데려올 수 있는 허락을 얻을지 확신할 수가 없었다. 그가 열쇠 구멍으로 본 여인의 존재도 더 이상 믿을 수가 없었다. 사람들이 그를 비웃고 미친 사람으로 여길 것도 두려웠다. 이 모든 생각이 동시에 그를 괴롭혔다. 다시 열이 심하게 오르고 의사들은 어찌할 바를 몰라 왕비에게 왕자가 상사병이 난 것이라고 고했다.

왕비는 가슴 아파하는 왕과 함께 왕자의 처소로 달려왔다.

"내 아들아, 사랑하는 아들아, 네가 원하는 여자가 누구인지 말해 다오. 그 여자가 가장 비천한 노예라 해도 맹세코 너에게 주겠다."

상심한 왕은 소리쳤다. 왕비는 왕자를 끌어안고 왕의 약속을 다시 확인했다. 부모의 사랑과 눈물에 감격한 왕자는 말했다.

"저는 결코 두 분의 마음에 들지 않는 여인과 결혼할 생각은 없습니다. 그리고 그 증거가 여기 있습니다."

왕자는 베개 밑에서 에메랄드 반지를 꺼내며 말했다.

"저는 이 반지가 맞는 여인과 결혼할 것입니다. 아름다운 손가락을 가진 여인이 천민이거나 농부일 것 같지는 않습니다."

왕과 왕비는 반지를 건네 받아 자세히 들여다 보고는 그 반지가 좋은 가문의 여자에게만 맞을 것이라고 판단했다.

그래서 왕은 병을 고쳐 주겠노라고 약속하면서 아들을 포옹하고는 방을 나갔다. 그러고는 북과 피리와 나팔 소리를 온 도시에 울리고, 전령들을 보내서 온 나라의 처녀들은 반지를 끼어 보러 궁전에 오라고, 반지가 딱 맞는 처녀는 왕위 계승자와 결혼할 것이라고 알리게 했다.

우선 왕족 처녀들이 왔다. 그리고 공작의 딸들, 후작의 딸들, 남작의 딸들이 와서 반지를 끼려고 애썼지만 누구도 반지를 낄 수 없었다. 평민들까지 왔지만 그녀들은 예쁘기는 해도 손가락이 너무 굵었다. 건강이 좀 나아진 왕자는 직접 시험을 하러 나섰다. 궁전의 시녀들에게도 끼워 봤지만 아무도 낄 수가 없었다. 이 반지를 끼려 해 보지 않은 처녀가 없었지만 낄 수 있는 사람은 아무도 없었다. 왕자는 요리사, 요리사 조수, 양치기까지 찾아갔다. 갖은 노력을 다 해 봐도 그녀들의 짧고 붉으며 굵은 손가락에는 손톱 이상 들어가

●──프랑스 민담

질 않았다.

"며칠 전 나에게 과자를 구워 준 '당나귀 가죽' 도 불렀느냐?"

왕자가 말했다. 모두들 웃기 시작했다. 그녀는 너무 더럽고 때가 많이 끼어 있어서 안 불렀다고 했다. 왕이 말했다.

"즉시 가서 그녀를 데려오너라. 아무도 빼놓지 말라고 하지 않았느냐."

신하는 비웃으면서 칠면조 치는 하녀를 데리러 달려 갔다.

한편, 북소리와 전령들의 외치는 소리를 들은 공주는 자신의 반지가 이런 소란을 불러 일으켰다고 짐작하고 있었다. 공주는 왕자를 사랑했다. 진정한 사랑은 두려워하며, 자만하지 않는 법이다. 공주는 혹시 어느 아가씨가 자신만큼 가느다란 손가락을 가지고 있으면 어쩌나 하고 계속 두려워하고 있었다. 신하가 그녀를 데리러 와서 문을 두드릴 때, 그녀는 떨 듯이 기뻤다. 자신이 떨어뜨린 반지가 맞는 손가락을 지닌 여인을 찾는다는 소문을 듣고부터 모종의 희망을 품게 된 것인지, 그녀는 정성스럽게 머리를 손질하고 아름다운 은빛 코르셋과 은 레이스에 에메랄드가 박히고 주름 장식이 풍성한 치마를 입었다. 신하가 와서 문을 두드리면서 궁전으로 가자고 불렀을 때, 그녀는 황급히 당나귀 가죽을 입고 문을 열었다. 그리고 신하들은 그녀를 놀리면서 왕이 왕자와 그녀를 결혼시키려고 부른다고 말했다. 그리고 계속 껄껄 웃어대며 그녀를 왕궁으로 데리고 갔다. 왕자도 이 소녀의 행색에 놀라서 자신이 본 화려하고 아름다운 여자가 그녀라고 감히 믿을 수가 없었다. 이렇게 엄청나게 착각한 것에 당황하고 침울해진 왕자는 물었다.

"그대가 그 세 번째 축사에 있는 어두컴컴한 통로 끝에 살고 있는 사람이오?"

"네, 왕자님."

그녀는 대답했다.

"손을 내밀어 보시오."

왕자는 떨면서 말했다. 그러고는 긴 한숨을 내쉬었다.

저런, 누가 놀랐겠는가? 왕과 왕비 그리고 모든 신하들과 귀족들이 깜짝 놀랐다. 시커멓고 때가 덕지덕지 붙은 가죽 아래에서 섬세하고 뽀얗고 장밋빛이 도는 작은 손이 나왔다. 세상에서 제일 예쁘고 작은 이 손가락에 반지는 탈없이 잘 맞았다. 공주가 조금 움직이자 가죽이 벗겨졌다. 그리고 황홀한 미인의 모습이 나타나서, 힘이 없던 왕자는 그녀의 무릎 아래 엎드렸다. 그리고 너무나 열정적으로 그녀의 무릎을 끌어안아 그녀는 얼굴이 붉어졌다. 하지만 왕과 왕비도 달려와 그녀를 힘껏 안았기에 아무도 그것을 눈치채지 못했다. 왕과 왕비는 왕자와 결혼해 주겠느냐고 물었다. 이 젊고 잘생긴 왕자가 보인 사랑과 이런 애정 공세에 당황했음에도 불구하고 공주는 감사를 표하려고 했다. 그때 천장이 열리면서 라일락 나무 요정이 라일락 꽃과 가지로 만든 수레를 타고 내려와서 공주의 이야기를 한없이 우아한 목소리로 들려 주었다.

왕과 왕비는 '당나귀 가죽'이 공주라는 사실을 알고는 기뻐서 더욱 따뜻하게 그녀를 안아 주었다. 하지만 왕자는 공주의 덕성에 더욱 감동을 받았고, 그녀의 이야기를 알게 되자 그의 사랑은 더 커졌다.

왕자가 공주와 하루빨리 결혼하고 싶어했기 때문에, 왕실 결혼 준비를 할 시간도 겨우 낼 정도였다. 왕과 왕비는 며느릿감을 대단히 좋아해서 쉴새없이 그녀를 품에 안고 쓰다듬었다. 공주는 부왕의 허락 없이는 왕자와 결혼할 수 없다고 선언했다. 그래서 공주의 부왕에게 제일 먼저 결혼식 초대장을 보냈다. 하지만 신부가 누구인지는 밝히지 않았다. 이 모든 것을 주관하던 라일락의 요정은 결과를 생각하여 당연히 그렇게 하기를 요구했다.

각국의 왕들이 왔다. 어떤 왕은 가마를 타고, 어떤 왕은 마차를 타고, 더 먼 나라에서는 코끼리, 호랑이, 독수리를 타고 왔다. 하지만 제일 웅장하고 제일 당당한 왕은 공주의 아버지였다. 이 왕은 다행스럽게도 지난날의 불가능한 사랑을 잊고, 혼자 사는 매우 아름다운 여왕과 결혼했다. 새 왕비와의 사이에 자식은 두지 않았다.

공주는 부왕을 맞으러 나갔다. 왕은 딸을 금세 알아보았다. 그리고 따뜻하게 안아 주었다. 그녀는 아버지의 발치에 엎드렸다. 왕자의 부모인 왕과 왕비는 아들을 소개시켰다. 왕은 커다란 애정을 표시했다. 결혼식이 얼마나 웅장했을지는 상상이 되는 일이다. 이런 웅장한 예식에는 별로 관심이 없는 신혼부부는 서로만 바라볼 뿐이었다.

왕자의 부왕은 바로 그날 아들의 손에 입을 맞추고는 그를 왕좌에 앉혔다. 효심 깊은 왕자는 처음엔 왕위를 거절했지만 아버지에게 복종해야만 했다. 이 화려한 결혼식의 축제는 세 달 가까이 계속되었다. 하지만 두 부부는 서로 굉장히 사랑하여서, 100년 후에 그들이 죽지 않았더라면 그들의 사랑은 더 오래 계속되었을 것이다.

● ── 페로 민담집의 교훈

도리를 저버리는 것보다는 가장 가혹한 시련을 겪는 것이 더 낫다는 점과 바른 길을 가는 사람은 불행할 수도 있지만 항상 그 사람이 이기게 된다는 점을 아이에게 가르치는 것이 이 이야기의 목적임을 알기는 어렵지 않다.

광적인 사랑과 그 사랑이 보이는 격렬한 열정 앞에서는 아무리 강한 이성도 어쩔 수 없고, 사랑에 빠진 사람이 내놓지 않는 보물이란 없다는 것을 가르쳐 준다.

좋은 옷만 가지고 있다면 젊은 여자의 음식으로는 깨끗한 물과 흑빵 조각이면 충분하다. 하늘 아래에 자신이 아름답다고 생각하지 않는 여자는 없다. 그리고 여자들은 종종 그 유명한 세 여신이 미를 겨루는 시합에서 자신까지 넣어서 승자를 가렸더라면, 자신이 황금 사과를 차지했으리라고 상상하기까지도 한다.[1]

'당나귀 가죽' 이야기는 믿기 어려운 이야기다. 하지만 세상에 아이들과 어머니들과 할머니들이 있는 한 이 이야기는 계속 기억될 것이다.

●―― 주

[1] 그리스 신화에서, 아프로디테, 아테나, 헤라는 아름다움을 겨루었고 파리스 왕자가 가장 아름다운 여신에게 줄 황금 사과를 아프로디테에게 주었다.

엄지 동자

옛날에 아들만 일곱 명 둔 나무꾼과 그의 아내가 살고 있었다. 맏아들이 열 살밖에 되지 않았고 막내는 일곱 살이었다. 어떻게 그렇게 짧은 시간 동안에 그렇게 많은 자식을 두었을까 놀랄 것이다. 하지만 워낙 일을 순식간에 해치우는 나무꾼의 아내는, 한 번에 두 명 이하는 낳지 않았다.

그들은 매우 가난했다. 자식이 일곱이나 되니 생활은 아주 힘들었다. 아직은 아이들 중 아무도 밥벌이를 할 수 없었기 때문이다. 게다가 막내가 아주 허약하고 말이 없어서 그들은 더욱 속이 상했다. 막내는 똑똑해서 함부로 말하지 않는 것인데 부모는 그를 모자라는 아이라고 생각하고 있었기 때문이다. 막내는 아주 작았다. 그가 세상에 태어났을 때, 그는 엄지 손가락만 했다. 그래서 그를 '엄지 동자'라고 부르게 되었다. 이 가엾은 아이는 집 안의 놀림감이었다. 항상 그 아이가 잘못했다고들 했다. 하지만 그는 형제들 가운데 가장 영민하고 빈틈없는 아이였다. 말은 별로 하지 않았지만 다른 사람의 말에 귀 기울였다.

　아주 살기 힘든 해였다. 기근이 어찌나 심했던지 가난한 사람들은 아이들을 버리기로 작정했다. 아이들이 잠자리에 든 어느날 밤, 나무꾼은 아내와 함께 화로 옆에 앉아 있었다. 그는 가슴이 미어지는 아픔을 느끼면서 아내에게 말했다.

　"우리가 더 이상 아이들을 먹여 살리지 못한다는 것을 당신도 알지? 나는 아이들이 내 눈 앞에서 굶어 죽는 것을 볼 수는 없어. 내일 아이들을 숲 속에 버리기로 마음 먹었어. 쉬운 일이야. 아이들이 나뭇단을 묶으면서 노는 동안 안 들키게 도망치면 돼."

"아!"

나무꾼의 아내는 소리쳤다.

"당신이 직접 아이들을 데려가서 버린다고요?"

남편은 아내에게 그들이 얼마나 찢어지게 가난한지 충분히 설명했다. 아내는 동의할 수 없었다. 그녀는 가난했지만 아이들의 엄마였다. 하지만 아이들이 굶어 죽는 것을 보는 고통이 어떨지 생각해 보고는 남편의 생각에 동의했다. 그리고 울면서 잠자리로 갔다.

엄지 동자는 부모가 하는 이야기를 모두 들었다. 침대에서 부모가 얘기하는 소리를 듣고는 그 이야기를 엿들으려고 조용히 일어나 아버지의 나무 의자 밑으로 살짝 들어갔던 것이다. 그는 다시 침대로 돌아갔지만, 어떻게 해야 할지 생각하느라 남은 밤 동안 잠을 이루지 못했다.

그는 아침 일찍 일어나 시냇가로 가서 주머니에 하얀 조약돌을 가득 채웠다. 그리고 집으로 돌아왔다.

드디어 나무꾼 가족은 숲을 향해 출발했다. 엄지 동자는 자신이 알고 있는 것을 형제들에게 전혀 말하지 않았다. 열 발자국만 떨어져도 서로 보이지 않을 정도로 울창한 숲에 이르자 나무꾼은 나무를 베기 시작하고, 아이들은 나뭇단을 만들려고 잔가지를 줍기 시작했다. 아버지와 어머니는 아이들이 일에 정신이 팔린 것을 보고는 조금씩 멀리 떨어지다가, 옆으로 난 작은 오솔길로 도망쳤다. 혼자 남겨진 것을 알게 된 아이들은 있는 힘을 다해 소리를 지르고 울기 시작했다.

집으로 돌아가는 길을 알고 있는 엄지 동자는 형들이 울도록 내버려 두었다. 숲 속으로 오면서 호주머니에 갖고 있던 하얀 조약돌을 떨어뜨린 것이다. 그는 형들에게 말했다.

"형들, 아무것도 겁낼 것 없어. 아빠와 엄마가 우릴 여기에 두고 갔어도 내가 형들을 집으로 데려다 줄게. 나만 따라 와."

형들은 그를 따라갔다. 엄지 동자는 숲으로 왔던 길을 그대로 따라서 집까지 형들을 데려갔다. 형제들은 집 안으로 들어가기를 망설였다. 모두들 문에 귀를 대고 아버지와 어머니가 무슨 이야기를 하는지 들어 보았다.

나무꾼과 그 아내가 집으로 돌아오자, 마침 그 마을의 영주가 오래전에 그들에게 빚졌던 10에퀴를 보내 왔다. 그 돈은 그들이 기대하지 않고 있던 것이었다. 가난한 사람들이 굶어 죽어 가고 있던 터에, 이 돈은 그들을 되살려 놓았다. 나무꾼은 아내에게 바로 가서 고기를 사오라고 했다. 오랫동안 굶주렸던 아내는 두 사람이 먹을 양의 세 배나 되는 고기를 샀다. 포식을 하고 나서 나무꾼의 아내는 말했다.

"오! 지금쯤 가여운 우리 아이들은 어디에 있을까? 저 남은 음식만으로도 애들을 배불리 먹일 텐데. 기욤, 당신이 아이들을 버리자고 했잖아요. 후회하게 될 거라고 내가 말했잖아요. 그 숲에서 아이들은 지금 무얼 하고 있을까? 아, 신이여, 아마 늑대가 벌써 잡아먹었을지도 몰라! 아이들을 그렇게 버리다니 당신은 정말 잔인해."

나무꾼은 더 이상 참을 수가 없었다. 그녀는 후회할 거라고 했다고 스무 번도 넘게 되풀이했기 때문이다. 그는 그만하지 않으면 때려 주겠다고 협박했다. 나무꾼이 그의 아내보다 더 속이 상해서 그런 것은 아니다. 그저 그녀가 그의 머리를 아프게 했기 때문이다.

그리고 그는 말을 잘하는 여자는 좋아하지만 항상 옳다고 하는 여자들은 아주 짜증스럽게 생각하는 다른 많은 남자들과 같은 성질을 가진 남자였다. 아내는 펑펑 울었다.

"아! 내 아이들, 내 가여운 아이들은 지금 어디 있을까?"

그러다가 그녀가 아주 큰 소리로 말했기에 밖에 있던 아이들은 그 소리를 듣고 모두 함께 외쳤다.

"여기 있어요! 여기 있어요!"

아내는 얼른 문을 열러 달려갔다. 그리고 아이들을 안으면서 말했다.

"너희들을 보니 정말 기쁘구나, 내 아가들아! 피곤하고 배고프지. 그리고 너, 피에로, 진흙투성이구나. 씻겨 줄게. 이리 온."

피에로는 그녀가 다른 아이들보다 더 사랑하는 맏아들이었다. 피에로도 그녀처럼 약간 붉은 머리이기 때문이었다.

아이들이 식탁에 앉아 맛있게 밥을 먹는 모습에 부모는 기뻤다. 아이들은 이구동성으로 숲에서 그들이 겪었던 두려움에 대해 부모에게 이야기했다. 이 순진한 사람들은 다시 아이들을 찾게 돼서 기뻤고, 영주가 돌려준 10에퀴가 남아 있는 동안 그 기쁨은 계속되었다. 하지만 돈을 다 써 버리고 나자, 그들은 또 다시 이전과 같은 슬픔에 빠졌고 다시 아이들을 버리기로 작정했다. 실패하지 않기 위해 전보다 더 멀리 아이들을 데려가기로 했다.

그들은 비밀스럽게 얘기를 했지만 엄지 동자는 엿들었다. 엄지 동자는 지난번처럼 해서 이 상황을 벗어나려고 생각을 하고 있었다. 냇가에 작은 조약돌을 주우러 가려고 일찍 일어나긴 했지만 현관문이 이중으로 잠겨 있었다. 그는 어떻게 해야 할지 몰랐다. 어머니가 점심 식사로 아이들에게 빵을 한 조각씩 주자, 그는 지나가는 길에 조약돌 대신 빵 부스러기를 뿌려야겠다고 생각했다. 그래서 호주머니 속의 빵을 꼭 쥐었다.

아버지와 어머니는 숲에서 가장 울창하고 어두운 곳으로 아이들을 데려 갔다. 그곳에 도착하자마자 그들은 오솔길로 빠져 나가고 아이들만 남겨 놓았다. 엄지 동자는 지나는 곳마다 뿌려놓은 빵 부스러기 덕분에 길을 쉽게 찾을 수 있다고 믿었기 때문에 별로 슬퍼하지 않았다. 하지만 빵 부스러기가 하나도 보이지 않자 그는 깜짝 놀랐다. 새들이 날아와 다 먹어 버린 것이다.

아이들은 크게 상심했다. 걸으면 걸을수록 더 헤매게 되고 더 깊은 숲 속으로 들어갔다. 밤이 되자 세찬 바람이 불어서 아이들은 무척 겁을 먹었다. 사방에서 그들을 잡아 먹으러 오는 늑대들의 울음소리만 들리는 것 같았다. 그들은 감히 서로 말도 못하고 고개도 돌리지 못했다. 굵은 비까지 내려 그들은 뼛속까지 젖었다. 한 걸음

걸을 때마다 미끄러져 진흙탕에 구르고 진흙투성이가 되어 다시 일어났지만 어찌할 바를 몰랐다.

　엄지 동자는 주변을 둘러보려고 나무 꼭대기에 기어 올라갔다. 사방을 돌아보니 촛불 같은 작은 불빛이 보였다. 하지만 그 빛은 숲을 벗어나 멀리 떨어져 있었다.

엄지 동자는 나무에서 내려왔다. 발이 땅에 닿자 더 이상 아무것도 보이지 않았다. 그는 실망했지만 불빛이 보였던 방향으로 형제들과 한동안 걸어가자, 숲에서 벗어나면서 그 불빛이 다시 보였다. 숲의 골짜기를 지날 때마다 불빛이 눈 앞에서 사라지곤 했기 때문에 아이들은 겁이 났지만, 마침내 그 불빛이 있는 집에 당도했다.

아이들은 문을 두드렸다. 마음씨 좋아 보이는 여자가 문을 열어 주었다. 그녀는 아이들에게 무슨 일이냐고 물었다.

●──프랑스 민담

엄지 동자는 자신들이 숲에서 길을 잃었다고 말하고, 불쌍히 여기고 재워 달라고 부탁했다. 귀엽게 생긴 아이들이 울음을 터뜨리는 것을 보자 여자는 아이들에게 말했다.

"어쩌나! 가여운 아이들아, 어디서들 왔니? 이 집은 아이들을 잡아 먹는 식인귀의 집이라는 것은 알고 있니?"

"아! 아주머니."

형들처럼 벌벌 떨면서 엄지 동자는 말했다.

"우린 어떻게 해요? 아주머니가 우리를 받아 주지 않으시면, 오늘 밤엔 틀림없이 늑대가 우릴 잡아먹을 텐데요. 그러니 차라리 식인귀 괴물 아저씨가 우릴 잡아먹었으면 좋겠어요. 아주머니가 잘 부탁하면, 혹시나 우릴 불쌍히 여길지도 모르잖아요."

식인귀의 아내는 다음 날 아침까지는 남편 몰래 아이들을 숨겨 줄 수 있을 거라고 생각하고 아이들을 들어오라고 해서, 장작이 훨훨 타는 따뜻한 화로 옆에서 불을 쬐게 했다. 화로에는 괴물의 저녁 식사로 양 한 마리를 통째로 굽고 있었다. 아이들의 몸이 녹을 무렵, 문 두드리는 소리가 크게 들렸다. 식인귀가 돌아온 것이다. 식인귀의 아내는 아이들을 침대 밑에 숨기고 문을 열어 주러 갔다. 식인귀는 우선 식사 준비가 다 되었는지, 포도주는 꺼냈는지 묻고는 식탁에 앉았다. 양은 아직 피가 뚝뚝 떨어지고 있었다. 하지만 그것이 괴물에게는 아주 맛있게 보였다. 그는 신선한 살 냄새가 난다고 하면서 이쪽저쪽 냄새를 킁킁 맡았다. 여자가 말했다.

"내가 요리하려고 손질한 송아지 냄새임에 틀림없어요."

"신선한 살 냄새가 난다니까."

식인귀는 못 믿는 눈초리로 아내를 보면서 대답했다.

"뭔가 수상한 게 있어."

이렇게 말하면서 그는 식탁에서 일어나 곧장 침대로 갔다.

"아, 이런 식으로 나를 속이는 거군. 나쁜 여자 같으니라고! 내가 너를 왜 안 잡아먹고 있는지 모르겠다. 늙어서 그런 것을 다행으로 생각하라고. 며칠 있으면 우리 집에 놀러 올 내 친구 세 명을 대접할 거리가 생겼군."

●──프랑스 민담

식인귀는 아이들을 침대 밑에서 하나씩 끌어냈다. 이 가엾은 아이들은 그 앞에 꿇어 앉아 용서를 빌었다. 하지만 그들은 식인귀 중에서도 가장 포악한 괴물 앞에 있는 것이었다. 식인귀는 동정심은커녕 금방이라도 삼킬 듯이 노려보고 있었다. 그리고 아내가 소스만 맛있게 만들면 자신이 특히 좋아하는 요리가 될 것이라고 아내에게 말했다. 식인귀는 큰 칼을 가지고 와서 불쌍한 아이들에게로 다가가면서 왼손에 들고 있던 긴 숫돌에 칼을 갈았다. 그가 아이 한 명을 잡아 들었을 때, 그의 아내가 말했다.

"이 시간에 뭘 하려고 그래요? 내일 아침에 해도 되잖아요?"

"조용히 해. 지금 해야 내일 고기가 숙성하지."

"하지만 아직 고기가 저렇게 많이 있어요. 송아지 한 마리, 양 두 마리, 그리고 돼지 반 마리!"

"당신 말이 맞군. 쟤들한테 먹을 걸 많이 줘. 마르지 않게 말야. 그리고 데려가 재워."

착한 아내는 아주 기뻐했다. 그리고 아이들에게 먹을 것을 넉넉하게 주었다. 하지만 아이들은 너무나 겁이 나서 먹을 수가 없었다. 식인귀는 친구들에게 푸짐하게 대접할 것이 생겼다고 좋아서 술을 마시기 시작했다. 평소보다 열두 잔을 더 마셨다. 그래서 머리가 조금 아파 자러 갔다.

식인귀에게는 아직 어린 딸이 일곱 명 있었다. 이 작은 식인 소녀들은 아버지처럼 신선한 고기만 먹기 때문에 모두 혈색이 아주 좋았다. 딸들은 모두 작고 동그란 회색 눈에 매부리코였다. 입은 컸고 그 안에 난 치아는 길고 날카로웠다. 이 작은 식인귀들은 아직 사납지는 않았지만 소질이 보였다. 벌써부터 피를 빨려고 아이들을 깨물곤 했다. 어머니는 딸들을 일찍 잠자리에 들게 했다. 일곱 명 모두 커다란 한 침대에 재웠다. 그들은 모두 머리에 금관을 쓰고서 잤다. 같은 방에 같은 크기의 침대가 또 하나 있었다. 식인귀의 아내는 소년들을 이 침대에서 자게 하고는 남편 옆으로 가서 잤다.

엄지 동자는 식인귀의 딸들이 머리에 금관을 쓰고 있는 것을 보았다. 엄지 동자는 식인귀가 오늘 저녁에 바로 자기와 형제들을 죽이지 않은 것을 후회할까 봐 걱정되었다. 그래서 자정쯤 일어나 형제들이 쓰고 있던 모자와 자기 모자를 가지고 식인귀의 딸들에게로 살며시 다가갔다. 그러고는 그 애들이 쓰고 있는 금관을 살며시 벗겨서 자기 형제들의 모자를 씌우고, 그 애들의 금관을 형제들의 머리에 씌우고 자신도 썼다. 그렇게 해서 괴물이 딸들을 자기 형제들로 착각하도록 했다.

그가 생각했던 대로 일이 이루어졌다. 자정쯤 잠을 깬 괴물은 전날에 하려고 했던 일을 미룬 것을 후회했다. 그는 갑자기 침대에서 뛰어 내려 큰 칼을 집어 들었다.

"어디 보자, 고 꼬마 녀석들이 어떻게 하고 있나? 바로 해치워 버리자."

그는 어둠 속을 더듬어 소년들이 자는 침대로 다가갔다. 엄지 동자만 빼고는 모두 잠들어 있었다. 엄지 동자는 형제들의 머리를 더듬고 자신의 머리를 더듬는 손을 느끼고 공포에 질렸다. 금관을 만진 식인귀가 말했다.

"그렇군. 저쪽이군 그래. 어젯밤 너무 많이 마신 게 틀림없어."

그리고 딸들이 자는 침대로 가서 소년들의 모자를 만졌다.

"아! 여기 있군. 꼬마 녀석들! 싹 해치우자."

이렇게 말하면서 그는 딸들의 목을 기침없이 베었다. 이 일에 매우 흡족해하면서 그는 다시 아내 옆으로 자러 갔다. 엄지 동자는 식

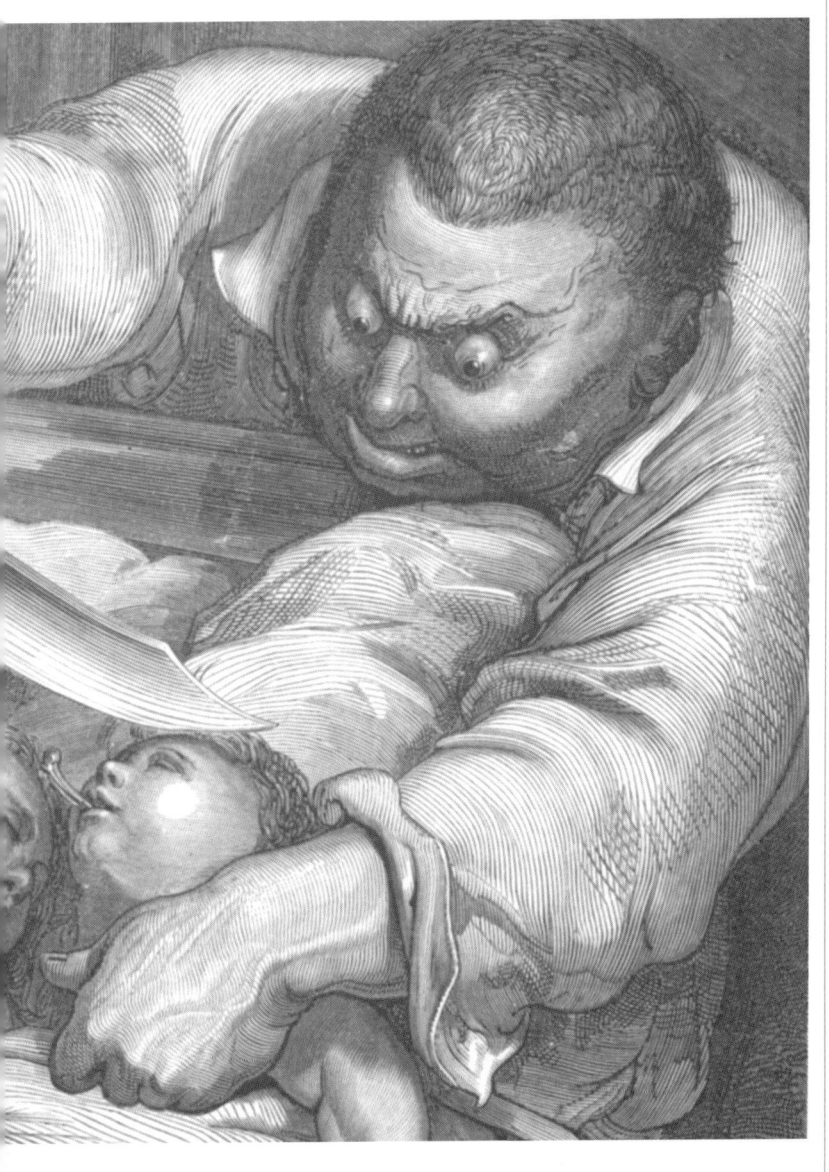

●──프랑스 민담

인귀가 코 고는 소리가 들리자 형제들을 깨웠다. 그들에게 빨리 옷을 입고 따라오라고 했다. 그들은 조용히 뜰로 내려와 담을 뛰어 넘었다. 그들은 밤새도록 달렸다. 무서워 벌벌 떨면서 그리고 어디로 가야 할지도 모르면서 달렸다. 잠에서 깬 식인귀는 아내에게 말했다.

"윗층에 가서 어제의 그 녀석들을 잘 차려놓으라고."[1]

아내는 자신이 알아들은 '차려놓는다'의 말뜻을 전혀 의심하지 않았기에 남편의 선심에 놀랐다. 남편이 소년들에게 옷을 입히라고 말하는 것으로 생각하면서 그녀는 윗층으로 올라갔다. 거기서 딸 일곱이 목이 잘리고 피범벅이 되어 있는 것을 보고는 깜짝 놀랐다. 그녀는 기절했다. 아내가 자신이 시킨 일을 하는 데 너무 오래 걸린다고 생각한 식인귀는 아내를 도우러 윗층으로 올라왔다. 이 끔찍한 광경을 보고 그도 아내처럼 놀랐다. 그는 소리쳤다.

"아! 내가 무슨 짓을 한 거야! 바로 갚아 줄 테다. 너희들 잘 걸렸다!"

그리고는 물 한 단지를 아내의 얼굴에 끼얹어서 정신이 들게 했다.
"70리 장화 빨리 줘. 놈들을 잡으러 가게."

식인귀는 장화를 신고 벌판으로 나갔다. 여기저기를 휘젓고 다니다가 마침내 아이들이 걸어가고 있는 길로 접어 들었다. 그때 아이들은 부모가 있는 집 바로 가까이에 와 있었다. 아이들은 식인귀가 이 산 저 산으로 왔다갔다 하고, 마치 사람들이 작은 시냇물 건너듯 강을 훌쩍 건너는 것을 보았다. 엄지 동자는 그들이 있는 곳 근처에 움푹 들어간 바위 하나를 발견하고는 그곳에 형제들을 숨게 하고 자신도 숨었다. 그리고는 식인귀가 어떻게 하는지 계속 지켜 보았다. 별 성과없이 먼 거리를 뛰어 다닌 식인귀는 매우 지쳤다. 그가 신고 있는 장화는 신은 사람을 매우 지치게 했다. 쉬고 싶었다. 그는 우연히 꼬마들이 숨어 있는 바위 위에 앉았다. 더 이상 피로를 견딜 수 없었던 식인귀는 잠시 쉬다가 잠이 들고는 코를 골기 시작하였다. 어찌나 심하게 고는지 아이들은 식인귀가 큰 칼을 들고 죽이려고 할 때만큼이나 겁이 났다. 하지만 겁이 없는 엄지 동자는 거인이 깊은 잠을 자는 동안 집으로 빨리 도망가라고 형제들에게 말했다. 그리고 자기 걱정은 하지 말라고 했다. 형들은 그의 말대로 집으로 얼른 도망쳤다. 엄지 동자는 식인귀에게로 다가가 살며시 장화를 벗기고는 그 장화를 신었다. 장화는 처음엔 컸지만 마술 장화여서 신는 사람의 발에 따라 늘어나기도 하고 줄어들기도 할 수 있었다. 그래서 금세 엄지 동자의 발과 다리에 딱 맞도록 되었다. 엄지 동자는 식인귀의 집으로 곧장 갔다. 집에는 목이 잘린 딸들 옆에서 괴물

●──프랑스 민담

의 아내가 울고 있었다. 엄지 동자는 말했다.

"아줌마 남편이 위험해요. 도적 떼한테 당하고 있어요. 가지고 있는 금하고 은을 모두 내놓지 않으면 도적들이 그를 죽이겠대요. 도적들이 아저씨 목에 칼을 대는데 저를 만난 거예요. 그래서 집으로 가서 자기 얘기를 해 달랬어요. 값나가는 것은 하나도 남기지 말고 저에게 다 주라고 아줌마한테 말하래요. 아니면 도적들이 아저씨를 가차없이 죽인대요. 일이 급하니까 저더러 아저씨의 장화를 신고 가라고 했어요. 빨리 여기 도착해야 하고, 제가 거짓말을 한다고 아줌마가 생각하지 않도록 해야 하니까요."

식인귀의 아내는 겁이 나서 가진 것을 모두 주었다. 그 괴물은 비록 아이들을 잡아 먹지만 그래도 좋은 남편이었기 때문이다. 이렇게 해서 엄지 동자는 식인귀의 재산을 모두 가지고 아버지의 집으로 돌아왔다. 가족들은 기뻐하면서 맞아 주었다.

이 이야기의 마지막 부분에 대해서 다르게 말하는 사람들도 더러 있다. 그들은 엄지 동자가 식인귀에게서 장화를 훔친 것이 아니라고 주장한다. 식인귀가 그 장화를 신고 아이들이나 잡으러 다녔기 때문에, 엄지 동자가 그에게서 장화를 빼앗는 일은 훔쳤다고 할 만큼 가책을 느낄 일이 아니었기 때문이다. 이 사람들은 이 이야기를 더 확실한 데에서 들었다고 한다. 그들은 심지어 나무꾼의 집에서 먹고 마시기까지 한 적이 있다고 한다. 그들에 의하면 엄지 동자는 괴물의 장화를 신고서 궁전으로 달려 갔다. 왕이 궁전에서 2000리 떨어진 곳에 출정한 군대와 전쟁의 결과를 몹시 걱정하고 있다는 것을 그는 알고 있었다. 엄지 동자는 왕을 배알하고, 원하면 그날 안으로 군대의 소식을 가져오겠다고 말했다. 왕은 그 일을 해낸다면 많은 돈을 주겠다고 약속했다. 엄지 동자는 그날 저녁 바로 소식을 가져왔다. 이렇게 첫 번째 임무를 완수하자 그는 유명해져서 원하는 것을 모두 얻었다. 왕은 군대 전령으로서 그에게 대가를 지불했고, 많은 귀부인들은 자기 애인의 소식을 듣기 위해 그가 원하는 대로 돈을 주었다. 이런 일은 돈을 많이 버는 일이었다. 몇몇 부인들은 남편에게 편지를 전해 달라고 부탁하기도 했지만, 이런 일은 워낙 조금 돈을 버는 일이라 수입으로 치지도 않았다. 이렇게 한동안 전령 일을 해서 많은 재산을 모은 그는 아버지의 집으로 돌아왔다. 그를 다시 만난 가족들의 기쁨은 상상할 수 없을 것이다. 그는 가족이 편히 살도록 해 주었다. 아버지와 형들에게 새로 생기는 관직을 사주었다. 그렇게 해서 모두 기반을 잡게 해주고, 자신은 궁전에서 왕의 신임을 얻을 수 있도록 열심히 일했다.

● —— 페로 민담집의 교훈

사람들은 아이들이 모두 잘생기고 체격도 좋고 키고 크고 외모가 수려하면, 아이들이 많다고 걱정하지 않는다. 그렇지만 아이들 중 한 명이 약하거나 말이 없으면 그 아이를 무시하고 조롱하고 괴롭히기도 한다. 하지만 때때로 바로 이 허약하고 못생긴 아이가 온 가족을 잘 살게 해 주기도 한다.

● —— 주

1 '차려놓는다'는 원문에는 'habiller'로 나타내며 여기엔 '옷을 입히다.'라는 뜻과 '음식 재료를 다듬는다.'라는 뜻이 있다.

꽁지머리 리케

옛날에 어느 왕비가 왕자를 낳았는데, 못생기고 체격도 엉망이어서 사람들은 그가 사람이 맞는지 한동안 의심할 정도였다. 그가 태어나는 것을 지켜본 한 요정은 이 왕자가 기지가 아주 뛰어날 것이기 때문에 호감가는 사람이 될 것이라고 예언했다. 그리고 요정은 왕자에게 능력을 주며 그는 그가 가장 사랑하는 사람을 자신만큼이나 똑똑하게 만들어 줄 수 있으리라고 했다. 이런 말이 이렇게 못생긴 아이를 낳았다는 사실에 상심한 불쌍한 왕비에게는 조금이나마 위안이 되었다. 정말로 아이는 말을 할 수 있게 되자마자 신통한 말들을 하였고, 그가 하는 모든 행동은 무언지 모를 영특함이 넘쳐서 사람들은 그를 좋아하지 않을 수 없었다. 아, 이 말을 하는 걸 깜빡 잊었군. 그는 태어날 때 머리에 작은 머리 꽁지를 달고 나왔다. 사람들은 그를 '꽁지머리 리케'라고 이름지었다. 리케는 그의 성이었다.

그로부터 일고여덟 해가 지났을 때 이웃나라 왕비가 딸을 낳았다. 첫째 공주는 정말 예뻤다. 왕비가 어찌나 좋아하던지, 사람들은 왕비가 저렇게 너무 기뻐하면 오히려 액을 불러 오지 않을까 하고 걱정했다. 꽁지머리 리케가 태어나는 것을 지켜 보았던 그 요정이 그 자리에 있었다. 왕비의 기쁨을 누그러뜨리기 위해 요정은 이 공주가 예쁜 만큼이나 바보일 것이라고 선언했다. 이 사실은 왕비를 괴롭혔다. 하지만 얼마 후, 더 큰 슬픔을 맛보아야 했다. 두 번째로 태어난 공주가 엄청나게 못생겼기 때문이다.

"그렇게 상심하지 마십시오. 왕비 마마. 공주님은 그에 대한 보상을 받을 것입니다. 공주님은 너무나 영리해서 사람들은 공주님이 못생겼다는 생각을 거의 못할 겁니다."

"부디 그렇게 되기를. 그런데 저토록 예쁜 맏이를 조금이라도 똑똑하게 할 방법은 없단 말인가?"

"공주님의 지적인 부분에 대해선 저는 아무것도 해 드릴 수가 없습니다. 하지만 미모에 대해서는 뭔가 할 수 있습니다. 그저 왕비님을 기쁘게 해드리기 위해서 못할 일이 없는 제가 공주님께 공주님이 좋아하는 사람을 아름답게 만들 수 있는 능력을 드리지요."

두 공주가 자라날수록, 그녀들의 자질도 함께 눈에 띄어 갔다. 큰공주는 미모로, 작은공주는 영리함으로 유명했다. 그리고 그들의 결점도 함께 더 커져만 갔다. 매일매일 작은공주는 눈에 띄게 못생겨졌고, 큰공주는 더 바보가 되어 갔다. 사람들이 묻는 말에 대답을 못하거나 아니면 바보스러운 말을 했다. 게다가 그녀는 얼마나 아둔한지 벽난로 가에 도자기 네 개를 늘어놓을라치면 한 개를 깨뜨리지 않고는 놓지 못할 정도였고, 물 한 컵을 마실라치면 옷에 반쯤 흘리지 않고는 마시지 못할 정도였다.

젊은 아가씨에게는 미모가 가장 큰 이점이라지만, 모임에서는 거의 항상 작은공주가 큰공주보다 우세했다. 사람들은 처음에는 미모를 보고 찬사를 늘어놓으려 아름다운 공주에게로 갔다. 하지만 곧 재미있는 말을 듣기 위해 똑똑한 공주에게로 갔다. 15분도 안 돼서 큰공주 곁에는 아무도 없고, 모든 사람이 작은공주 주변에 모여 있었다. 이런 상황을 보고 사람들은 놀랐다. 아무리 멍청하긴 해도 큰공주는 이런 상황을 알아차렸다. 그녀는 동생이 지닌 기지의 반만이라도 얻을 수 있다면 자신의 미모를 기꺼이 다 주었을 것이다. 아무리 점잖은 왕비였지만, 몇 차례 큰공주의 바보스러운 행동을 꾸짖지 않을 수가 없었다. 이런 일이 이 가여운 공주를 매우 괴롭혔다.

어느 날 공주는 자신의 불행을 한탄하러 숲으로 갔다. 그때 작고 못생기고 통 호감이 가지 않게 생긴 한 남자가 그녀에게 다가왔다. 그 남자는 아주 훌륭한 차림을 하고 있었다. 못생겼지만 잘 차려입은 이 젊은이는 꽁지머리 리케 왕자였다. 여기저기 퍼진 공주의 초상화를 보고 사랑에 빠져서 그녀를 만나 얘기를 나누려고 아버지의 왕국을 떠나온 것이었다. 이렇게 혼자 있는 공주와 만난 것을 기뻐하면서 그는 상상할 수 있는 모든 존경심과 예의를 갖추어서 그녀에게 다가갔다. 그녀에게 일상적인 찬사를 늘어놓고 나서 왕자는 그녀가 아주 우울하다는 것을 알아챘다.

"어떻게 공주님처럼 아름다우신 분이 이렇게 슬퍼 보일 수 있는지 이해가 안 되는군요. 저도 아름답다는 여인들은 많이 만나 보았다고 말할 수 있는데 공주님과 같은 미인은 본 적이 없습니다."

"설마 그럴 리가 있겠어요? 왕자님."

공주는 이렇게 대답하고는 그만이었다.

"미모는 나머지 모든 것을 대신할 수 있는 큰 장점이지요. 미모가 있다면 크게 상심할 만한 일이 없을 것 같은데요."

"저처럼 예쁘면서 바보인 것보다는, 차라리 왕자님처럼 못생기고 똑똑했으면 좋겠어요."

"공주님, 자신이 똑똑하지 않다고 생각하는 것보다 똑똑하다는 것을 더 잘 말해 주는 것은 없습니다. 똑똑할수록 자신이 더 부족하다는 생각이 드는 것이 바로 똑똑하다는 것의 성질이랍니다."

"그런 것은 모르겠어요. 다만 제가 엄청나게 바보라는 것을 알고 있어요. 그래서 이렇게 슬픈 거예요."

"공주님을 괴롭히는 것이 단지 그런 것이라면, 제가 당신의 괴로움을 간단히 끝내드릴 수 있습니다."

"어떻게요?"

"저는 제가 가장 사랑하는 사람을 최대한 똑똑하게 만들어 줄 수 있습니다. 당신이 바로 그 사람이니, 최대한 똑똑한 사람이 되는 일은 당신에게 달려 있습니다. 당신이 저와 결혼해 주기로만 한다면 말입니다."

공주는 말문이 막혀 아무 대답도 하지 않았다.

"제 청혼이 공주님을 괴롭혔군요. 당연하지요. 그러면 당신이 결심할 수 있도록 꼭 1년의 시간을 드리지요."

굉장히 멍청했고 또 굉장히 똑똑해지고 싶었던 공주는 1년이란 시간은 절대로 흘러가지 않을 것이라고 생각했다. 그래서 왕자가 한 청혼을 받아 들였다. 공주는 1년 후 오늘 결혼하겠다고 왕자에게 말하자마자, 자신이 이전과는 완전히 다른 사람이 된 것을 느꼈다. 자신이 마음에 드는 말을 믿을 수 없을 정도로 능수능란하게 할 수 있었다. 그리고 그런 말을 쉽고 자연스럽고 세련되게 할 수 있었다. 바로 그 순간부터 리케 왕자와 우아하고 고상한 대화를 나누기 시작했고, 그녀의 기지가 너무나도 뛰어나서 리케 왕자는 자신이 가진 능력보다 더 많은 능력을 그녀에게 주었다고 생각할 정도였다.

그녀가 궁전으로 돌아왔을 때, 궁전의 모든 사람들은 이렇게 갑작스럽고 놀라운 변화가 어떻게 일어났는가에 대해서만 궁리하게 되었다. 공주는 예전에 그들에게 엉뚱한 말을 했던만큼이나 이치에 맞고 기지 넘치는 이야기만 했기 때문이다. 모든 궁정 사람들은 상상할 수 없을 만큼 기뻐했다. 단지 작은공주만이 심기가 불편했다. 더 이상 언니보다 똑똑하지 않게 되자, 그저 언니 주변의 아주 못생긴 여자로밖에는 보이지 않았기 때문이다.

왕은 큰공주의 의견을 듣고 따랐다. 심지어 때로는 공주의 처소에서 회의를 열기도 했다. 이런 변화에 대한 소문이 퍼져 나가자 모든 나라 왕자들이 그녀의 환심을 사려고 애를 썼다. 그들의 대부분은 그녀와 결혼하기를 원했다. 하지만 공주는 그들 중에 정말 똑똑한 사람을 만나지 못해서, 그저 그들의 이야기만 들어줄 뿐 누구에게도 마음을 주지 않았다. 아주 잘생기고 기지가 넘치며 부유한 강대국의 왕자가 나타났다. 공주도 그에게는 호감을 품지 않을 수 없었다. 그 사실을 알아차린 왕은 남편 선택을 공주에게 맡길 테니 공주는 자신의 생각을 말하기만 하면 된다고 했다. 하지만 사람은 똑똑하면 할수록 이런 일에 확실한 결정을 내리기 어려운 법이다. 공주는 부왕에게 감사를 표한 후, 생각할 시간을 달라고 청했다.

어떻게 해야 하는지에 대해 좀더 편안한 마음으로 생각해 보기 위해, 공주는 우연히 리케 왕자를 만났던 그 숲으로 산책을 나갔다. 깊은 생각에 빠져 걷고 있는데, 발밑에서 둔탁한 소리가 들렸다. 여러 사람이 왔다갔다 움직이는 것 같았다. 주의깊게 귀를 기울여 보니 사람들이 말하는 소리가 들렸다.

"그 냄비 좀 가져 와."

어떤 사람이 말했다.

"저 가마솥 좀 줘."

또 다른 사람이 말했다.

"화로에 장작 좀 넣어."

그때 땅이 갈라졌다. 그녀는 발밑에서 거창한 잔치를 벌이는 데 동원된 여러 하인들, 냄비들 그리고 요리사가 우글거리는 거대한 부엌 같은 곳을 보았다. 거기서 이삼십 명 가량의 고기 굽는 요리사 한 무리가 나와 숲 속 오솔길에 있는 아주 긴 식탁 주변에 진을 치러 갔다. 그들은 모두 손에는 고기 기름 덩어리를 꽂는 꼬챙이를 들고 요리사 모자에 달린 여우 꼬리를 귀 옆에 늘어뜨리고 있었다. 그들은 듣기 좋은 노랫소리에 박자를 맞추며 일하기 시작했다.

이런 광경에 놀란 공주는 그들의 주인이 누구냐고 물었다.

"내일 결혼식을 올리는 리케 왕자님이십니다."

무리 중에서 제일 눈에 띄는 사람이 말했다. 공주는 조금 전보다 한층 더 놀랐다. 1년 전 같은 날 리케 왕자에게 결혼하기로 약속한 사실이 갑자기 기억나자 그녀는 놀라서 나자빠질 뻔했다. 그녀가 그때까지 약속을 기억하지 못한 이유는 그 약속을 할 당시에 그녀는 바보였고, 왕자가 그녀를 똑똑하게 만들어 주자 멍청했을 때의 일은 모두 잊어버렸기 때문이다. 그녀는 계속 걸었다. 그러나 서른 걸음도 채 못가서, 결혼식을 올리려고 하는 왕자답게 멋지고 당당한 차림의 리케 왕자가 그녀 앞에 나타났다.

"공주님, 저는 약속을 정확하게 지키고 있습니다. 공주님도 약속을 지키고, 저와 결혼해서 저를 이 세상에서 제일 행복한 남자로 만들어 주기 위해서 이곳에 오셨다고 확신합니다."

"솔직히 말씀드리겠어요."

공주는 대답했다.

"그 문제에 대해서는 아직 결심을 하지 못했어요. 그리고 왕자님이 원하시는 대로 결정하지는 못할 것 같아요."

"놀랐습니다."

"그러시겠지요. 제가 거칠고 우둔한 사람과 상대하고 있다면, 지금 저는 당황스러운 입장에 있었을 거예요. 그런 사람이라면 이렇게 말했겠지요. '공주는 자신의 약속을 지켜야지요, 당신이 약속했으니까 나와 결혼해야 하오.' 하지만 저와 지금 말하고 있는 사람은 이 세상에서 가장 현명한 사람이지요. 그는 이성에 귀를 기울이리라고 믿어요. 제가 바보였을 때도 왕자님과 결혼하겠다고 결심할 수 없었다는 것을 아시지요? 왕자님이 저를 똑똑하게 만들어 주어서 예전보다 사람을 고르는 데 더 까다롭게 되었는데, 그때에도 할 수 없었던 결심을 지금 하기를 바라세요? 왕자님이 정말로 저하고 결혼하고 싶었다면, 제가 바보를 면하고 예전에는 알지 못하던 것을 알게 해 주신 일은 크게 잘못하신 거예요."

"당신이 말한 대로, 우둔한 사람은 당신이 약속을 안 지킨 것을 비난해도 좋다면, 제 인생의 행복이 걸린 문제에서 왜 저는 그렇게 행동하면 안 된다고 여기지요? 양식 있는 사람이 그렇지 못한 사람보다 홀대를 받는 것이 이치에 맞는 일입니까? 그토록 현명해지기를 원했고 또 현명하신 당신이 그런 말을 할 수 있습니까? 하지만 문제의 핵심으로 돌아옵시다. 제가 못생긴 것 빼놓고 당신의 마음에 들지 않는 점이 있습니까? 제 신분이나 지적 능력, 성격, 태도가 불만이십니까?"

"전혀 그렇지 않아요. 당신이 말한 부분은 모두 마음에 들어요."

"그렇다면 저는 행복해질 수 있겠군요. 당신은 저를 가장 멋있는 남자로 만들어 줄 수 있으니까요."

"어떻게요?"

"제가 멋있게 되기를 바라는 만큼 당신이 저를 사랑하기만 하면 됩니다. 그리고 공주님, 의심하지 마십시오. 제가 태어날 때 제가 사랑하는 사람을 똑똑하게 만들어 줄 수 있는 능력을 저에게 준 그 요정이 당신에게, 당신이 사랑하는 사람, 당신이 잘생기게 만들어 주고 싶은 사람을 잘생기게 만들어 줄 수 있는 능력을 주었답니다."

"그렇다면 저는 진심으로 왕자님이 이 세상에서 제일 잘생기고 사랑스러운 분이 되기를 바라요. 당신도 저만큼 아름다워지기를!"

공주는 말했다. 공주가 이 말을 마치자마자 리케 왕자는 공주의 눈에는 그녀가 한번도 본 적이 없는 제일 사랑스럽고 멋진 신사로 보였다.

어떤 사람들은 그것이 요정의 마법이 작용한 것이 아니라, 오로지 사랑이 이런 변신을 가져왔다고도 한다. 그들은 공주가 왕자의 끈기와 신중함 그리고 그의 마음씨와 지성이 보여 주는 모든 장점들에 대해 생각해 보니 기괴한 몸매와 못생긴 얼굴이 더 이상 보이지 않게 되었다고들 한다. 그의 곱사등은 등이 굽은 사람의 품위 있는 풍채로밖에 보이지 않았고, 그때까지 지독하게 절던 걸음걸이도 몸을 조금 기울여 생각에 잠긴 듯한 태도로밖에는 보이지 않아 그녀를 매혹시켰다. 게다가 그의 사팔뜨기 눈은 더욱 더 빛나 보였고, 초점이 빗나간 듯한 시선은 넘쳐나는 강렬한 사랑의 표시로 여겨졌다. 그리고 그의 뭉툭한 붉은 코는 용감하고 영웅적인 기운을 느끼게 했다고들 한다.

어쨌든 공주는 왕자가 아버지의 승낙만 받아 온다면 그와 결혼하겠다고 그 자리에서 약속했다. 왕은 리케 왕자가 매우 현명하고 똑똑하다는 것을 알고 있던 참에, 딸이 이 왕자를 높이 평가하고 있다는 것을 알게 되자 그를 기꺼이 사위로 받아들였다. 리케 왕자가 예견한 대로 그리고 오래전부터 준비시킨 대로, 바로 그 다음날 결혼식은 거행되었다.

●──페로 민담집의 교훈

이 이야기에서 보이는 것은 한낱 가공의 이야기가 아니라 진실 그 자체이다. 우리가 사랑하는 사람은 어디를 봐도 아름답게 보이고 우리가 사랑하는 사람이 무슨 말을 해도 재치있게 들린다.

●──또 다른 교훈

자연이 어떤 사람에게 아름다운 이목구비를 주고 사람의 기술로는 도저히 이룰 수 없을 정도의 생생한 피부색을 칠한다 한들 자연의 이 모든 선물도, 사랑이 찾아내는 단 하나의 보이지 않는 매력만큼 사람의 마음을 움직이지는 못한다.

푸른 수염

 옛날에 한 부유한 남자가 있었다. 그는 도시와 시골에 멋진 저택을 가지고 있고 금제 식기와 은제 식기, 장식이 붙은 가구와 황금을 입힌 마차도 가지고 있었다. 하지만 불행하게도 이 남자는 수염이 푸른색이었다. 이 수염 때문에 어찌나 흉하고 무시무시해 보이던지 나이 든 여자든 아가씨든 그만 보면 모두 달아나 버렸다.
 그의 이웃에 사는 한 귀족 부인에게 아주 아름다운 두 딸이 있었다. 그는 혼담을 넣었다. 그리고 두 딸 중 누구를 줄 것인가는 그 부인에게 선택하도록 하였다. 두 딸은 아무도 그와 결혼하려 하지 않았다. 푸른 수염이 난 남자와 결혼하고 싶지 않아 서로 미루었다. 그녀들이 더욱 그를 싫어한 이유는 이 남자가 이미 여러 차례 결혼을 했는데 그 아내들이 어떻게 되었는지는 아무도 모른다는 사실이었다.
 푸른 수염은 이 자매와 사귀기 위해서 자매의 어머니와 친구들 서너 명 그리고 이웃의 젊은이들을 두 아가씨와 함께 자신의 시골

저택 중 한 곳으로 초대했다. 그곳에서 그들은 꼬박 일주일 동안 머물렀다. 거기서는 소풍, 사냥과 낚시, 춤, 잔치를 즐기며 지냈다. 그들은 잠도 자지 않고 밤새도록 서로 장난치며 놀았다. 일이 잘 진행되어 마침내 작은딸이 이 저택 주인의 수염이 그다지 푸른 것은 아닌 것처럼 느끼기 시작했다. 그리고 그가 정중한 신사라고 생각하기 시작했다. 그들이 도시로 돌아오자 혼사가 이루어졌다.

결혼 후 한 달이 지나자 푸른 수염은 아내에게 자신은 중요한 일 때문에 최소한 여섯 주 정도 지방에 다녀와야 한다고 말했다. 그리고 자신이 없는 동안 재미있게 지내라고 말했다. 친한 친구들을 집으로 부르고, 또 그들을 시골 별장으로 데려가고 싶으면 그러라고 했다. 어디서나 맘껏 먹고 마시라고 했다.

"여기 큰 창고 열쇠 꾸러미가 있소. 그리고 이건 자주 쓰지는 않는 금식기와 은식기를 넣어 두는 광 열쇠요. 또 이건 내 금붙이와 은붙이를 넣어 두는 금고 열쇠요. 또 이건 보석들을 넣어 두는 궤 열쇠이고. 이건 모든 방을 다 열 수 있는 만능 열쇠요. 그런데 이 작은 열쇠는 아래층 큰 회랑 끝에 있는 작은 방 열쇠요. 모두 다 열어 봐도 좋고 들어가 봐도 좋소. 하지만 이 작은 방은 절대 들어가지 마시오. 당신한테 미리 말해 두는데 당신이 그 방문을 여는 일이 생겨 나를 화나게 하면 당신은 끝장이오."

그녀는 남편이 시킨 대로 꼭 따르겠다고 약속하였다. 남편은 그녀를 포옹한 다음 마차에 올라 길을 떠났다.

이 새색시의 이웃과 친구들은 그녀가 부를 때까지 기다리지도 않았다. 그들은 이 집이 얼마나 부자인지 보고 싶어 못 견딜 정도였지만 푸른 수염이 무서워 그가 있는 동안에는 올 엄두를 못 내고 있었다. 그들은 오자마자 침실들과 서재, 옷방들을 구경했다. 이 모든

●──프랑스 민담

것들은 아름답고 호화로웠다. 그들은 창고방으로 올라 갔다. 카펫과 침대, 소파, 장식장, 원탁, 책상, 거울이 얼마나 많고 아름다운지 감탄했다. 그리고 머리끝에서 발끝까지 보이는 거울은 어떤 것은 테두리가 거울로 되어 있고, 어떤 것은 은과 금도금으로 되어 있었다. 다들 이렇게 아름답고 찬란한 것은 처음 보는 것이었다.

  모두 새색시의 행복을 한없이 칭송하고 부러워했다. 하지만 그녀는 별로 기뻐하지 않았다. 아래층에 있는 작은 방을 들여다 보고 싶어 견딜 수가 없었기 때문이다. 그녀는 너무나 호기심에 쫓긴 나머지 친구들을 버려두고 가는 것이 예의가 아니라는 것도 생각지 못했다. 그녀는 작은 비밀 계단으로 내려갔다. 어찌나 서둘렀는지 두세 번 넘어질 뻔했다. 그 작은 방 문 앞에 다다르자, 그녀는 남편의 금지 명령을 떠올리며 잠시 멈추었다. 그의 말에 복종하지 않아서 불행이 닥칠 수도 있다는 생각도 했다. 하지만 유혹이 너무나 강해서 이길 수가 없었다. 그래서 그녀는 작은 열쇠를 꺼내어 떨리는 손으로 그 방문을 열었다.

  창문이 닫혀 있어서 처음에는 아무것도 보이지 않았다. 잠시 후 그녀는 바닥이 온통 끈적한 피로 덮인 것을 보았다. 죽은 여자들의 시체가 벽에 쭉 걸려 있었다. 거기서 흐른 피가 바닥에 고인 것이었다. 그 여자들은 모두 푸른 수염이 전에 결혼했던 여자들이었다. 한 명씩 목을 쳐서 죽인 것이었다.

  새색시는 무서워 죽을 것만 같았다. 자물쇠에서 빼낸 방 열쇠가 손에서 툭 떨어졌다. 다시 정신을 차린 그녀는 열쇠를 주워서 문을 잠그고 정신을 가다듬으려고 자기 방으로 올라왔다. 너무나 충격을 받은 그녀는 정신을 차릴 수가 없었다.

  방 열쇠에 피가 묻어 있는 것을 본 그녀는 열쇠를 두세 번 닦았다.

● 프랑스 민담

하지만 피가 전혀 지워지질 않았다. 물로 열심히 씻어도 보고 비누로 닦아 보고 모래로 문질러 보았지만 피는 여전히 남아 있었다. 그 열쇠에 마법이 걸려 있었던 것이다. 그 열쇠는 완전히 깨끗이 닦을 수가 없었다. 한 쪽 얼룩을 지우면 다른 쪽 얼룩이 다시 나타났다.

푸른 수염은 바로 그날 저녁 돌아왔다. 그는 여행 도중에 일이 자신에게 유리하게 잘 처리되었다는 편지를 받아서 지방에 갈 필요가 없어졌다고 말했다. 아내는 그가 빨리 돌아와서 아주 기쁘다는 것을 표현하려고 안간힘을 썼다. 다음날 그는 아내에게 열쇠를 되돌려 달라고 했다. 그녀는 열쇠를 주었다. 하지만 그녀의 손이 어찌나 떨리던지, 그는 무슨 일이 있었는지 쉽게 알아차렸다.

"작은 방 열쇠는 왜 없는 거요?"

"윗층 탁자에 따로 두었어요."

"당장 갖다 주시오."

아내는 망설였지만, 열쇠를 가져 와야만 했다. 푸른 수염은 열쇠를 살펴본 다음 아내에게 말했다.

"이 열쇠에 왜 피가 묻어 있소?"

"저도 모르겠어요."

가엾은 아내는 시체보다 더 하얗게 질려서 대답했다.

"모르겠다?"

푸른 수염이 말했다.

"나는 알겠는데. 당신 그 방에 들어갔지? 좋아, 당신도 그 방에 들어가라고. 들어가서 당신이 거기서 본 그 여자들 옆 한 자리를 차지하라고."

아내는 남편의 발밑에 엎드려 울면서 용서를 빌었다. 남편 말에 복종하지 않았던 것에 대해 진심으로 후회한다는 표현을 다 동원해서 빌었다. 그토록 상심한 미인의 눈물은 바위도 감동시켰을 것이다. 하지만 푸른 수염의 마음은 바위보다 단단했다.

"당신은 죽어야만 해. 지금 당장 말이야."

"죽어야 한다면, 신께 기도할 시간을 좀 주세요."

아내는 눈물에 젖은 눈으로 남편을 바라보며 말했다.

"십여 분 주지. 하지만 더 이상은 한순간도 안 돼."

푸른 수염은 그렇게 말하고 내려갔다. 아내는 혼자 남게 되자, 언니 안을 불렀다. 그리고 말했다.

"안 언니, 저 첨탑 위로 올라가서 오빠들이 오고 있는지 좀 봐줘. 오빠들이 오늘 온다고 약속했거든. 오빠들이 보이면 서두르라고 신호 좀 해 줘."

안은 첨탑 꼭대기로 올라갔다. 불쌍한 아내는 계속 물어봤다.

"언니, 언니, 아무도 안 보여?"

"아무도 안 보여. 뿌옇게 빛나는 태양하고 푸른 벌판뿐이야."

한편 푸른 수염은 커다란 칼을 손에 들고 아내에게 외쳤다.

"빨리 내려와. 아니면 내가 위로 올라갈 테니."

"잠시만요. 제발."

아내는 대답했다. 그리고 다시 작은 소리로 외쳤다.

"언니, 아무도 안 보여?"

"아무도 안 보여. 뿌옇게 빛나는 태양하고 푸른 벌판뿐이야."

"빨리 내려와."

푸른 수염이 외쳤다.

"아니면 내가 올라간다."

"갈게요."

아내는 대답했다. 그리고 소리쳤다.

●──프랑스 민담

"언니, 아무도 안 보여?"

"저쪽 편에서 오는 커다란 먼지 구름이 보여."

언니가 대답했다.

"우리 오빠들이야?"

"아! 아니야, 양떼야."

"당신, 안 내려올 거야?"

푸른 수염이 소리쳤다.

"잠시만요."

아내는 대답했다. 그리고 소리쳤다.

"언니, 아무도 안 보여?"

"저쪽에서 달려오는 두 기사가 보이기는 하는데, 아직 너무 멀어."

언니가 대답했다.

"신이여, 감사합니다!"

언니는 다시 소리쳤다.

"우리 오빠들이야. 서두르라고 내가 최대한 신호를 보내고 있어."

이제 푸른 수염이 어찌나 크게 소리를 질러대는지 집이 흔들릴 정도였다. 가엾은 아내는 내려갔다. 그러고는 얼굴은 눈물 범벅이 되고 머리는 헝클어진 채 그에게 빌려고 했다.

"그래 봐야 소용 없어. 넌 죽어야 해."

그는 한 손으로 그녀의 머리채를 움켜 잡고, 한 손으로는 칼을 번쩍 들어 머리를 치려 했다. 불쌍한 아내는 그를 향해 돌아서서 애처로운 눈으로 그를 바라보며, 잠시 기도할 시간을 달라고 애원했다.

"안 돼, 신에게나 부탁하라고."

그는 말했다. 그러고는 팔을 들어올려서…….

바로 그 순간, 누군가 문을 쾅쾅 두드렸다. 푸른 수염은 잠시 멈추었다. 문이 열리자, 손에 칼을 든 두 기사가 바로 푸른 수염에게로 달려들었다. 푸른 수염은 그들이 처남들이라는 것을 알아차렸다. 한 명은 용기병龍騎兵이고, 다른 한 명은 총사銃士였다. 푸른 수염은 재빨리 도망치기 시작했다. 하지만 두 오빠는 그가 현관까지 가기 전에 따라잡았다. 그리고 몸을 칼로 찌르고, 그대로 죽도록 내버려 두었다. 가엾은 아내는 남편처럼 거의 죽어 가고 있었다. 오빠들을 맞이하러 일어날 기운조차 없었다.

푸른 수염에게는 상속인이 없었다. 그래서 그의 아내는 그 모든 재산의 주인이 되었다. 그녀는 오래전부터 언니를 사랑했던 한 귀족 청년과 언니를 결혼시키는 데 재산의 일부를 썼다. 그리고 일부는 두 오빠들에게 장교직을 얻어주는 데 썼다. 그리고 나머지는 푸른 수염과 보낸 악몽 같은 시간을 잊게 해 줄 정도로 선량한 사람과 자신이 결혼하는 데 썼다.

● —— 페로 민담집의 교훈
호기심은 사람의 마음을 끄는 것이기는 하나 종종 후회를 하게 만드는 법이다. 우리는 이와 같은 예를 매일 수없이 보고 있다. 여성들에게는 실례가 되는 얘기지만 호기심이란 경망스러운 즐거움이다. 이 즐거움을 맛보는 순간, 그것은 더 이상 즐겁지가 않으며 항상 너무도 비싼 대가를 치르게 된다.

● —— 또 다른 교훈
조금만 분별력이 있거나 세상의 난해한 말들을 조금만 안다면, 이 이야기가 그저 한편의 옛날 이야기라는 것을 알 수 있을 것이다. 이렇게 무서운 남편도, 불가능한 일을 하라고 하는 남편도 이제는 없다. 설령 불평이 많고 질투심이 심한 남편이라 해도, 아내 곁에서는 태도가 누그러지게 마련이다. 그리고 남편의 턱수염이 무슨 색이든지 부부 중에서 누가 주도권을 쥐고 있는지는 판단하기 어렵다.

요정 이야기

옛날에 한 과부가 두 딸과 함께 살고 있었다. 큰딸은 성격과 외모가 어머니를 꼭 닮아서 사람들은 큰딸을 보면 마치 그녀의 어머니를 보는 것 같았다. 큰딸과 어머니는 둘 다 성격이 아주 고약하고 거만해서 아무도 그녀들과 잘 지낼 수 없었다. 한편 아버지를 그대로 닮아서 성격이 부드럽고 반듯한 작은딸은 정말 아름다운 처녀였다.

사람은 자신을 닮은 사람을 좋아하는 법이라 어머니는 큰딸만 사랑하고 작은딸은 아주 미워했다. 그래서 끊임없이 작은딸에게만 일을 시키고 밥도 부엌에서 먹게 하였다. 특히 작은딸은 하루에 두 번씩 집에서 족히 다섯 리는 떨어진 곳에 있는 샘에 가서 물을 길어와야 했다. 그것도 커다란 항아리 가득 길어와야 했다.

하루는 그녀가 샘에서 물을 길고 있는데 허름한 차림새의 한 여인이 다가와 그녀에게 마실 물을 달라고 청했다.

"물론이지요, 아주머니."

작은딸은 대답하고는 바로 항아리를 헹구고 샘의 가장 깨끗한 쪽

에서 물을 길어서 여인에게 내밀었다. 그러고는 여인이 편히 마실 수 있도록 항아리를 잘 받쳐 주었다.

"아가씨는 이렇게 어여쁜 데다가, 마음씨도 정말 착하고 반듯하구먼. 그러니 내가 선물을 주지 않을 수 없지."

이 여인은 이 아가씨가 어느 정도까지 착한지 보려고 불쌍한 동네 아낙네로 변장하고 나타난 요정이었다. 요정은 말을 이었다.

"내가 아가씨한테 재주를 주지. 아가씨가 말을 한 마디씩 할 때마다 입에서 꽃과 보석이 튀어 나올 거야."

작은딸이 집으로 돌아오자 어머니는 왜 이렇게 샘에서 늦게 오느냐고 야단을 쳤다.

"늦어서 죄송해요, 어머니."

이렇게 말하자 그녀의 입에서 장미 두 송이와 진주 두 개, 커다란 다이아몬드 두 개가 튀어 나왔다.

"아니, 이게 다 뭐야!"

어머니는 놀라서 소리쳤다.

"애 입에서 진주랑 다이아몬드가 튀어 나오잖아. 이게 어디서 나오는 거냐? 내 딸아!"

어머니는 난생 처음으로 작은딸을 '내 딸'이라고 불렀다. 착한 작은딸은 자기에게 있었던 일을 순진하게 전부 말했다. 그리고 그러는 동안 입에서는 수많은 다이아몬드가 나왔다.

"그래, 우리 애를 그곳에 보내야겠군."

어머니는 말했다.

"자, 팡숑, 네 동생이 말할 때 입에서 무엇이 나오는지 좀 봐라. 너도 이런 재주를 가지면 좋지 않겠니? 그저 샘에 물 길러 가서, 불쌍해 보이는 여자가 와서 물 좀 달라고 하면 정중하게 주기만 하면

된단다."

"나를 샘에 물 길러 보내겠다구?"

성질이 사나운 큰딸이 말했다.

"당장 갔다 와."

어머니가 단호하게 말했다.

큰딸은 샘으로 가긴 했지만 계속 투덜대면서 갔다. 그녀는 집에 있는 항아리 중 제일 아름다운 은항아리를 들고 갔다. 그녀가 샘에 도착하자마자, 화려한 옷차림의 여인이 숲 속에서 나타났다. 이 여인은 작은딸에게 나타났던 바로 그 요정이었다. 그러나 큰딸의 성격이 어느 정도인지 보려고 이번엔 공주처럼 변장을 하고 나타났다. 그 여인은 큰딸에게 마실 물을 달라고 했다.

"내가 당신한테 마실 물을 떠 주려고 여기에 왔단 말이지? 그래, 마님께 물을 떠 드리려고 일부러 은항아리까지 가져왔지. 좋아, 마시고 싶으면 병째 마셔."

거만하고 거친 성격의 큰딸이 말했다.

"넌 정말 엉망이구나."

요정은 화도 내지 않고 말했다.

"넌 도무지 공손하질 않으니 이런 재주를 주지. 네가 말을 한 마디 할 때마다 입에서 뱀이나 두꺼비가 튀어 나올 것이다."

집으로 돌아오자 어머니가 큰딸을 먼저 알아보고 소리쳤다.

"오! 내 딸아!"

큰딸은 입에서 독사 두 마리와 두꺼비 두 마리를 토하며 대답했다.

"오! 엄마!"

"이런 세상에, 이게 다 뭐야? 다 애 때문이야. 혼내 줘야겠어."

놀란 어머니는 곧장 작은딸을 때리러 갔다.

불쌍한 작은딸은 근처 숲으로 도망쳤다. 그때 사냥에서 돌아오던 왕자가 그녀를 보았다. 아름다운 그녀를 보고 왕자는 그녀가 혼자 숲에서 무엇을 하고 있는지 왜 울고 있는지 물었다.

"왕자님, 어머니가 저를 집에서 쫓아내셨어요."

그녀의 입에서 대여섯 개의 진주와 다이아몬드가 나오는 것을 본 왕자는 그 보석이 어디서 난 건지 말해 달라고 했다. 그녀는 자기가 겪은 일을 모두 얘기해 주었다. 왕자는 그녀를 사랑하게 되었다. 그러고는 그녀의 재주가 여자가 남자와 결혼할 때 줄 수 있는 모든 것보다 더 가치있다고 생각하며 그녀를 부왕의 궁전으로 데려갔다. 그리고 그녀와 결혼했다.

큰딸은 어찌나 미운 짓을 하는지 어머니조차도 그녀를 집에서 내쫓아 버렸다. 그녀는 여기저기 한참을 떠돌아 다녔지만 아무도 받아 주지 않아 숲 한구석에서 죽었다.

● —— 페로 민담집의 교훈

다이아몬드와 돈은 사람의 마음을 크게 좌우할 수 있다. 하지만 부드러운 말씨는 그보다 더 큰 힘과 더 큰 가치를 지닌 것이다.

● —— 또 다른 교훈

예의 바른 모습을 갖추는 것엔 노력이 필요하다. 그리고 다른 사람에 대한 배려를 약간 필요로 한다. 하지만 이런 태도는 언젠가 생각지도 않고 있는 때에 그 보상을 받게 된다.

할머니 이야기

한 여자가 빵을 구웠다. 그리고 딸에게 말했다.

"이 따끈따끈한 빵 한 덩어리와 우유 한 병을 할머니께 갖다드리렴."

그래서 소녀는 길을 나섰다. 두 길이 만나는 교차로에서 소녀는 늑대 인간을 만났다. 늑대 인간은 소녀에게 말했다.

"어디 가니?"

"이 따끈한 빵이랑 우유 한 병을 할머니께 갖다 드리러 가는 거야."

"바늘 길하고 가시 길 중에서 어느 길로 갈 건데?"

"바늘 길."

"그럼 난 가시 길로 가야지."

소녀는 바늘을 주우면서 즐겁게 길을 갔다.

늑대 인간은 할머니 댁에 도착해서 할머니를 죽였다. 그러고는 할머니의 살은 상자 속에 넣고 피는 병에 넣어 찬장 위에 놓아 두었다.

● ──프랑스 민담

소녀는 할머니 댁에 도착해서 문을 두드렸다. 늑대 인간이 말했다.

"문을 밀고 들어오너라. 문은 젖은 짚으로 걸어 놓았으니까."

"안녕하세요. 할머니. 따뜻한 빵하고 우유 한 병 가져 왔어요."

"상자 속에 넣으렴, 아가야. 그 속에 있는 고기하고 찬장 위에 있는 포도주 좀 먹으렴."

소녀가 먹고 나자 옆에서 작은 고양이가 말했다.

"저런 고약한 계집애, 자기 할머니 살을 먹고 피를 마시다니!"

"옷을 벗어라, 아가야. 그리고 여기 내 곁에 와서 누우렴."

"앞치마는 어디에 벗어 놓아요?"

"불 속에 던져라, 아가야. 그건 더 이상 필요 없을 테니."

소녀는 코르셋, 치마, 속치마, 바지 같은 모든 옷에 대해서, 어디다 두어야 할지 그에게 물었다. 그러자 늑대 인간이 대답했다.

"불 속에 던져라. 넌 더 이상 그런 게 필요 없으니까."

자리에 눕자 소녀는 말했다.

"아! 할머니, 할머니 몸에 털이 많아요!"

"그건 너를 더 따뜻하게 해 주려고 그런 거란다. 아가야!"

"아! 할머니, 할머니 손톱이 아주 길어요!"

"그건 너를 더 잘 긁어 주려고 그런 거란다. 아가야!"

"아! 할머니, 할머니 어깨가 아주 넓어요!"

"그건 나뭇단을 잘 짊어지려고 그런 거란다. 아가야!"

"아! 할머니, 할머니 귀가 참 커요!"

"그건 네 목소리를 더 잘 들으려고 그런 거란다. 아가야!"

"아! 할머니, 할머니 콧구멍이 참 커요!"

"그건 내 코담배를 더 잘 들이마시려고 그런 거란다."

"아! 할머니, 할머니 입이 참 커요!"

"그건 너를 더 잘 잡아먹으려고 그런 거란다."
"아! 할머니, 나 급해요, 밖으로 나갈래요!"
"그냥 침대에서 눠라. 아가야!"
"아! 아니에요, 할머니, 밖으로 나갈래요."
"좋아, 하지만 너무 오래 걸리면 안 된다."

늑대 인간은 그녀의 발에 털실을 묶고서 내보냈다. 소녀는 밖으로 나오자 털실을 마당에 있는 자두나무에 묶었다.

늑대 인간은 안달하며 말했다.

"너, 오줌 잘 누고 있니? 너, 오줌 잘 누고 있니?"

늑대 인간은 아무 대답이 없자 침대에서 내려와 보고 소녀가 도망쳤다는 것을 알았다. 늑대 인간이 소녀를 쫓아갔지만 그가 소녀의 집 앞에 당도했을 때 소녀는 집 안으로 막 들어가 버렸다.

인간의 머리를 한 괴물

 높디높아서 새들도 날아오르지 못하고 구름과 눈만이 내려앉는 어느 산꼭대기에 어두컴컴한 동굴이 하나 있었다. 그 동굴 속에는 오래전부터 괴상한 생김새를 가진 괴물이 한 마리 살고 있었다. 괴물의 한쪽 발은 끝이 말굽 모양이었고, 다른 한 발은 맹금의 갈퀴 모양, 또 다른 한 발은 맹수 발톱 모양에 나머지 한 발은 물고기 지느러미 모양을 하고 있었다. 괴물의 몸통은 꼬리와 갈기가 달린 사자의 몸통이었다. 그런데 얼굴만은 사람의 얼굴이며 눈은 충혈되고 이빨은 칼날처럼 날카로웠다.
 만약 누군가가 이 괴물이 지키고 있는 보물을 건드리지만 않는다면, 괴물의 날카로운 이빨은 누구에게도 해를 입히지 않을 것이다. 괴물의 보물은 금화, 보석, 진주 등 다섯 수레는 넉넉히 채우고도 남을 만한 막대한 양이었다.
 당연히 이런 재물은 주위에 사는 사람들을 그 동굴로 끌어들였다. 사람들은 괴물의 보물을 빼앗으려고 그 험한 산에 오르기를 주저하지 않았다. 그러나 산에 올라간 사람은 아무도 다시 내려오지 않았다.

괴물은 자신을 찾아오는 사람들에게 수수께끼를 세 가지 던졌고, 올라간 사람들 중 그 누구도 수수께끼를 풀지 못했다. 그러면 괴물은 무서워 벌벌 떨고 있는 도전자를 날카로운 이빨로 단숨에 물어 삼켰다.

산 계곡에 비가 억수같이 내린 어느 날이었다. 한 낯선 젊은이가 바로 그 산기슭에 있는 한 초가집에 찾아왔다. 그의 이름은 페이르였으며, 다 쓰러져 가는 빈 초가집에 여장을 풀고 정착하였다. 가족도 친구도 아는 사람도 없었지만, 혼자서 잘 살았다. 젊은이는 쓰러질 듯 허술한 그 집을 예쁜 초가집으로 바꾸어 놓았고, 이웃 사람들의 양을 몰아 주기도 하고 그들의 편지를 대신 써 주기도 하였다. 젊은이는 힘이 어찌나 센지 짐을 가득 실은 수레의 바퀴도 갈아 끼울 정도였다.

마을 사람들이 모두 그를 좋아하게 된 것은 놀라운 일이 아니었고, 마을 남자들이 그를 부추기기 시작한 것 또한 놀라운 일이 아니었다.

"넌 대단한 놈이야, 페이르. 우리들 중 아무도 너만 한 힘이나 담력이 없어. 저 산에 어떤 보물이 숨겨져 있는지 알면서, 왜 넌 욥¹처럼 가난하게 사는 거야?"

"그런 얘기는 내게 하지 마. 난 별로 관심 없어."

젊은이는 웃으면서 말했다.

"괴물에게 먹히기보다는 죽는 날까지 가난하게 사는 게 더 좋아!"

그렇지만 "이 우물물은 절대 다시 안 마실 거라고 말해서는 안 된다."라는 속담도 있지 않은가. 이 젊은이는 머지 않아 다른 소리를 하게 될 테니까 말이다.

어느 날 젊은이는 볼일이 있어서, 로크포르 백작의 성 근처를 지나가게 되었다. 담 너머로 성 안을 무심히 바라보다가 한 아가씨를 보았는데, 그녀가 어찌나 아름다운지 그만 홀딱 반해 버렸다. 대단히 아름다운 그 아가씨는 다름 아닌 백작의 딸이었다. 페이르가 그녀를 잠시 보았을 뿐인데도, 그 순간부터 그의 머릿속에는 온통 그녀 생각뿐이었다. 그는 식욕도 잃고 잠도 이루지 못했다. 그래서 청혼을 하려고 늙은 백작을 만나러 가기로 결심했다.

일단은 일이 손쉽게 풀리는 듯 보였다. 백작의 딸이 손수 문을 열러 나왔던 것이다. 그는 그녀에게 자기의 생각을 말했다. 그녀는 눈을 아래로 내리깔고는 얼굴을 붉히며 대답했다.

"나도 당신이 좋아요. 하지만 당신은 가난하잖아요. 우리 아버지한테서 허락을 얻을 거라고는 기대하지 마세요. 내가 아무리 열렬하게 당신과 결혼하고 싶어한다고 해도 말이에요."

하지만 그녀의 말은 페이르에게는 천상의 음악 소리 같았다. 자신을 단념시키려고 하는 말인지 아닌지도 생각해 보지도 않은 채, 무턱대고 그녀의 손을 잡고 성 안으로 달려 들어갔다. 백작은 젊은이의 이런 대담한 행동에도 눈 하나 깜짝하지 않았다. 그러고는 젊은이가 원하는 것을 듣고 난 후 큰 소리로 말했다.

"자네 옷차림으로 미루어 보건대, 자넨 거의 빈털터리 같군. 자네 같은 녀석들은 길바닥에 수두룩하게 널렸어! 자네가 만약 내 딸과 결혼하고 싶으면, 일주일을 줄 테니까 그때까지 금은보화를 가득 실은 수레 다섯 대를 가져와 봐. 그렇게 하지 못하면 사냥개를 풀어 너를 갈가리 찢어놓을 테니까!"

"그리고 넌······."

백작은 잔뜩 겁에 질린 자기 딸을 향해 말했다.

"벌로, 수녀원에 집어넣어 버릴 테다."

페이르는 잠시도 지체하지 않고 부리나케 성에서 도망쳐 나왔다. 열린 창 밖으로 아름다운 아가씨의 울음소리가 들려오고 있었다. 그는 빨리 좋은 해결책을 떠올려야만 했다. 하지만 별다른 묘안이 떠오르지 않았다. 산 속 동굴의 무시무시한 괴물이 지키는 보물을 가져오는 것을 제외하고는 말이다. 하지만 과연 그 괴물의 수수께끼를 풀 수 있을까?

마을 사람들도 감히 그에게 어떤 도움의 말을 줄 수 없었다. 다만 백작의 눈을 피해 한 마을 사람이 그에게 귀띔을 해 주었다. 페이르의 오두막에서 그리 멀지 않은 숲에 은거하고 있는 신앙심 깊은 은자를 만나 조언을 구하라는 것이었다.

페이르는 마을 사람의 귀띔대로 주름진 얼굴을 한 늙은 은자를 만나러 갔다. 그는 허름한 삼베옷을 입고, 수염을 무릎까지 길게 기른 괴이한 모습이었다.

"올 줄 알고 있었지."

그는 이렇게 말하며 젊은이를 맞아 주었다.

"하지만 내가 자네에게 줄 수 있는 도움은 미미해."

"어떤 도움이라도 좋아요. 아무리 작은 도움이라도 저에게는 소중한걸요."

젊은이는 대답했다. 은자는 말했다.

"내 말 잘 듣게. 동굴까지 이 오솔길을 쭉 따라서 똑바로 가게. 설사 장애물이 있더라도 돌아가지 말고 꼭 이 길을 따라서 가야 하네. 나무 뿌리를 넘지 않으려고 돌아 간다든가 하지 말란 말일세. 많은 이들이 돌아 가다가 동굴에 다다르기도 전에 추위와 굶주림으로 죽었단 말이야. 알겠나?"

페이르는 알았다고 말했다.

"전 어르신의 충고를 그대로 따를 겁니다. 저 역시도 이 산 속에서 여러 번 길을 잃을 뻔했지요. 그렇게 멀리 가지도 않았는데 말이에요."

"불행히도 그 괴물이 어떤 수수께끼를 낼지는 나도 알 수 없다네."

은자는 말을 이었다.

"단, 깊이 생각하려고 하지 말게. 그저 자네 머릿속에 떠오른 대로 답을 말하라고. 매번 답을 맞힐 때마다 괴물은 3분의 1씩 힘과 능력을 잃게 되어 있네. 자네가 문제 세 개를 모두 풀면 괴물은 죽을 거야. 그러나 그게 전부가 아니야. 또 한 가지 명심해야 할 것이 있네. 괴물을 이기고 나면 그 짐승의 피를 한 방울 마시게. 언젠가는 그 피가 왕의 피로 변할 테니……."

젊은이는 이 마지막 말의 의미는 이해할 수 없었다. 그렇지만 친절한 조언에 진심으로 감사해하며 그 집을 나왔다.

다음날 아침 일찍, 그는 길을 떠났다. 옛날에 군인이었던 마을 사람이 준 낡은 군화를 신고 사냥칼을 허리에 차고, 단단한 몽둥이도 하나 챙겼다. 해가 산허리에 떠오르기 전에 동굴을 향해 힘찬 발걸음을 내딛었다.

오솔길은 돌과 쓰러진 나무, 가시덤불과 바위로 뒤엉켜 있었다. 그러나 페이르는 은자가 일러준 대로 길을 돌아 가는 일이 없도록 조심하였다. 은자의 말대로 정오가 되기도 전에 괴물의 거친 숨소리가 가까이에서 들리는 듯했다. 그리고 해가 바로 머리 위에 떴을 때, 그는 괴물이 지키고 있는 동굴 앞에 이를 수 있었다.

"오, 이 하찮은 인간아, 여기는 왜 왔느냐? 혹시 내 보물을 노리고 온 거냐?"

보기에도 끔찍하게 생긴 괴물이 으르렁거렸다. 하지만 페이르는 놀라지 않았다.

"내가 보물을 노리든 말든 그건 네가 참견할 바가 아니야. 나는 단지 너의 그 우스꽝스러운 수수께끼를 풀려고 왔을 뿐이니까."

"오, 어디 그럼 네 능력을 시험해 볼까?"

괴물은 갈고리처럼 생긴 이빨을 드러내며 말했다.

"그럼, 잘 들어 봐라. 새보다 더 빠르고 바람보다도 더 빠르고 천둥 번개보다도 더 빠른 것은 무엇이냐?"

수수께끼를 듣는 순간 페이르는 빙그레 웃었다.

"유치하기는······."

그는 바로 대답했다.

"뭐긴 뭐야, 눈(眼)이지. 눈은 나는 새를 앞질러 가지. 그리고 바람이나 번개보다도 빠르지. 좀더 어려운 문제를 낼 수는 없는 거야?"

인간의 머리를 가진 괴물은 인상을 썼다. 그러고는 마치 이 방문객을 두려워하기 시작하는 것처럼 동굴 속으로 한 발짝 물러났다.

"우연히 맞혔을 뿐이야, 이 겁 없는 방문자야!"

그리고 무서운 이빨을 드러내며 으르렁거렸다.

"그렇지만 이번에는 조심하는 게 좋을걸. 잘 들어. 오빠는 흰색이고 누이는 검정색이야. 저녁마다 누이는 오빠를 죽이고, 아침마다 오빠는 누이를 죽이지. 하지만 둘 다 계속해서 살아 있어. 빨리 말해 봐, 이게 뭔지. 난 지금 널 잡아먹고 싶어 죽겠거든."

그러나 페이르는 그리 멍청한 사람이 아니었다.

"넌 아직도 더 굶어야겠는걸?"

그러고는 확신에 차서 대답했다.

"흰 것은 물론 태양이지. 검은 것은 달이고. 그들은 매일 싸우지만 계속 다시 나타나잖아."

젊은이가 대답하자마자 괴물은 동굴 속으로 다시 한 걸음 물러났다. 언뜻 보기에도 괴물의 위세는 눈에 띄게 약해져 있었다. 더 이상 이빨을 드러내려고도 하지 않고, 그저 세 번째이자 마지막이 될 수수께끼를 생각하고 있었다.

마침내 괴물이 다시 입을 열었다.

"이른 아침에는 벌레나 뱀처럼 기어다니지. 점심에는 되면 두 발로 걸어다니고, 그러고는 저녁이 되면 세 발로 움직이지……."

이 수수께끼는 정말 어려웠다. 그렇지만 페이르는 오랫동안 주저해서는 안 된다는 은자의 조언을 떠올리고는, 이번에도 생각나는 대로 대답했다.

"넌 분명 인간의 일생에 대해서 생각한 거야. 태어났을 때 인간은 벌레나 뱀처럼 기어다니는 어린아이지. 그리고 조금 크고 나면 두 발로 자기가 가고 싶은 대로 돌아다니지. 하지만 늙게 되면, 그래, 네가 말한 것처럼 저녁의 황혼이 찾아올 때면 지팡이에 의지하기 시작하지."

괴물은 이 설명을 듣기 시작하자, 갑자기 몸이 부풀어 오르고 숨이 끊어지는 것 같은 소리를 냈다. 그러더니 페이르가 말을 마치자마자 힘없이 죽어 버렸다. 페이르는 괴물이 죽어 가는 광경에 놀랐지만 금세 은자의 충고를 떠올리고는 사냥칼을 꺼내어 괴물의 가슴을 찔렀다. 그러자 푸른 피가 괴물의 가슴에서 뿜어져 나왔다. 그는 용기를 내어 이 피를 몇 방울 마셨다.

그 순간 온몸에 새로운 힘이 솟았다. 이 힘이야말로 바로 그가 필요로 하는 것이었다. 동굴 안에는 금은보석이 가득 찬 가방, 상자, 통, 병들이 그를 기다리고 있었기 때문이다. 방금 솟아난 힘이 아니었더라면 그의 오두막까지 가져올 수도 없었을 것이다.

페이르가 가져온 보물은 수레 다섯 대 분이 아니라, 열 대 분이였다. 하지만 마음씨 좋은 그는 보물의 절반을 마을 사람들에게 기꺼이 나누어 주었다. 특히 자기처럼 가난한 사람들에게 넉넉히 나누어 주었다.

나머지 수레 다섯 대를 가지고 그는 로크포르 성으로 갔다. 다행히도 그것은 시간에 딱 맞추어 온 것이었다. 백작과 약속한 일주일이 다 되어가고 있었기 때문이다. 성의 안뜰에는 그가 사랑하는 여인을 수녀원으로 데리고 갈 마차가 대기하고 있었다.

그렇지만 모든 것이 잘 해결되었다. 백작은 보물을 보자마자 좋아하며, 이레 낮과 이레 밤 동안 이어지는 성대한 결혼식을 거행하게 해 주었다. 그리고 페이르와 그의 어여쁜 아내는 행복하게 살았다. 백작이 죽은 후에는 페이르가 그 영지를 다스렸다.

그리고 은자가 의미심장하게 푸른 피에 대해 예견했던 대로, 이 행복한 부부에게서 태어난 딸이 훗날 영국의 여왕이 되었고, 아들은 자기 고향의 왕, 다시 말하면 프랑스의 왕이 되었다.

●──주

1   성서의 욥기에 나오는 인물. 온갖 축복을 받은 사람이었으나 신은 그의 신앙을 시험하기 위해 가난하고 비참하게 만들었다. 그럼에도 그는 끝까지 신실하여 다시 축복을 받았다.

철인 시종

옛날에 라라메라고 하는 늙은 군인이 있었다. 아무도, 심지어 그 자신조차도 그가 언제부터 군대에 있었는지 알지 못했다. 그는 최근 몇 해 동안 늘 그렇게 군대에 있었다. 그는 아직 하사 계급장도 달지 못했으니 장교는 꿈도 꾸지 못할 상태였다.

그건 아마도 라라메가 잘 훈련된 군인도 아니었을 뿐더러, 전쟁터에서 두각을 나타낸 적도 없기 때문이리라. 한마디로 말해서 그는 군인으로서 자신의 일을 열심히 하려고 하지 않았다. 그저 멀찌감치 떨어져 앉아 자신이 아끼는 파이프에 담배를 쑤셔 넣고는 한가롭게 피우는 것이나 즐길 뿐이었다.

그러던 어느 날, 동료 군인들이 들판에서 구령에 맞춰 제식 훈련을 하고 있었다. 그동안 라라메는 늘 그렇듯이 빈둥거리며 시간을 보내고 있었다.

그런데 장교 한 명이 그런 라라메를 보고는 다가와 말했다. 병사들과 함께 훈련을 하지 않는 것이 부끄럽지 않느냐, 그같이 게으른 병사가 나가 싸우면 프랑스는 절대로 전쟁에서 이길 수 없을 것이라고.

라라메는 아무런 반응도 보이지 않았다. 그저 빛나는 태양 아래에서 빙그레 미소를 띠면서 파이프만 빨았다. 화가 난 장교는 칼을 뽑아 칼등으로 그를 내리치려고 했다.

라라메는 그럴 틈을 주지 않았다. 펄쩍 뛰어올라 장교의 손에서 칼을 빼앗았다. 그 순간 장교의 머리는 푸른 잔디밭 위를 데굴데굴 굴러 군인들이 훈련하는 곳까지 갔다. 장교는 라라메의 손에 죽은 것이다. 결국 이 겁 없는 병사는 군사 재판에 회부되고 교수형을 언도받았다.

라라메는 풀이 죽은 채, 감옥의 어두운 구석방에 갇힌 신세가 되었다. 그러나 머릿속으로는 계속 탈출할 방법을 찾고 있었다. 마침내 모두가 잠든 한밤중에 좋은 생각이 떠올랐다. 그는 일어나 간수가 올 때까지 감옥의 철문을 급하게 두드려댔다.

"무슨 일이야? 왜 그래? 일찍 죽고 싶어서 그래?"

화가 난 간수는 소리쳤다.

"제발 화내지 말게나."

라라메는 양처럼 순하게 대답했다.

"난 그저 저승으로 가기 전에 내 물건들을 정리하고 싶었을 뿐이라네. 그런데 모든 물건이 다 내 가방 속에 있지 뭔가. 그리고 그 가방을 내무반에 둔 것이 막 생각났다네. 가서 그 가방 좀 가져다 줄 수 없을까? 그 속엔 자네한테 줄 만한 것도 좀 있을 텐데……."

간수는 처음에는 시큰둥하더니, 결국에는 가방을 가져왔다. 그는 몹시 궁금해하면서 그 가방 속에 들어 있는 것을 보려고 기다렸다. 그러나 라라메가 탁자 위에 내용물을 쏟았을 때, 그의 얼굴에는 실망감이 감돌았다. 가방 속에서는 그저 담배 몇 갑과 낡은 라이터 한 개, 녹이 잔뜩 슨 칼 한 개, 흰 빵 한 조각이 나왔다. 간수가 이 물건들을 못마땅하게 들여다보고 있는 동안, 라라메는 뒤에서 빈 가방을 준비했다. 그러고는 간수가 방심하고 있는 틈을 타서 갑자기 가방을 그의 머리에 씌웠다. 가엾은 간수는 '윽' 소리도 낼 틈이 없었다. 입이 틀어 막히고 몸은 줄로 묶였다. 소리를 지를 수도 움직일 수도 없었다. 라라메는 도망쳤다.

우리의 늙은 용사는 아무 곳으로나 가지는 않았다. 칠흑 같은 어둠 속에서, 그는 곧장 바다로 향했다. 가능한 한 빨리 영국으로 가기 위해서였다. 왜냐하면 프랑스에서는 이미 죽은 몸이니까.

모든 일들이 기막히게 잘 진행되었다. 바로 그날 아침, 영국으로 떠나는 배가 있었다. 덕분에 그날 저녁에 라라메는 벌써 새로운 나라의 숲을 헤맬 수가 있었다.

그러나 밤이 되자 숲은 더 깊어졌다. 더 이상 길을 따라 걸을 수가 없었다. 라라메는 겁쟁이는 아니었지만 그래도 길을 잃을까 봐 오솔길에서 벗어나기가 두려웠다. 그래서 그는 밤을 보낼 장소를 찾아 보기로 마음먹었다. 마침 작은 불빛이 보였다.

라라메는 한 누추한 오두막 앞에 이르렀다. 그 집에서 집보다 더 누추한 차림의 여자가 나와 그를 맞이했다. 넝마를 걸친 뼈만 앙상한 몸, 숄 밖으로 비어져 나온 지푸라기 같은 머리카락, 고양이 같은 눈에다가 턱에 닿을 듯 늘어진 코를 한 늙은 여자가 말했다. 말할 때는 치아 한 개가 드러나는데 그 위로 계속 침이 흘렀다.

"들어오게, 군인 양반. 내 오랫동안 자넬 기다렸지. 자네에게 맛있는 저녁상을 차려 주지. 그리고 피곤할 테니까 아늑한 잠자리도 마련해 주고 말이야."

●──프랑스 민담

라라메의 머릿속에 마녀의 덫에 걸려들었다는 불안감이 엄습했다. 그러나 그는 겉으로 내색하지 않았다. 그저 주의를 게을리하지 않고만 있었다.

노파는 그에게 감자 몇 개를 갖다 주고, 짚단 위에 잠자리를 마련해 주었다. 그러나 이 용감한 병사는 곧 깊은 잠에 곯아 떨어졌다. 다음 날 아침 눈을 떴을 때, 그는 자신이 아직 살아 있다는 사실에 놀랐다. 그 집을 떠나면서 식사와 잠자리에 대해 얼마를 지불해야 하느냐고 노파에게 물었다. 그러고는 노파가 뭔가 꿍꿍이가 있음을 금방 알아차렸다.

"군인 양반, 난 돈은 필요없어."

노파는 초연한 태도를 보이면서 대답했다.

"그런데 여기서 별로 멀지 않은 곳에 있는 성이 하나 있는데 말이야. 자네가 그 성에 가서 오래된 초 한 자루 가져다 주겠나?"

라라메는 대답했다.

"알았어요. 그런데 그 성으로 가는 길을 가르쳐 줘야지요."

"군인 양반, 그건 아주 간단해. 자네가 온 길로 되돌아가게. 그 길을 쭉 따라가면 돼. 거기 가면 아무도 없을 거야. 대문에도, 뜰 안에도. 그런데 첫 번째 방에는 뱀 한 마리가 자고 있어. 두 번째 방에는 곰이, 세 번째 방에는 표범이, 네 번째 방에는 사자가, 다섯 번째 방에는 용이 잠자고 있지. 자네가 소리 내지 않고 빨리 지나가면, 그들은 자넬 해치지 않을 거야. 여섯 번째 방에는 금은보화가 가득할 거야. 그런데 그곳에는 들어가지 말게. 들어가면, 옆방의 맹수들이 자네한테 덤벼들 테니까. 그리고 마지막 일곱 번째 방은 텅 비어 있을 텐데, 거기에 아주 오래 된 초가 하나 있어. 그저 흔한 초야. 그걸 바로 내게 가져오면 돼. 그러면 내가 자네에게 금화 몇 닢을 주지. 어때, 아주 쉬운 일이잖나?"

"그렇게 쉽다면 직접 가시지 그래요?"

군인은 의아해했다. 하지만 이내 마음을 다잡고 그곳에 가기로 마음먹었다. 그는 별 문제 없이 성에 다다랐다. 노파가 말한 것처럼 방들을 지나서 초를 발견하고, 다시 서둘러 되돌아오기 시작했다. 숲 사이로 성이 더 이상 보이지 않게 되자, 라라메는 자신이 가져온 초를 살펴보려고 걸음을 멈추었다.

"도무지 이해가 되질 않아. 왜 반쯤 타다 만 이 오래 된 초를 갖고 싶어하지?"

그는 중얼거렸다.

"어디, 불이 붙기나 하는지 한번 볼까?"

라라메는 초에 불을 붙여 보았다. 심지에 불이 붙자마자, 놀라운 일이 벌어졌다.

젊지도 늙지도 않은 건장한 체구의 남자 한 명이 그 앞에 나타났다. 그 남자의 몸은 온통 철로 되어 있었다. 공손하게 몸을 굽히면서 남자는 쇳소리가 섞인 낮은 목소리로 또박또박 말했다.

주인님 무슨 일을 시키시렵니까?
군대를 무찌를까요?
애인을 모셔올까요?
돈을 가져올까요?

"이제 막 군대에서 도망쳐 나왔는데, 군대는 무슨 군대고, 애인은 무슨 애인이야?"

놀라지도 않고 라라메는 소리쳤다.

"차라리 돈 주머니나 가져와, 자네가 대단하다면 말이야!"

그러나 이 남자는 공연히 허풍을 떤 것이 아니었다. 잠시 후 그는 실제로 라라메 앞에 시킨 것을 갖다놓았다.

라라메는 이 주머니를 등에 지고 숲을 가로질러 자신이 가던 길을 계속 갔다. 다만 그 마녀의 집으로 되돌아가진 않았다. 그는 왕이 살고 있는 도시로 향했다.

별문제 없이 도시에 도착한 그는 가장 호화스러운 여관에 짐을 풀었다. 행복한 나날들이 시작되었다. 절묘한 맛의 요리와 음료, 부드러운 국수를 희귀한 포도주와 함께 주문하였다. 돈이 모자라게 되면 그저 촛불을 켜서 철인 시종에게 가져오라고 하기만 하면 되었다.

얼마 후 라라메는 시내에 아름다운 저택을 한 채 구입하였다. 그것은 진짜 궁전 같았다. 그러고는 결혼 상대를 물색하기 시작하였다. 그 무렵 이미 그는 많은 왕족과 백작, 남작, 공작들을 집으로 초대하여 사귀고 있었다. 그러나 이들의 딸들 중에는 그의 마음에 드는 여자가 없었다. 그래서 그는 다시 촛불을 켰다. 철인 시종이 나타나자, 그는 무뚝뚝한 말투로 명령을 내렸다.

"자네가 늘 반복하는 말들로만은 안 되겠어. 오늘밤 안으로 내게 신부감을 데려와. 그렇지만 조심해. 아무 여자나 데려오라는 게 아니야! 내 색시는 이 영국에서 제일 예뻐야 한다고!"

"주인님께서 분부하신 대로 할 것이옵니다."

철인은 허리를 구부리며 말했다. 그리고 말을 마치자마자 연기처럼 사라졌다. 그는 약속을 지켰다. 그날 밤 신부감을 데려왔다. 정말로 아무나 데려온 것이 아니었다. 그녀는 영국 왕의 딸로, 태양처럼 눈부시게 아름다웠다.

그렇지만 그녀는 한동안 소리를 지르고 물고 할퀴는 모습이 마치 하피 같았다. 철인이 웃으며 그녀를 놓아 준 후에도 그녀는 멈추지 않았다.

"고약한 담배 냄새나 풍기는 이 늙은이에게 나를 주겠다는 거냐? 이 고철덩어리야! 하지만 너희 두 놈들은 곧 보게 될 거다. 내 부왕께서 너희들을 찾게 되는 날, 너희들의 방자한 행동에 대해서 톡톡히 값을 치르게 되는 걸 말이야!"

이 말을 들으면서 철인은 사라져 버렸다. 한편 공주의 미모와 용기에 반해 버린 라라메는 온갖 수단을 동원하여 공주를 설득하였다. 그러나 공주는 아무 말도 들으려 하지 않았다. 밤새도록 공주는 라라메가 말을 거는 것조차 거절했다. 그는 이런 그녀에게 크게 마음이 상했다.

새벽에 갑자기, 라라메는 밖에서 소동이 벌어진 소리를 들었다. 사람들이 외치는 소리와 군인이 명령을 내리는 소리가 들렸다. 불안해진 그는 무슨 일이 일어났는지 보려고 창가로 달려 갔다. 그는 밖을 내다보고는 깜짝 놀랐다. 정말로 왕의 친위대가 공주가 어디에 붙잡혀 있는지를 알아냈고, 전 영국군이 대포까지 동원하고 그의 저택 앞에 포진해 있었던 것이다. 그러고는 공격을 개시하려 하고 있었다. 공격을 알리는 북소리가 울리기 시작했다. 라라메는 사시나무처럼 벌벌 떨면서 마법의 초에 불을 붙였다. 그러자 철인이 나타났고 늘 하는 말을 반복하였다.

주인님 무슨 일을 시키시렵니까?
돈을 가져올까요?
애인을 모셔올까요?

군대를 무찌를까요?

"그래, 지금 내가 필요한 게 바로 그거야!"
라라메가 말했다.
"저기 있는 적들을 모두 물리쳐라!"
철인은 철로 된 머리를 번쩍이며 허리를 구부려 인사하고는 밖으로 나갔다. 대포를 마치 장난감처럼 뒤집어버리는 이 철인 거인 앞에서 군인들은 바로 도망쳐 버렸다.
영국 왕은 이 모든 광경을 망원경으로 지켜보고 있었다. 그는 안색이 창백해져서 퇴각 나팔을 불도록 했다. 한편 라라메는 흐뭇한 미소를 지었다. 공주는 이 모든 일이 그녀와는 상관없다는 듯이 여전히 방 한구석에 웅크린 채 화를 내고 있었다.
그때 갑자기 라라메는 길에서 울리는 어떤 음악 소리를 들었다. 어떤 사람이 바이올린을 연주하고 있었다. 멜로디는 춤을 추게 만들 정도로 경쾌하기도 하고, 감정이 북받치도록 감동적이고 슬프기도 하였다. 악사는 늙은 장님이었다. 그는 바로 라라메의 궁전 창문 아래에 멈추어 섰다.
"정말 아름다운 음악이군."
라라메가 말했다. 그때 악사는 연주를 멈추고 근엄하게 말했다.
"이 바이올린은 예사로운 바이올린이 아니올시다. 이 바이올린은 당신이 들은 대로 기쁨이나 슬픔 그리고 사랑만을 연주한다오."
"그것이야말로 내가 필요로 하는 것이군."
라라메는 마음을 뺏겨서 말했다.
"제발 그걸 내게 주게나. 그 대신에 자네가 원하는 건 뭐든지 주겠네!"

그러나 장님을 고개를 저었다.

"이건 파는 물건이 아니오. 그렇지만 당신이 원한다면 당신이 가진 마법의 초와 바꾸리다."

라라메는 조금도 망설이지 않았다.

"내 집 안으로 들어오게. 즉시 자네에게 그걸 주겠네."

장님은 마법의 초를 손에 넣자, 라라메를 향해 돌아서며 말했다.

"잘 했어, 라라메. 이제 누군가 다시 이 초가 필요한 사람을 위해서 이 초를 다시 성에 가져다 놓겠네. 그 바이올린은 자네 혼자서도 잘 연주할 수 있을걸세."

노인이 문을 닫고 나가자마자, 라라메는 바이올린을 잡고 공주를 위해서 사랑의 노래를 연주하기 시작했다.

정말 놀라왔다. 바이올린의 활이 줄에 닿자마자, 공주는 자리에서 일어나 라라메에게 환한 미소를 지으며 말했다.

"바이올린 내려놓으세요. 당신을 정말 사랑해요. 지금 바로 저의 부왕께로 가서 우리의 결혼을 선포하도록 말씀드려요."

당연히 라라메는 망설이지 않았다. 그는 콧수염을 쓸고 나서, 아름다운 공주에게 사랑을 맹세하며 입을 맞추었다. 그러고는 한시라도 빨리 결혼할 수 있도록 서둘러 왕에게로 갔다.

또한 그는 프랑스 군대의 대장에게도 편지를 써서 자신이 탈영병이 아니라는 점을 알렸다.

●──프랑스 민담

제 2 부

··········

지 방 민 담

··········

●─── 중부 대서양 연안.

멜뤼진

푸아티에 백작인 에메릭의 조카 래몽당은 푸아티에 백작을 수행하여 쿨롱비에 숲에서 멧돼지 사냥을 하고 있었다.

백작은 나이가 많은 데다 떡갈나무 아래에 있던 엄청나게 크고 괴상하게 생긴 멧돼지를 놓치고 기진맥진한 상태였다.

래몽당은 침묵에 귀를 기울이며 삼촌이 말하기를 기다리고 있었다. 가끔 그의 말이 몸을 부르르 떨며 내는 울음소리만이 이 침묵을 방해할 뿐이었다. 하지만 백작의 갈색 말은 물을 마실 힘조차도 없었다.

"이놈이 더 이상 못 가겠다는군. 불쌍한 놈."

"삼촌의 말은 지쳤어요. 삼촌도 이제 더 이상 기운이 넘치지는 않고요. 조금 쉬었다 하세요. 제가 계속 추격하겠어요. 놈을 죽이겠어요. 이 저주받은 멧돼지 놈!"

"올 테면 와 봐라. 내 용기를 시험해 보고 싶다면 말이야! 하지만 내가 앉아서 놈을 기다리지는 않을 거다. 내가 먼저 찾아 나설 거야. 지옥에라도 갈 거란 말이야. 이 푸아티에 백작은 수퇘지 한 마리쯤은 무서워하지 않아!"

"그럼 제가 여기 남아 말들을 지킬게요."

래몽당은 말했다.

"그런데 그 괴물이 나타나면 어떻게 해야 하는 거죠?"

"창을 꽉 잡아."

"놈이 저에게 덤벼 들면 어떻게 해요?"

"놈의 어깨를 찔러. 어깨를 찌르라고."

백작은 말에서 내려 자신의 말 고삐를 조카에게 넘겨 주고는 숲 속으로 향했다.

"삼촌, 어디로 가시는 거예요?"

"저쪽. 나뭇잎이 바스락거리는 소리도 들리고, 나뭇가지가 부러지는 소리도 들렸어. 잊지 마라, 래몽당. 어깨야, 어깨. 아주 세게 찔러야 한다.

백작은 창을 들고 고사리와 가시덤불이 있는 곳으로 들어갔다.

한참 후 래몽당이 본 것은 푸아티에 백작이 아니라 거대한 멧돼지였다. 래몽당은 멧돼지가 자신을 공격할 때까지 기다리는 대신 용감하게 창을 던졌다. 멧돼지가 쓰러지자 그는 재빨리 멧돼지의 어깨를 예리한 칼로 푹 찔렀다.

광기에 들떠서 이성을 잃은 그는 자신이 찔러 대고 있는 것이 삼촌이라는 것을 알지 못했다. 그는 창자까지 찔러 댔다.

자신이 무슨 일을 하고 있는지 알게 되었을 때는 이미 늦었다. 푸아티에 백작은 죽었다. 이런 엄청난 죄를 지어 놓고, 피로해서 그랬다, 마귀한테 홀려서 그랬다는 식의 변명을 늘어놓는 것은 소용없는 일이다.

절망에 빠진 래몽당은 어찌할 바를 몰랐다. 그는 밤새도록 숲을 헤매고 다녔다. 미로와 고뇌 속을 헤매고 다녔다.

  그 숲에는 샘이 하나 있었다. '갈증의 샘'이라고도 하고, '요정의 샘'이라고도 했다. 그 샘에는 요정이 셋 있었는데, 그중 하나가 멜뤼진이였다. 하얗게 빛나는 피부를 가진 멜뤼진은 매우 아름다웠다. 래몽당은 그녀 앞을 여러 번 지나갔지만, 그녀를 보지도 못하고 그녀의 목소리를 듣지도 못했다. 그의 귀에는 삼촌의 비명 소리만이 들렸다. 그는 밤새도록 말을 달렸다. 밤새도록 자신이 한 일을 되새겨 보았다. 밤새도록 자신의 팔을 붙잡고 있었다.

  아침이 되었을 때 멜뤼진이 그를 멈춰 세웠다. 그녀는 그의 말고삐를 잡고 그의 이름을 불렀다.

  "래몽당, 신 말고, 당신을 도울 수 있는 사람이 있다면 그건 나예요. 당신의 불행을 기쁨으로 만들어 줄 수 있는 사람이에요. 당신이 실수로 삼촌을 죽였다는 것을 알고 있어요. 당신이 저와 결혼해 준다면 당신에게 부와 권력을 줄 수 있어요."

  래몽당의 상황을 다시 보면 이랬다. 그는 미로 같은 곳에서 괴물 한 마리를 피해다니느라 밤새도록 숲을 헤맸다. 악몽을 꾸고 나니 갈증이 났다. 눈을 뜨니 샘이 보였다. 그 샘 옆에는 세 여자가 서 있었는데 그중 하나가 멜뤼진이였다. 그녀는 그에게 맑은 물을 떠 주었다. 그리고 결혼하자고 했다. 모든 불행을 잊게 해 주겠다고, 부와 권력까지도 주겠다고 했다. 마다할 이유가 없었다. 그는 즉시 좋다고 했다.

  "고마워요. 그런데 한 가지 약속해 줄 일이 있어요."
  "무엇이오?"
  "토요일에는 나를 보려고 하지 말아요. 약속할 수 있지요?"

●──프랑스 민담

"좋소. 토요일에는 당신을 보려고 하지 않을 것이오. 그런데 왜 그런지 말해 줄 수 있소?"

"토요일에는 당신의 재산을 늘리고, 당신 가문의 명성을 높이는 일을 할 거니까요."

그리고 래몽당은 그가 우연히 혹은 불행하게도 봐서는 안 될 것을 본다고 하더라도 절대로 발설하지 않을 것을 맹세했다.

그들은 결혼식을 숲속의 샘 근처에서 치렀다. 많은 하객들이 왔다. 새로운 푸아티에 백작인 베르트랑도 왔다. 그의 어머니와 귀족 부인들, 기사들도 왔다. 래몽당은 이렇게 많이들 와 주어서 고맙다고 인사를 했다. 하지만 이 많은 사람들을 어떻게 대접해야 할지 걱정하고 있었다. 숲에 있는 것이라고는 샘뿐이니 말이다. 하지만 그 샘은 '요정의 샘'이 아니던가? 멜뤼진은 그의 생각을 읽고 있었다. 멜뤼진은 모든 것을 알고 있었다. 요술을 부려 막사와 원두막, 누각을 세웠다. 요리사들이 분주히 움직였다. 숲은 성이 되었다. 그리고 사람들이 북적대는 도시가 되었다. 모든 사람들이 바삐 움직였다. 래몽당은 기사들과 함께 식사를 했다. 시종들이 요리 접시를 날라 왔다. 요리의 수는 너무 많아 셀 수가 없었다. 포도주도 이름만 대면 나와서 하객들은 취하도록 마셨다.

하객들은 먹고 마시며, 래몽당이 아내로 맞은 아름답고 부유한 여자는 누구인지 궁금해했다. 래몽당은 이 질문을 피했다. 그보다는 그들에게 창 시합을 하자고 해서, 상대를 무찌르고 승리를 거두었다.

밤이 깊어지자 모두들 자러 갔다. 멜뤼진은 래몽당과 둘이 남게 되자, 그에게 사랑과 감사를 표했다.

"사랑하는 내 남편, 래몽당. 오늘 당신 친척들과 친구들이 와 주어서 너무나 고마웠어요. 푸아티에 백작이 당신과 결혼한 여자가 누구인지 알고 싶어하며 당신에게 나의 고향과 이름을 물어봤지만 당신은 아무 말도 하지 않았지요. 이렇게 당신이 약속을 지킨다면 당신은 최고의 명예를 누리는 최고의 권력자가 될 거예요. 하지만 당신이 약속을 어기는 날엔, 당신과 당신의 자손들은 파멸의 길로 갈 거예요."

그들은 이렇게 결혼을 하고 자식을 많이 두었다. 이야기는 여기서 끝난 것이 아니다. 멜뤼진의 이야기는 아직 시작도 안 했다.

그들은 같은 터울로 아들 열 명을 두었다.

첫째 아들은 위리엥이었다. 그의 얼굴은 아주 길고 아주 넓었다. 한 쪽 눈은 빨간색, 한 쪽 눈은 초록색이었다. 게다가 귀가 세상에서 제일 길었다.

외드는 한 쪽 귀가 다른 쪽 귀보다 길었다. 얼굴은 불타는 것처럼 붉었다.

기옹은 잘 생긴 편이었으나 한 쪽 눈이 다른 쪽 눈보다 아래에 있었다.

뺨에 혹이 난 앙투안은 사람의 발 대신 발톱이 날카로운 사자 발이 달려 있었다.

외눈막이 르노는 눈이 머리 위에 달려 있어서 80킬로미터 떨어진 곳에 있는 물체도 볼 수 있었다.

제오프로아는 멧돼지처럼 송곳니가 입 밖으로 삐죽이 튀어 나왔다. 그는 거인이어서 전투에서 여러 가지 공을 세웠다. 그가 세운 전공은 굉장했으며 동시에 무시무시한 것이었다.

프로몽은 콧잔등에 점이 있었는데, 그 점은 두더지나 담비나 늑대에게 난 털과 같은 털로 덮여 있었다.

오리블은 눈이 세 개 있었다. 그중 한 개는 이마 한가운데 있어서 퀴클롭스 그리스 신화에 나오는 외눈박이 거인 같았다. 그는 몸집이 크고 성격이 난폭했다. 세 살 때 그를 돌보던 유모 두 명을 죽여서 잡아먹었다.

하지만 이 괴물들을 잊어버리고, 가장 어린 두 아들을 보면 너무나 귀여운 아기들이었다. 그들의 이름은 티에리와 래모네였다.

멜뤼진은 아이들에게 젖을 물리고 안아서 얼러 주며 따뜻하게 품어 주었다. 멜뤼진은 아들을 열 명이나 둔 어머니였다. 한편 그녀는 수많은 성을 건설하기도 했다.

그녀가 이 땅에 처음으로 세운 성은 뤼지냥 성이었다. 멜뤼진은 자신과 래몽당의 결혼을 받아들이고 결혼식에 참석해 준 래몽당의 가족을 매우 고맙게 생각하였다. 그래서 그 보답으로 이 성을 지어 주었다. 요정이었던 그녀는 이 성을 짓는 동안 쉬지 않고 일을 했다.

성을 짓는 데 쓰는 돌도 모자라지 않았고, 일손도 모자라지 않았다. 그녀는 매주 토요일이면 일꾼들에게 빵과 포도주, 고기를 넉넉히 나누어 주었다.

멜뤼진은 공사장 어디에나 있었다. 나무을 베고 돌을 다듬는 곳, 황야를 개간하는 곳에는 어디에나 있었다. 푸아티에에서 라 로셸까지, 티포주에서 퐁스까지 속속 길이 뚫렸다. 푸아투에 있는 큰 길, 파르트네의 니오르 가도, 뤼지냥에서 푸아티에에 가는 지하 가도, 이 지방의 원형 경기장, 원형 극장, 수로, 다리. 모든 것들이 그녀의 작품이다. 사람들은 이 건축가 요정에 대해서 뭐라 감사를 표현할 길이 없을 정도였다.

하지만 이 훌륭한 어머니도 크게 화낼 때가 있었다. 푸아투, 오니스, 생통주에서도 그녀의 분노를 보여 주었고, 샤트래용에서는 그녀를 모욕한 성주를 벌하느라 성의 망루를 무너뜨려 버렸다.

그녀는 바다도 마음대로 움직일 수 있어서, 파도를 동원해서 성을 공격하고 성벽을 뒤엎어 버렸다. 멜르를 세운 멜뤼진, 부방을 세운 멜뤼진, 파르트네와 라 로셀을 건설한 멜뤼진은 샤트래용에서는 파괴도 할 수 있다는 것을 보여 준 것이다. 그녀를 맞아들이지 않은 성주를 벌하기 위해 성을 쓸어 버린 것이다. 그러고는 그 성의 돌들을 모두 마이유제로 날라서, 그곳에 수도원을 지었다.

바다를 움직일 수 있는 그녀는 하늘에도 올라갈 수 있었다. 하늘을 날 수 있었다. 그녀는 돌을 뱃속에 넣고 날았다. 그녀의 뱃속에서 작은 산과 언덕이 생겨나고 고인돌이 생겨났다. 이것들도 역시 멜뤼진의 이상하게 생긴 아이들이었다. 그녀는 날아가면서 돌을 뿌렸다. 이것은 섬이 되었다. 그녀를 모욕한 사람들을 벌하기 위해 육지에서 무너뜨린 성에서 돌을 날라왔다.

한편 래몽당은 그저 멜뤼진을 아름다운 아내이자 자애로운 어머니로만 알고 있었다. 멜뤼진이 돌아다니는지, 그녀가 분노하는지 어떤지 그는 전혀 알지 못했다.

하지만 사람들은 이 이상한 여인에 대해서 말이 많았다. 그녀가 어디에서 왔는지, 어떻게 그렇게 부자인지, 어떻게 그런 대단한 능력이 있는지에 대해 수근거리기 시작했다. 이런 수근거림은 곧 나쁜 소문으로 변했다. 래몽당이 아내로 맞은 여자는 방탕한 여자이며 그녀의 상냥한 미소와 부드러운 목소리 뒤에는 뭔가 숨겨져 있다는 것이었다. 마녀들이 본색을 드러내는 토요일마다 나쁜 짓을 하러 다닌다고들 했다.

이런 소문이 메르방에 살고 있는 래몽당의 동생 귀에까지 들어갔다. 동생은 형을 위한답시고 황급히 달려 와서 소문을 전해 주었다.

수치심과 분노에 이성을 잃은 래몽당은 칼을 뽑아 들고 토요일이면 멜뤼진이 들어가서 나오지 않는 그 방으로 달려갔다. 토요일이어서 방문은 잠겨 있었다. 무거운 문은 꼼짝도 하지 않았다. 그는 칼로 벽을 쑤셔 댔다. 그러자 벽에 구멍이 하나 뚫렸다. 래몽당이 그 구멍으로 들여다보니 옷을 벗은 멜뤼진이 커다란 욕조 속에서 목욕을 하고 있었다. 그녀의 긴 머리칼은 햇빛을 받아 찬란하게 빛나는 금실 그 자체였다. 래몽당은 눈이 부셨다. 그는 아내가 아름다운 몸을 씻는 것을 보았다. 가느다란 손, 섬세한 팔. 그런데 커다란 꼬리가 보였다. 뱀의 꼬리였다!

　래몽당은 얼른 구멍에서 눈을 뗐다. 그리고 구멍을 막았다. 자신이 본 것을 잊고 싶었다. 정말 잊고 싶었다. 이런 광경을 본 그는 말문이 막혔다. 그는 다시 동생을 불렀다. "이런 몹쓸 주둥이, 이런 몹쓸 놈."이라고 말하며 동생을 저주했다.

　멜뤼진은 모든 것을 보고 있었다. 남편이 자신을 본 것도 알고 있었다. 하지만 남편은 아무 말도 하지 않았다. 그가 본 놀라운 일에 대해 아무에게도 말하지 않았다. 그러니 아직 맹세가 깨진 것은 아니었다. 그렇게 계속 살 수 있는 것이다.

　그들의 여섯째 아들인 제오프로아는 거울을 들여다볼 때마다, 멧돼지 어금니처럼 삐죽이 뛰어나온 자신의 이를 보았다. 그는 멜뤼진의 아들답게 성격이 대담하고 포악했다. 이런 성격은 '왕이빨 제오프로아'라는 그의 별명에 잘 어울렸다. 그는 싸움터에 나가 적들을 죽이면서 명성을 쌓으려고 했다. 그러다가 친동생인 프로몽까지 죽이고야 말았다. 제오프로아가 난폭한 반면 프로몽은 선량했는데 말이다.

　원래 제오프로아처럼 난폭한 자는 다른 사람을 그냥 두지 못하는 법이다. 프로몽은 제오프레에게 자기가 친동생이라는 점을 몇 번이고 말했다. 그리고 모든 사람은 형제라고 몇 번이고 말했다. 제오프로아는 마이유제 수도원의 수도사가 된 동생에게 화가 났다. 그리고 자신이 옳다고 생각하는 길에서 프로몽을 벗어나게 만든 수도사들에 대해서 화가 났다. 제오프로아는 망설임 없이, 협박 따위 하지 않고 곧장 행동에 들어갔다. 그는 수도원에 불을 지르고 수도사들을 죽였고 급기야 자기의 친동생까지 죽이고야 말았다!

래몽당은 이 끔찍한 소식을 듣고 몹시 분노했다. 그는 이성을 잃고, 그런 악마를 낳았다고 아내를 원망했다.

"아! 이런 더러운 뱀 같으니라고!"

이 말에 멜뤼진의 얼굴은 새파랗게 질렸다.

"너는 괴물들만 줄줄이 낳은 괴물 뱀이야! 유일하게 착한 아이였던 프로몽을, 내가 유일하게 자식으로 여겼던 프로몽을 죽이다니. 이건 악마나 할 짓이야!"

래몽당은 곧 실수를 깨닫고 자신이 한 말을 후회했다. 하지만 이미 엎질러진 물이었다. 그는 멜뤼진의 비밀을 엿보았을 뿐만 아니라, 소리쳐 말하기까지 하였다. 이제 모든 사람이 멜뤼진의 정체를 알게 되었다.

멜뤼진은 남편이 이렇게 맹세를 깬 것을 참을 수가 없었다. 그는 보지 말아야 할 것을 보았고, 말하지 말아야 할 것을 말하고야 말았다. 배신당한 멜뤼진은 이 세상에 더 이상 머무를 수가 없었다. 그녀는 남아 있는 모든 용기를 내서, 잠시 후면 헤어져야 할 남편에게 이런 이야기를 들려 주었다.

"내 아버지는 스코틀랜드의 왕 엘리나스였어요. 아버지는 바다 가까이에 있는 숲에서 사슴 사냥을 하고 있었어요. 갑자기 목이 말랐던 아버지는 물을 찾아 다니다 샘 한 곳을 기억해 내고 그곳으로 말을 몰았지요. 아니면 말이 아버지를 그곳으로 데려 갔는지도 모르지요. 낯익은 소리가 들렸지요. 샘이 무언가 중얼거리고 있었어요. 아니면 물가에 둘러선 떡갈나무들, 커다란 떡갈나무들이 중얼거리는 것도 같았어요. 아버지는 이 소리가 자신의 소리라는 것을 알아차렸어요. 이 샘물 속에서 자신의 눈도 보았어요. 아버지는 그 순간 요정 프레진과 사랑에 빠졌어요. 그러고는 결혼을 했지요. 프레진이 그를 기다리고 있었던 거죠. 그녀는 이 결혼을 원했거든요. 그리고 아버지에게 한 가지 맹세를 해 달라고 했어요. 그것은 그녀가 해산을 할 때는 그녀를 찾지 말라는 것이었어요. 아버지는 약속했어요. 하지만 약속을 지키지는 않았지요. 당신도 그랬듯이. 아버지는 막 해산을 한 어머니의 방에 들어갔어요. 그러고는 어머니가 이제 갓태어난 딸 셋을 씻기고 있는 것을 보았지요. 맹세는 깨졌어요. 어머니는 나와 멜리오르 언니, 팔레스틴 언니를 데리고 아발롱 섬으로 가 버렸어요. 그곳은 나의 이모인 요정 모르간이 다스리고 있는 아주 머나먼 그리고 아주 아름다운 섬이었어요. 그 섬에는 사시사철 사과가 많이 열렸어요. 그 섬에는 봄만 계속되었죠. 우리는 그곳에서 자랐어요. 우리가 열다섯 살이 되었을 때, 어머니는 아버지의 잘못된 행동에 대해 말해 주었어요. 아버지가 맹세를 저버린 일을 말이에요. 그리고 우리에게 마법을 가르치기 시작했지요. 마법을 익힌 나와 언니들은 아버지를 벌하기로 마음먹었어요. 아버지를 브렁보렝리옹이라는 이름도 대기 어려운 산에 가두어 버렸지요. 그곳은 아무도 찾아낼 수 없는 곳이에요. 우리가 어머니를 얼마나 사랑하는지를 보여 주려고 그랬던 것이지만 오히려 어머니의 분노를 샀지요. 어머니는 우리를 저주했어요. 멜리오르 언니는 아르메니아에 있는 성으로 보내졌어요. 그곳에서 새장에 갇힌 새처럼 갇혀 지내고 있지요. 마치 언니가 키우고 있는 매처럼 말이에요. 팔레스틴 언니도 더 나을 것은 없어요. 피레네 산맥 속에 있는 '잃어버린 산'에서 아버지의 보물을 지키는 일을 하고 있지요. 하지만, 제일 끔찍한 저주는 나에게 내려졌어요. 아버지를 가두겠다는 고약한 생각을 한 것은 바로 나였으니까요. 나는 갇히고 말았어요. 그것도 끔찍한 모습을 한 채로 말이에요. 금요일까지는 여자이지만 토요일에는 괴물이 되지요. 커다란 뱀 꼬리를 가진 여자! 하지만 어느 남자가 나와 결혼해 주고 토요일에만 절대로 나를 만나지 않는다면, 혹시 내가 괴물이라는 사실을 알게 되더라도 아무에게도 발설하지 않는다면 나는 다른 보통 여자들처럼 살 수 있었어요. 그리고 보통 사람들처럼 죽을 수도 있었어요. 나는 그저 다른 사람들처럼 살다가 죽고 싶었어요. 이것이 내가 숲의 샘에 있으면서 꿈꾸어 온 전부였어요. 나와 결혼해서 나를 구해 줄 남자를 기다릴 때 말이에요. 그 남자, 나는 그 남자가 곤경에 처해 있을 때, 그를 만났어요. 절망에서 그를 구해 주었어요. 그에게 모든 것을 주었어요. 하지만 그는 나를 배반했어요. 나는 구제받을 수 없게 되어 버렸어요. 나는 다른 평범한 여자들처럼 살 수 없게 되었지요. 죽을 수도 없고요. 뤼지냥의 노트르담 성당에 묻힐 수도 없을 거고요. 아무도 나를 위해 미사를 올려 주지 않겠지요. 내 영혼을 구원해 달라고 기도하는 사람도 없을 테지요. 내가 결혼한 남자가 맹세를 깨뜨려서 나를 다시 그 암울한 형벌의 고통 속으로 떨어지게 했어요. 이 형벌은 내가 저지른 잘못의 대가로 오랫동안 내가 받았던 것이지요. 그리고 나는 이 벌을 최후의 심판의 날이 올 때까지 받아야 해요. 래몽당, 바로 당신이 나를 배신했기 때문이에요."

말을 마치자 멜뤼진은 펄쩍 뛰어 놀라, 창문을 통해 날아가 버렸다. 그녀는 날아가면서 외마디 소리를 냈다. 그것은 탄식이었다. 신음 소리였다. 하늘에는 긴 뱀이 날고 있는 것 같았다. 뱀은 성탑을 세 바퀴 돌고는 사라져 갔다.

  밤이면 이 신음 소리를 들을 수 있다. 악몽을 꾸는 밤이면 창가에서 이 소리가 들린다. 멀리 사라졌다가 다시 들리곤 한다. 멜뤼진이 그녀의 두 아기 티에리와 래모네를 만나러 오는 소리다.

●──주

1 모르간은 아발롱 섬을 지배하는 아홉 자매 중 하나로 놀라운 힘을 가진 마녀 혹은 여신, 요정으로 묘사된다. 모르간 르 페이, 모르가나 등으로 불린다.

말하는 물고기와 삼 형제

작은 어부는 작은 물고기만 잡는다는 속담이 있다. 속담은 대개의 경우 옳다. 하지만 여기에 속담이 간혹 틀리는 경우가 있다는 것을 보여 주는 이야기가 있다. 작은 배를 탄 작은 어부가 커다란 물고기를 잡을 수도 있다. 이 물고기가 물고기의 왕이어서 이렇게 말을 하는 경우까지도 생긴다.

"네가 지금 나를 놓아 주지 않으면, 다시는 물고기를 잡지 못하게 될걸."

그래서 어부는 그 물고기를 다시 바다에 놓아 주었고 계속 낚시를 했다. 그러고는 아주 많은 물고기를 잡았다. 어부가 집으로 돌아와 자기가 잡았던 물고기 왕에 대해 아내에게 이야기하자 아내는 그를 질책했다.

"그 물고기를 그대로 잡아 왔더라면 배불리 먹을 수 있었을 텐데 왜 놓아 주었어요?"

"그러지 않으면 앞으로 물고기를 잡을 수 없다니까. 그 물고기가

●──프랑스 민담

그렇게 말했다고."

"그 말을 믿었어요? 큰 물고기가 말을 한다고, 나더러 믿으라는 거예요, 지금? 난요, 그 말하는 물고기의 한 조각 살점이 더 좋다고요. 다음번에는 놓아 주지 말아요!"

다음날 어부는 다시 바다로 나갔다. 그리고 그 물고기를 다시 잡았다.

"나를 놓아 줘!"

"안 돼! 우리 집사람이 안 된대. 이번에는 널 잡아 가야겠어."

어부의 아내는 그 물고기의 비늘을 치고 내장을 꺼내고 나서, 창자는 장미 나무에 거름으로 주었다. 그리고 머리 부분은 집에서 키우는 암캐에게 주어 버렸다. 가시는 마구간에 가져가 짚과 섞어서 암말에게 먹였다. 물고기의 살은 어부의 아내가 먹었는데 굉장히 맛있었다.

그런데 알고 보니 이 물고기는 말하는 것 말고도 많은 능력이 있었다. 장미 나무는 장미꽃을 세 송이 피웠고, 개는 강아지를 세 마리 낳았고, 말은 망아지를 세 마리 낳았고, 어부의 아내는 아이 셋을 낳았다.

아이들 세 명은 서로 너무도 닮아서 구별을 하기 어려울 정도였다. 망아지들도 강아지들도 장미꽃 세 송이도 각기 똑같이 생긴 것이었다.

어부와 그 아내는 아이들에게 '르누,' '르나르,' '르노'라는 이름을 지어 주었다. 아이들에게는 각각 강아지 한 마리, 망아지 한 마리, 장미꽃 한 송이가 주어졌다.

첫째는 '바람돌이'라는 이름의 강아지를, 둘째는 '산돌이'라는 이름의 강아지를, 셋째는 '강철이'라는 이름의 강아지를 받았다.

이때만 해도 사람들은 먼 길을 떠날 때면 꼭 자신의 개와 말을 데리고 갔다. 장미꽃은 집에 두고 가지만, 주인에게 무슨 변고가 생기게 되면 꽃이 시들었다.

르누는 길을 떠났다. 이렇게 위험을 무릅쓰는 것이 그의 운명이었다. 그러고는 한 성에서 어떤 아가씨를 만나는 놀라운 행운도 얻었다. 그 아가씨도 르누가 마음에 들었고 아가씨의 환대와 아름다움에 감동한 르누는 그녀와 결혼했다.

이제 그들은 남편과 아내가 되었다. 그들은 성에서 살았다. 성은 조금 어두웠으나, 창문이 한 개 있었다. 그 창문으로 햇빛이 들어오고, 그 창문을 통해서 밖이 내다보였다. 햇빛이 내리쬐고 아름다운 음악이 들리는 풍경은 사람의 마음을 홀렸다. 밤이 되면 모든 것이 조용했다.

르누에게는 캄캄한 밤이 오지 않았다. 밤마다 창 밖으로 보이는 빛이 그의 잠을 설치게 했기 때문이다. 그가 침대에 누우면 보이는 빛 때문에 잠을 설쳤다. 항상 불이 밝혀져 있는 성이었다. 그리고 그가 이 불빛을 지우려고 눈을 감으면, 그 성은 그의 속눈썹 아래에서 타올랐다.

낮에는 바깥 풍경을 내다보아도 이 성이 보이지 않았다. 아무리 둘러보아도 성은 없었다. 하지만 밤이 되면 나타나 빛을 발하는 것이었다. 이 성밖에는 보이지 않을 정도였다.

르누는 그곳에 가 보고 싶어서 견딜 수가 없었다. 그는 옆에서 자고 있는 아내를 깨웠다.

"저기 보이는 불빛이 뭐요? 왜 불을 끄지 않지?"

"저건 오래된 성이에요."

아내가 하품을 하며 대답했다.

"많은 사람들이 저기에 갔어요. 하지만 아무도 돌아오지 못했어요. 아무도 저 불빛을 끄지 못했어요."

"그래도 나는 가 보고 싶어."

르누는 우겼다.

"내게는 훌륭한 말도 있고, 바람돌이도 있고, 훌륭한 검도 있어."

"당신이 저 성 안에 들어가면, 다른 사람들과 똑같은 운명이 될 거예요. 다시는 돌아오지 못할 거예요."

르누는 더 이상 아내를 귀찮게 하지 않으려고 자는 척했다. 아내가 깊은 잠에 빠진 것을 확인하자, 그는 다시 일어나 소리를 내지 않고 방을 나왔다. 그리고는 자신의 검을 챙겨서, 개와 말을 데리고 그 성을 향했다.

르누가 성에 이르자, 빛은 전보다 덜 밝은 듯이 보였다. 밤을 불태우고 그의 상상력을 뜨겁게 달구었던 것이, 가까이 다가가서 보니 꺼져 버린 태양이고 꺼져 버린 불이었다. 성 주변의 모든 것은 차가웠다. 성 안의 모든 것도 차가웠다. 그곳에는 그보다 먼저 왔던 사람들이 있었다. 그들의 시선은 얼어 있고, 그들의 동작은 멈춰 있으며 그들의 몸은 움직이지 않고 굳어 있었다.

르누는 다리에 감각이 없어졌다. 피도 돌지 않았다. 르누는 얼음 덩어리가 되었다. 그는 도움을 청해 보았지만, 그의 목소리는 조금 날아가다가는 그만 얼어서 공중에 멈춰 버렸다.

그의 어머니 집에 있는 그의 장미꽃이 시들었다. 어머니는 깜짝 놀랐다. 그녀 역시 도움을 청했다. 그녀의 목소리도 날아올랐다. 그러나 그 목소리는 멀리 갈 필요가 없었다. 르나르와 르노가 근처에 있어서 어머니 목소리를 듣고 달려왔기 때문이다.

"애들아. 르누에게 나쁜 일이 생겼구나. 장미꽃이 시들었단다."

"제가 가 볼게요."

르나르가 말했다.

"제가 형을 도우러 갈게요."

르나르는 검을 챙기고 개를 데리고, 르누가 결혼해서 살고 있는 성까지 말을 몰았다. 르나르가 성문을 두드리자, 르누의 아내는 남편이 돌아온 줄로 알고 문을 열었다. 개와 말을 보니, 남편이 틀림없었다. 그가 살아 온 것이다. 하지만 아무리 기뻐도 그녀는 그를 나무라는 말을 했다. 그녀는 밤새도록 그를 기다리며 걱정이 되서 초초해하고 있었던 것이다.

"당신 도대체 어디 갔었어요?"

"잠시 산책하러, 저기에……."

그것은 물론 거짓말이었다. 하지만 그가 진실을 말했더라도 그녀는 믿지 않았을 것이다. 르나르와 르누는 똑같을 정도로 닮았기 때문이다. 르나르는 자신이 누구인지 말하고 싶지 않았다. 그는 그녀가 그에게 바라는 대로 행동하고, 바라는 대로 말해 주었다. 그는 형의 역할을 했다. 이 혼란스러운 상태를 들키지 않고 유지하기 위해 최선을 다했다.

밤이 되자, 침대에 누운 르나르는 창 밖에서 빛나는 성을 보았다. 눈을 감고 불빛을 보지 않으려고 해도 소용이 없자, 옆에서 자고 있던 형수에게 물었다.

"도대체 저기 보이는 저 불빛은 뭐요? 저 불빛을 끌 수는 없을까?"

"아니, 당신 벌써 잊었어요? 어제도 같은 질문을 했잖아요? 저건 아름다운 성이에요. 많은 사람들이 저 안으로 들어갔지만, 아무도 다시 나오지는 못했어요. 아무도 저 불빛을 끄지는 못했어요."

●── 프랑스 민담

르나르는 자신과 형수 사이에 검을 놓고는 자는 척했다. 그러고는 깊은 잠에 빠진 형수가 깨지 않도록 하면서 방을 빠져 나왔다.

어두운 밤에 그토록 빛나던 성, 그가 눈을 감아도 여전히 빛나던 성이 지금 바로 그의 앞에 있었다. 르나르는 드디어 이 성에 무엇이 감추어져 있는지, 어떤 신비가 숨어 있는지, 그리고 그의 형이 그곳에 있는지 알아볼 수 있게 되었다.

르나르가 안으로 들어가자 곧 바로 냉기가 엄습해 왔다. 냉기는 바닥으로부터 올라왔다. 발이 차가와지고 몸이 추워졌다. 르나르는 호기심과 부주의, 고집 때문에 그곳에 온 사람들과 함께 얼어붙어 버렸다.

즉시 그의 집에 있는 장미꽃이 시들었다. 어머니는 르노를 불렀다.

"애야, 르나르에게 무슨 일이 생겼구나!"

"진정하세요, 어머니. 안심하세요."

르노는 말했다.

"제가 형들을 찾아볼게요."

르노는 르누가 아내와 함께 살고 있는 성으로 말을 타고 갔다. 르누의 아내는 개를 데리고 말을 타고 오는 사람을 보고 마중나왔다. 그녀는 그를 껴안았다.

"아! 여보, 이렇게 다시 보니 얼마나 다행인지 몰라요! 그런데 어디 갔었어요? 어젯밤 당신이 나간 후로……."

"저기, 산책하러……."

아내는 고통을 금세 잊어버렸다. 그녀는 다시 남편을 찾았고, 그 남편이 지금 집에 있는 것이다. 저녁이 되자 르노는 형수와 자신 사이에 검을 놓고는 자려고 노력을 했다. 하지만 그의 침대 정면에 빛이 있어서 아무리 눈을 감아도 눈이 부셨다. 르노는 생각을 떨쳐 버릴 수가 없었다. 자신보다 먼저 이 불빛을 보았을 형들을 생각했다. 형들은 아마도 가까이 가 보았을 것이다. 그는 옆에서 자고 있는 형수를 깨워 물어 보았다.

"저기 보이는 저 불빛이 도대체 뭐요? 저 불빛을 끌 수는 없나?"

"당신은 정말 나를 귀찮게 하는군요! 매일 밤 같은 것을 묻느라고 나를 깨워요?"

"저 불빛 때문에 잠을 잘 수가 없어."

"내가 벌써 말했잖아요! 그건 오래된 성이라고요. 그곳에 간 사람들은 아무도 돌아오지 못했다고요. 이젠 잠 좀 자게 내버려 두고 당신도 자요."

르노는 형수가 깊이 잠들기를 기다려 방을 나왔다. 아직도 불이 켜져 있는 그 성이 두렵지 않았다. 그의 형들도 두려워하지 않았을 것이다. 형들은 분명 어떤 나쁜 거인이나 괴물에게 잡혀 있는 것이다.

르노의 생각이 옳았다. 형들을 잡고 있는 것은 괴물이었다. 거대한 몸집에 끔찍한 생김새를 한 괴물이 소리쳤다.

"말 타고 개 끌고 어디를 가나? 그 칼은 또 뭔가?"

"나는 형들을 찾으러 왔다. 형들이 여기 있다는 걸 알아."

"여기에 들어오면 네 형들처럼 갇히게 될 거야!"

그때 르노가 개에게 명령했다.

"강철! 네 차례야!"

강철이 공격했다. 싸움은 치열했다. 강철은 훌륭한 투견이었다. 개는 거대한 괴물의 목덜미를 물었다. 괴물은 더 크고 힘이 셌지만 어떤 행동도 제대로 할 수 없었다. 괴물은 쓰러졌다. 그러자 지하실에 있었던 사람들, 마술에 걸려 그곳에 잡혀 있던 사람들이 몸을 움직일 수 있게 되었다. 그들은 서로 포옹을 하고 그들을 구해 준 사람을 끌어안았다. 그 사람들 가운데 자신의 동생을 알아보는 사람들이 있었다. 르누와 르나르는 괴물을 물리친 영웅을 둘러쌌다. 이 영웅은 운명을 극복한 것이다.

형제가 함께 오는 것을 본 르누의 아내는 누가 자기 남편인지 알 수가 없었다. 셋이 똑같았고 그들의 개와 말도 각각 똑같았다.

르누가 앞으로 나와 아내에게로 다가가서 그동안 있었던 일을 이야기했다.

집에 있는 장미꽃 세 송이는 아무말도 없었지만, 생기를 되찾았고 색깔도 선명해져서, 어떤 상세한 이야기보다도 삼 형제와 그 어머니의 행복을 전해 주었다.

●──주

1   바람둥이는 'Va-comme-le-Vent', 산돌이는 'Tranche-Montague', 강철이는 'Brise-Fer'로 원문에 나온다. 각각 '바람처럼 달리다, 매우 빠르다', '산을 자르다, 산을 잘 타다', '강철을 부수다, 힘이 세다' 라는 뜻이 있다.

황금 사과

앙굴렘에서 그다지 멀지 않은 곳의 샤랑트 지방에 바르브도르주라는 한 남자가 있었다.

바르브도르주는 농장과 포도 과수원, 숲을 소유하고 있었지만 그가 정말 자랑스럽게 여기는 것은 그의 정원이었다. 그 정원의 사과나무에는 황금 사과가 열려서 많은 이의 찬탄을 불러 일으켰고 동시에 몇몇 사람에게는 시기와 욕심을 일으켰다. 바르브도르주는 매일 밤 사과를 훔쳐 가는 이런 사람들이 누구인지, 사과를 훔쳐다가 어디에 쓰는지 알고 싶었다. 어느 날 저녁에 그는 세 아들을 불러 모아놓고 이렇게 말했다.

"너희들은 다 자랐다. 힘도 세고 용기도 있다. 오늘 밤 차례로 보초를 섰다가 범인을 잡아 와라. 누구부터 시작할 거냐?"

"저부터요."

맏아들이 말했다.

"저는 악마 사냥도 저주받은 말도 무섭지 않아요. 악마 사냥은

●──프랑스 민담

가을 하늘의 철새 떼에 지나지 않지요. 저주받은 말도 불량배들이 노파들을 겁주려고 따각거리며 타고 다니는 나무토막일 뿐이지요."

"좋아. 내 아들이 자랑스럽다."

"잠시 후면 더욱 자랑스럽게 여기실 겁니다, 아버지."

이렇게 해서 맏아들 베렝제가 사과나무 옆에 숨어서 도둑을 기다렸다. 칠흑 같은 밤이 되자 조용한 가운데 소란이 일었다. 마루 바닥이 삐걱거리는 것 같기도 하고, 황새가 울어대는 것 같기도 했다. 불량배들이 마을에 끌고 다니는 목마 소리 같기도 했다. 하지만 베렝제는 불량배들이 놀래키려는 노파도 아니었고, 저주받은 말도 무섭지 않았고, 아무것도 무섭지 않았다.

하지만 베렝제는 망보기를 포기하고, 재빨리 집으로 돌아왔다.

바르브도르주는 아들이 돌아온 것을 보자, 이렇게 말했다.

"배렝제가 돌아오는군. 그래, 도둑은 잡았느냐? 도둑을 보았느냐?"

"아버지, 도둑이 겁을 먹고는 저한테 다가오질 않았어요."

"그런데 네 얼굴이 창백하구나. 죽은 사람처럼 얼어붙었어. 지금 네 얼굴을 보면 아무리 겁 없는 사람도 놀라 자빠지겠구나."

이 말을 들은 작은아들 로제가 도둑을 잡으러 갔다. 로제는 도둑에게 놈이 잊지 못할 환대를 해 주리라 마음먹고 있었다.

로제는 기다리는 동안 밤하늘을 올려다보았다. 밤은 부드러웠다. 별들은 이름을 부를 때마다 상냥하게 대답했다. 달은 마치 엄마가 아이에게 미소 짓듯이 그에게 미소를 지었다.

갑자기 뿔 두 개와 번쩍이는 눈이 보였다. 로제는 도망쳤다.

그가 집으로 돌아왔을 때, 아버지는 그에게 말했다.

"그래! 도둑은 잡았느냐? 아니면 도망쳐 왔느냐?"

"아니요. 뿔 달린 귀신을 보았어요! 이 두 눈으로요! 그 귀신은 뿔이 두 개인 데다가 눈이 번쩍였어요. 무시무시한 소리를 내며 저한테로 다가왔어요. 마치 자갈을 가득 실은 마차가 굴러오는 소리 같았어요. 그건 짐승이었어요. 발에 털이 수북했어요. 전 그 짐승을 바로 볼 수가 없었어요. 집으로 갈까 생각하고 있는데, 그 짐승이 제게 덤벼들었어요. 그래서 집으로 달려왔어요. 그 짐승이 제 얼굴이랑 목에 침을 질질 흘려댔어요. 보세요, 온통 젖었잖아요."

"이건 땀이잖아."

베렝제가 비웃었다.

"땀으로 목욕을 했군. 네가 말한 그 귀신은 내가 보초를 설 때도 보았지. 그건 바람에 날려 온 엉겅퀴 뭉치야."

"내 아들들아."

바르브도르주는 한탄하며 말했다.

"난 너희들이 도와주리라 기대했는데, 이기고 오지는 않더라도 좀더 명예스러운 모습으로 돌아오기를 바랐는데……."

막내아들이 작은 목소리로 말했다.

"다 끝난 것은 아니에요. 이제 제 차례예요. 제가 가겠어요."

막내아들 오제는 아버지의 마음을 상하게 하거나, 아버지를 실망시키는 것 말고는 아무것도 두렵지가 않았다. 그래서 사과나무 아래로 달려가 오랫동안 기다렸다. 한참을 기다리니 바위 뒤에 가려진 구멍에서 커다란 사자가 나왔다. 그 바위는 엄청나게 무거운 것이었지만 사자는 그 바위를 가볍게 밀어 치웠다. 그러고는 사과나무로 태연하게 다가와 사과를 따서 가방에 넣었다. 일이 끝난 후 사자는 왔던 길로 다시 구멍으로 들어가더니 돌문을 닫아 버렸다.

오제는 이 모든 것을 지켜본 다음 아버지에게 이 사실을 알렸다.

"우리 사과를 훔쳐 가는 것은 커다란 사자예요. 그 사자가 나왔다가 들어간 곳을 알아요. 함께 가 봐요."

그는 아버지와 형들을 그 바위가 있는 곳까지 데려갔다. 형제들이 힘을 합쳐 세 번 시도한 끝에 그 바위를 옮길 수 있었다.

바위 뒤에는 우물이 있었다. 바르브도르주가 말했다.

"커다란 두레박을 매달 수 있게 긴 밧줄을 가져와라. 너희들 중 한 명이 거기에 타고 우물 바닥까지 내려가야겠다."

"하지만 위에 있는 사람이 어떻게 두레박이 아래에 닿았는지 알지요?"

베렝제가 물었다.

"밧줄 위에 종을 매달면 되지. 아래에 내려간 사람이 종을 울리면, 위에 있는 사람이 끌어올리면 돼요."

로제가 말했다. 바르브도르주는 그렇게 하도록 했다. 그는 로제에게 창고에 가서 종과 두레박, 긴 밧줄을 가져오라고 했다. 로제는 이 모든 것을 재빨리 가져왔다. 자, 이제 내려 갈 사람을 정해야 했다. 바르브도르주는 세 아들을 둘러 보았다.

"누가 가 볼 테냐? 누가 두레박을 타고 내려갈 테냐?"

"제가 갈게요."

맏아들이 말했다.

"저는 우물을 겁내지 않아요. 푸른 연못도 무섭지 않다구요. 빨간 팔 귀신[2]이 연못 위에 장난감이나 보석을 띄워 놓아도 전 넘어가지 않아요. 그런 장난엔 속지 않지요. 겁나지도 않고요. 베렝제라는 이름을 가지고 사는 한, 아무것도 무섭지 않아요."

그는 두레박을 타고 내려갔다. 겨우 3미터 내려가자 겁이 났다. 그는 밧줄을 당겼다. 종이 울리자 사람들이 그를 끌어올렸다.

"무슨 일이냐? 무엇을 보았느냐?"

"아버지, 어둠요. 그리고 냉기가 돌았어요."

"그렇다면 다른 사람이 가 봐라. 너희들 중에서 대담한 사람 말이야."

로제가 성급히 말했다.

"저요, 제가 내려갈게요."

그는 두레박을 탔다.

조금 내려가자 불안해졌다. 목이 타서 침도 삼킬 수 없게 되었다. 그는 종을 울렸다.

"무슨 일이냐? 무엇을 보았느냐?"

"아무것도, 아버지, 아무것도 못 보았어요. 그저 이마에 땀이 흘렀어요. 차가운 땀이 흘렀어요."

"이제 제 차례예요."

막내 오제가 작은 소리로 웅얼거렸다. 그는 두레박에 탔다.

오제는 내려가고, 또 내려갔다. 그는 끝까지 내려갔다. 그곳은 저승이었다. 그곳에는 겨우 걸어다니는 노파 한 사람 말고는 살아 있는 사람이 없었다.

노파는 혼자서 어리둥절해 있는 오제를 보자 왜 여기에 왔느냐고 물었다.

"할머니, 저희 집 정원에 사과나무가 있는데요. 거기에는 황금 사과가 열리거든요. 그런데 밤마다 누가 황금 사과를 훔쳐갔어요. 저와 제 형들은 도둑이 누군지 알아내서 잡으려고 사과나무 아래에서 감시를 했어요. 제가 도둑을 보았지요. 사자 한 마리가 바위를 밀고 나와 우리 사과를 훔치더군요. 사자가 가방에 사과를 담고 우물 속으로 내려가기에 저도 따라서 내려왔어요. 그리고 여기 이렇

●──프랑스 민담

게 왔어요."

"귀여운 녀석, 네가 이렇게 어리지 않았다면 너를 미쳤다고 생각했을 게다. 이곳까지 내려오는 것은 미친 짓이야. 이렇게 위험한 짓을 하다니. 여기는 너무나 위험해. 무시무시한 시험들이 기다리고 있지. 저기 성 세 채가 보이지?"

"아름답군요, 할머니. 특히 마지막 성이 아름다워요."

"정말 아름답지. 첫 번째 성은 갑옷처럼 빛나지. 저건 철로 만든 성이야. 두 번째는 은으로 된 거야. 달빛처럼 반짝이지. 세 번째 성은 태양처럼 빛나지. 저건 황금 성이야. 사자가 늘 저기로 사과를 가져가지."

"여기까지 왔으니 모험을 감행해야겠어요."

"조심해서 가야 해. 가여운 녀석. 사자에게 먹혀."

"사자요?"

"성들에 사는 사자 세 마리 말이야. 내가 미리 말했어야 했는데. 너에게 이 크림 통을 주마. 이곳에 위험을 무릅쓰고 온 조심성 없는 사람들을 위해 내가 준비한 거야. 너처럼 어려움에 처한 사람들 말이야."

"어떻게 쓰는 거예요, 할머니?"

"다칠 때마다 상처에 발라 줘. 그건 요술 크림이거든."

오제는 크림 통을 받았다. 그 통은 우유를 따르거나 생크림을 넣어두거나 버터를 담을 때 쓰는 사기로 만든 통이었다. 오제는 의지를 가지고 철로 지은 성으로 향했다. 갑옷을 닮은 성은 싸움을 위해 지어진 것 같았다. 저승에서, 그것도 이 모든 괴물들 앞에서 떠오르는 말은 싸움이라는 말 밖에는 없었다. 그래서 오제는 검을 휘둘러댔다. 그는 이 검을 잊지 않고 두레박에 담아온 것이다.

이윽고 사자가 모습을 드러내더니 털을 곤두세우고 달려들었다. 오제는 포효하는 사자를 기다렸다. 그러나 그에게 달려드는 것은 야생적이면서도 소리 없는 어떤 힘이었다. 할퀴고 때리는 차가운 괴물이었다. 그러나 이 괴물은 맞아도 아무 소리도 내지 않았다. 하지만 오제는 여러 차례 괴물에 상처를 입히고, 마침내 다리 하나를 잘랐다. 그리고 또 다리 하나, 마침내 머리를 잘랐다. 오제는 그 성의 주인이 되었다. 그는 정복자로서 철의 성 안으로 들어갔다. 그곳에 한 아가씨가 기다리고 있었다. 아주 상냥한 아가씨였다.

"잘 오셨어요. 이 나쁜 괴물이 저를 잡아와서는 먹이로 두었답니다. 구해 주셔서 얼마나 고마운지 몰라요. 하지만 저기 있는 두 성에 갇힌 언니들이 걱정돼요. 은으로 지은 성, 금으로 지은 성, 모두 아름답지만 그곳의 사자들은 더 사나워요."

"하지만 여기에 온 이상, 물러설 순 없어요. 아가씨."

그리고 오제는 은의 성으로 향했다. 오제는 달처럼 빛나는 그 성을 보았고 사자를 성나게 하려고 달려갔다.

"거기서 나와라, 이 나쁜 괴물아, 내 검을 받으러 나와!"

이 소리를 듣고 사자는 포효했다. 그러고는 곧바로 공격해 왔다. 사자는 오제를 덮치고 팔을 하나 물어뜯고는 뒤로 물러났다.

이 괴물이 다시 공격을 준비하는 동안 오제는 크림 통을 떠올렸다. 오제는 떨어진 팔을 주워서 원래 있던 자리에 대고는 크림을 문질렀다. 그러고는 다시 싸울 태세를 갖추었다.

팔은 완전히 붙었다. 크림은 아주 훌륭한 풀이었다. 팔은 다시 붙었을 뿐만 아니라, 이전보다 훨씬 강해졌다. 오제는 더욱 강해져서 사자를 해치웠다. 은의 성 안으로 들어가자, 철의 성 아가씨보다 더 아름다운 아가씨가 그를 맞아 주었다. 그녀는 오제의 손에 입을 맞추었다. 그녀를 구해 준 손에. 그녀는 말했다.

"당신 덕분에 이 성에서 벗어나고, 저를 가둔 나쁜 괴물도 잊을 수 있게 되었어요. 하지만 아직 저의 언니가 황금 성에 갇혀 있어요. 그곳을 지키는 사자는 세 마리 중에서 제일 잔인해요."

"하지만 이곳에 왔으니, 저는 위험을 무릅쓸 겁니다."

황금 성의 사자는 소문대로 가장 끔찍했다. 그 사자는 흥분해 있었다. 오제가 자기에게로 다가오는 것을 보자 더욱 흥분해서 날뛰었다. 오제가 공격할 때까지 기다리지도 않았다. 이빨을 드러내고 발톱을 세우고 오제에게 덤벼들더니 이빨로 물고, 발톱으로 찢어, 오제를 두 토막으로 잘라 버렸다. 가엾은 오제는 그 토막들을 모으기가 힘들었다. 이쪽 저쪽으로 어렵게 굴러 마침내 한 자리에 모았다. 크림이 그를 기적처럼 회생시켜 주었다. 그는 다시 싸우러 갔다. 다리가 잘렸다. 서둘러서 크림을 찾았다. 다시 치료되었다. 화가 난 사자는 팔을 물어뜯었다. 오제는 팔을 붙였다. 사자가 다시 공격해 왔다. 사자는 조급해지고 지쳐 갔다. 사자의 힘이 빠져갈수록 오제의 힘은 더 강해져 갔다. 오제는 기력을 회복하고 의욕에 넘쳐서, 사자에게 달려들었다. 그러고는 목을 잘랐다. 그는 황금 성의 주인이 되었다. 그곳에는 세 명 중에서 가장 아름다운 아가씨가 기다리고 있었다. 황금 드레스를 입은 그녀가 말했다.

"당신은 우리 세 명을 모두 구해 주셨어요. 우리는 사자가 지키고 있던 이 성을 떠날 수 있게 되었어요. 저승을 떠날 수 있게 되었어요."

떠나기 전에 세 아가씨들은, 용감하게 싸워서 성의 주인이 된 오제에게 성을 구경시켜 주었다. 성 안의 금과 은은 이제 모두 오제의 것이었다.

둘러볼 것을 다 둘러보고, 가져갈 것을 모두 챙긴 오제는 이승에 있는 자신의 집으로 향했다. 우물을 찾아 종을 울리자 커다란 두레박이 내려왔다. 제일 먼저 그 두레박을 타고 올라간 사람은 철의 성 아가씨였다. 위에서 기다리고 있던 사람들은 눈을 의심하였다. 바르브도르주는 우물에서 이렇게 아름다운 사람이 나오는 것을 본 적이 없었다. 그의 두 아들, 베렝제와 로제도 이렇게 아름다운 아가씨를 본 적이 없었다. 그러나 그건 아무것도 아니었다.

두레박이 은의 성 아가씨를 태우고 올라왔을 때, 그들은 기적이라고 외쳤다. 아직 끝난 것이 아니었다. 종이 다시 울렸다. 다시 두레박을 내려 보냈다. 그때 기적 중의 기적이 이루어졌다. 황금 옷을 입은 황금 성 아가씨가 가져올 수 있는 모든 금과 은을 싣고 나타난 것이다. 셀 수 없이 많은 황금에 눈이 부시고 그 빛에 눈이 멀어서, 아무도 우물 아래에 남아 있는 사람을 생각하는 사람이 없었다. 오제는 종을 울려 댔지만 아무 소용이 없었다.

마침내 아버지가 종소리를 들었다. 그러고는 오제가 올라오도록 두레박을 내려 보냈다. 여자들은 자신들을 구해 준 오제를 영웅이라고 하며, 그가 용맹스럽게 괴물들과 싸운 이야기를 했다. 베렝제와 로제는 잠자코 듣고 있었지만 속이 상했다. 질투심이 그들의 마음을 갉아 댔다. 마음의 고통이 그들을 나쁜 사람으로 만들었다. 겁쟁이 노릇을 하는 데에 싫증이 난 그들은 밧줄을 끊으러 갔다. 오제는 오던 곳으로 도로 내려갈 것이다. 그곳에서 다시는 돌아오지 못할 것이다!

베렝제와 로제는 밧줄을 끊었고 올라오던 오제는 저승으로 떨어졌다. 저승으로 떨어진 오제는 다시 올라갈 방도가 없었다. 위에서는 베렝제와 로제가 신이 나 있었다. 그들은 보물을 나누어 가졌다.

●──프랑스 민담

베렝제는 황금 성의 아가씨를 아내로 얻기로 하고, 로제는 은 성의 아가씨를 얻기로 했다. 철의 성 아가씨는 사촌에게 보내기로 했다.

　오제는 처음 저승에 떨어졌을 때처럼 노파를 만났다. 노파는 말했다.

　"그래, 젊은이, 싸움에서 이겼나?"

　"네, 할머니. 제가 사자 세 마리를 죽였고, 세 성을 차지하고, 세 아가씨를 구해 냈어요. 그 아가씨들은 저 위로 올려 보냈어요. 그러고는 제가 올라갈 차례였는데 누군가 밧줄을 잘라 버려서 다시 이곳으로 떨어졌어요."

　"그래, 자네에게 필요한 게 무엇인지 알겠네. 자네를 위로 데려다 줄 야수가 한 마리 있긴 하지. 그런데 그 야수에게는 먹을 것을 주어야 해. 야수가 '쿠악' 하는 소리를 내면, 자네는 야수가 좋아하는 양이나 닭 같은 것을 주어야만 하네. 그 야수는 먹으면 먹는 만큼 위로 올라가지. 자네가 먹이만 충분히 가져간다면, 야수는 자네를 위로, 저 위로 데려다 줄걸세."

　오제는 먹잇감으로 동물 300마리를 준비했다. 그러고는 야수의 등에 올라탔다. 야수가 '쿠악' 하는 소리를 낼 때마다 동물 한 마리를 입에 던져 넣어 주었다. 야수는 한 번 올라갈 때 상당히 높이 올라갔다. 그런데 가져간 먹이를 야수가 다 먹었다. 오제는 더 이상 줄 것이 없었다. 야수가 '쿠악' 하고 소리쳤다! 아무것도 주지 않자 야수는 도로 내려갔다.

　오제는 이번에 양, 칠면조, 오리, 닭 300마리 하고도 일흔 마리를 더 준비했다. 야수가 '쿠악' 하고 소리칠 때마다 먹이를 던져 넣었다. 쿠악! 양 한 마리. 쿠악! 칠면조 한 마리……. 꼭대기에 다다를 때까지 던져 넣자 드디어 햇빛이 보였다. 우물 끝에 손이 닿으려고

● —— 멜뤼진 이야기를 묘사한 15세기 초의 그림. 하반신은 큰 뱀의 모습이고 상반신은 여인의 모습인 그녀는 프랑스를 비롯한 유럽 전역에 다양하게 변형된 이야기 속에서 저주받은 주인공으로 나타난다. 멜뤼진은 많은 괴물을 낳았고 여러 도시를 건설했다. 그녀는 자애로운 어머니인 동시에 요력을 가진 반인반수로서 인간을 벌하는 존재이기도 하다. (그림 왼쪽 부분)

● ── 멜뤼진의 모성을 나타낸 장면 (앞 그림 오른쪽 부분)

했다. 밖으로 나가려는데 야수에게 줄 먹이가 다 떨어졌다. 야수는 다시 내려가기 시작했다. 오제는 간신히 나무 뿌리를 잡았다. 그는 그 상태로 잠시 매달려 있었다. 그러고는 마지막 남은 힘을 모아서 풀쩍 뛰어올라 우물에서 빠져 나왔다.

그가 아버지의 집에 도착했을 때 세 아가씨는 파이를 자르는 중이었다. 그녀들은 그를 보자 맛있는 파이를 내던지고 자신들을 구해 준 용사에게로 달려왔다.

"우리를 살리신 분이 왔어요. 이분도 올라왔어요!"

바르브도르주는 영웅에게 결혼할 아가씨를 선택할 특권을 주었다.

오제는 복수심이 강한 성격이 아니어서, 큰형과 은 성의 아가씨를, 작은형과 철 성의 아가씨를 맺어 주고 자신은 황금 성의 아가씨와 결혼했다.

●──주

1   저주받은 말을 타면 광란의 질주 끝에 말에 밟혀 죽게 된다.
2   빨간 팔 귀신은 연못이나 샘에 사는 귀신으로, 물 위에 장난감이나 공 같은 것을 띄워 아이들을 유인한다. 보석이 들어 있는 나무 그릇을 띄워 여자들을 유혹하기도 한다. 이렇게 해서 아이나 여자를 잡아서 물 속 깊은 곳으로 끌고 간다.

유명한 사람

옛날 옛날에 프렝 마을에 아주 큰 나무가 한 그루 있었다. 이 나무는 이렇게 말을 했다.

"나는 '유명한 사람'이다. 내 영광은 대단하지. 내가 일으키는 기적을 모르는 사람이 없지. 나는 여러 모습으로 변할 수 있어. 내가 원할 때마다, 원하는 대로 나타났다 사라졌다 할 수 있지."

프렝 마을에서 말하는 나무는 놀라운 것이 아니었다. 종종 이 나무가 사라지기는 하지만 그 목소리만은 항상 들을 수 있었다.

영주 멘느게르'전쟁을 하다'라는 뜻만 빼고는 모든 사람들이 '유명한 사람'의 말에 귀를 기울였다. 영주 멘느게르는 자기 이름에 걸맞게 살고 있었다. 그는 쉬지 않고 전쟁을 하러 다녔다. 그는 '유명한 사람'이 하는 말을 들을 시간이 없었다. 하찮은 일로 걸음을 멈출 시간이 없었던 것이다. 그는 말을 타고 승승장구하면서 다녔다. 명예를 얻기 위해서 가야 할 길이 있었다.

사실대로 말하자면, '유명한 사람'의 명성은 그에게 부담스러웠다. 그는 이 불충한 경쟁자를 점점 참을 수가 없게 되었다. 그는 이 나무의 명성과 능력을 시기했다.

자신의 명성을 높이려고, 멘느게르는 영지 문제를 걸어서 영주 데랑송에게 전쟁을 선포했다. 그는 일요일에 공격을 개시하고는, 프티 브뢰이유 근처의 숲에 있는 나무들을 잘라내었다. 겨울을 지낼 땔감을 적에게 남겨 주지 않으려는 의도도 있었지만 그가 지나갈 때 경멸과 조소를 퍼부은 나무인 '유명한 사람'에게 보복하면서 자신은 '유명한 사람'이 한 협박에 개의치 않는다는 것을 보이기 위한 것이기도 했다.

나무 한 그루 한 그루가 쓰러질 때마다, '유명한 사람'은 괴로웠다. 숲 전체가 황폐해진 것을 보자 그 고통은 분노로 바뀌었다. 분노는 거세게 폭발했다. 나무로서 그는 풀잎으로 감싸기도 하고 나뭇가지를 곧추 세우기도 하다가, 곧 걸어다니는 숲으로 변하기도 하고, 하늘을 나는 까마귀 군단으로도 변하였다!

멘느게르는 이런 놀라운 일을 보고도 웃음을 터뜨렸다. 그러고는 이 나무를 놀리는 투로 '예술가'라고 불러대며, 나무가 펼쳐 보이는 마술을 비웃었다. 그러다가 자신의 병사들과 자신의 가장 친한 친구들조차 토끼처럼 도망치는 것을 보고 나서야 겁에 질려 작은 교회 안으로 달려가 숨었다. 그곳에서 그의 오랜 원수 데랑송이 군사들을 거느리고 그를 기다리고 있었다.

그는 아내에게 자신의 패전 사실을 알려야만 했다. 그야말로 도주였다! 그는 이 모든 것을 '유명한 사람' 탓으로 돌렸다.

그의 아내가 말했다.

"그가 잠든 틈을 타서 잡아요. 그러면 당신은 편안하게 전쟁을 하고 이길 수 있을 거예요!"

이런 기회는 빨리 왔다. '유명한 사람'이 곯아떨어진 것이다.

왜냐고? 그냥 나무 속에 들어가 있는 일밖에 하지 않는데? 해 보면 알 것이다. 단 하루만이라도 그렇게 꼼짝 않고 자신을 숨기고 지내면 말이다. 얼마나 피곤한 일인가! 자기를 쳐다보지도 않는 사람들에게 말하는 것도 참 짜증나고 지치는 일이 아닌가! 나쁜 놈들에게는 나쁘게 갚아 주고, 죄 없는 사람들은 품 안에서 지켜 주는 일은 무궁무진한 상상력과 엄청난 정력을 요하는 일이다! 잎사귀를 뒤집어 쓰고 걸어다니는 빽빽한 숲이 되어 보라. 우리의 '유명한 사람'이 휴가를 좀 가져야 한다고 생각되지 않는가? 최소한 잠이라도 좀 자야 한다고 말이다. '유명한 사람'이 얼마나 유명하든지간에 좀 쉴 권리가 있지 않는가. 그것이 설령 유명세 때문이라 하더라도. 어쨌든 모든 사람들을 잠을 자야 하는 것이다. 유명하든지 아니든지 간에.

'유명한 사람'도 잠을 잘 때면, 보통 사람과 다를 것이 없었다. 멘느게르가 고용한 병사 열 명이 그를 급습해서 묶어 버렸다. 나무와 철망으로 만든 우리 안에 갇힌 '유명한 사람'은 독 안에 든 쥐 신세였다!

영주는 그가 갇힌 것을 보고는 아내에게 말했다.

"저자에게 매일 빵 한 조각과 물 한 컵을 주시오. 절대 밖으로 나오게 해서는 안 되오."

"알았어요. 걱정 마세요."

멘느게르는 다시 전쟁터로 나갔다. 그리고 계속해서 승리를 거두었다. 데랑송을 정복하고 영토를 복속시킨 다음, 영주 펠르부아젱과 동맹을 맺었다. 그러고는 함께 그로데니예를 공략해서 정복했다. 그들은 엄청난 재산을 얻었다. 그리고 그것을 나누어 가지려 벌였던 협상은 전쟁으로 이어졌다. 멘느게르는 펠르부아젱의 재산을 모두 빼앗아 승리를 독차지하였다.

그의 아내는 남편이 시키는 대로 '유명한 사람'에게 매일 빵 한 조각과 물 한 컵을 주었다.

그런데 이 노련한 사람이 작은 감옥 안에서 보드리라는 어린 소년을 꼬드겼다.

보드리는 열두 살이었고 그 나이에는 모든 것이 궁금한 법이라 새 둥지의 아기 새도 궁금하고 넓은 세상 일이 모두 궁금하였다. 우리에 갇힌 이 남자는 본래 목소리가 커서 야단 칠 때면 천둥 같았고 휘파람을 불면 폭풍 같았지만 도움을 청하기 위해서 창살 뒤에서 아주 작은 소리로 보드리에게 말했다. 그 소리가 너무나 작아서 보드리는 가까이 다가가 몸을 숙였다.

"문 좀 열어 줘. 나를 좀 내보내 줘. 너의 어머니 호주머니에 열쇠가 있어. 어머니가 잠들면 열쇠를 꺼내서 이리로 가져와. 그렇게만 해 주면 네가 원하는 것을 모두 가질 수 있게 해 줄게. 어서."

보드리는 재빨리 열쇠를 훔쳐서 돌아왔다. 하지만 그것으로 아직 문을 열 줄은 몰라서, '유명한 사람'이 창살을 휘게 하고는 팔을 내밀어 열쇠를 받고 문을 열었다.

'유명한 사람'은 자기 나무 속으로 돌아갔다. 감옥이 아닌 자기 집으로 가서 예전보다 훨씬 환하게 빛났다.

한편 멘느게르는 자신이 얻은 새 영지의 수도로 삼으려 했던 니오르에서 참패를 당했다. 그는 패배의 원인을 곧바로 알아차렸다. 그러고는 달려와 아내를 탓했다. 심지어는 그녀를 죽이려고 칼까지 뽑아들었다. 아내는 아들을 가리키며 변명을 했다.

"내가 아니라 보드리에요. 보드리가 '유명한 사람'을 풀어 주었어요."

그렇다면 보드리가 벌을 받아야 했다. 그러나 아직 어린 데다가 알지 못하고 한 짓이어서 멘느게르는 칼을 거두고 아이를 쫓아냈다. 집을 떠나기 전, 보드리는 어머니에게 작별 인사를 하러 갔다. 어머니는 아들을 떠나보내는 슬픔에 젖어 있었다. 다시는 못 만나게 될까 봐 두려워서 아들에게 반지 한 개와 목걸이 메달 한 개를 주었다. 나중에 혹시 그녀가 아들을 다시 만나게 되면 알아볼 수 있게 하기 위해서였다.

이렇게 보드리는 집에서 쫓겨나서, 이곳저곳 헤매 다녔다. 열두 살 아이에게 세상은 넓었다. 게다가 원래 세상은 넓은 곳이다.

어느 숲에서 보드리는 나뭇단을 묶고 있는, 남루한 차림새의 노인 부부를 만났다.

"애야, 어디 가니?"

"발길 닿는 대로요. 부모님이 저를 쫓아내셨어요."

"배고프겠구나."

노파가 말했다.

"우리 집에 가서 밥 좀 먹을래?"

"할머니 식사를 제가 먹으면……"

"따뜻한 스프 한 그릇 먹으면 속이 훈훈해질 거다."

노인도 권했다.

"힘도 날 거고."

집에 도착하자 노파는 그릇에 빵을 담고 그 위에 냄비의 스프를 따랐다. 보드리는 후루룩 소리를 내며 스프가 식기 전에 마셨다. 그러고는 작은 침대로 가 잠을 잤다. 이 침대는 어느 날 아침 전쟁이 한창인 벌판에서 죽은 자식의 것이었다.

보드리는 이 집에서 3년 동안 살았다. 그는 노인 부부를 친부모 이상으로 좋아했다. 노인들은 그를 친아들처럼 여겼다. 보드리는 힘닿는 데까지 노인들을 도와 일을 했다. 노인들은 보드리에게 줄 수 있는 것은 모두 주었다. 하지만 그들은 가진 것이 많지 않아서, 보드리를 성으로 보내 요리사 일을 배우게 했다.

보드리는 주방장 밑에서 일을 했다. 주방장은 여러 보조원들에게 나누어 일을 시켰다. 가금류의 깃털 뽑기, 뱀장어 머리 자르기, 잠두콩 깍지 까기와 같은 일이었다. 얼마 지나지 않아 보드리는 다른 보조원들이 샘 낼 정도로 능숙하게 이런 일을 해내게 되었다.

'유명한 사람'은 보드리가 볼 수 없는 곳에서 늘 그를 지켜보고 있으며, 예전에 자신을 도와준 일에 보답하기 위해 그의 앞길을 열어주려 하고 있었다. 그 덕분인지는 몰라도 보드리는 놀라울 정도로 발전했다. 주방장의 신임을 얻게 되었고, 심지어는 주방장이 그를 어느 정도 존경하게까지 되었다.

한편 성 안은 떠들썩해 있었다. 성주 돌브뢰즈는 평화를 사랑하며 정당하고 선량한 방법으로 자신의 작은 영지를 다스리는 사람이었다. 그런 그가 세 딸을 한 달에 한 명씩 결혼시킬 것이라고 공표한 것이다. 성에서는 말 달리기 경주가 세 차례 벌어질 것이고, 각 경기의 승자가 각각 딸들과 결혼하게 될 것이었다.

드디어 첫 번째 경주 날이 되었다. 보드리는 구경하러 가고 싶었다. 그는 주방장에게 잠시 갔다 오도록 허락해 달라고 했다.

"좋아."

주방장은 고개를 끄덕이며 한 가지 조건을 달았다.

"그런데 네 일을 다 끝내 놓고, 다음 경주는 내가 보러 간다는 조건 하에서야."

자기가 해야 할 일을 마치자 보드리는 경주장으로 향했다. 가는 도중에 그는 '유명한 사람'과 마주치게 되었다. '유명한 사람'은 나무에서 나와 턱수염을 길게 기르고 머리가 하얀 노인으로 변장하고 있었기에 보드리는 그가 누구인지 알아볼 수 없었다.

"이보게, 젊은이!"

"네, 할아버지!"

"자네, 어디 가나?"

"경주장에 갑니다."

"자네도 참가하나?"

"참가요? 저는 말이 없는 걸요!"

"자네가 참가하고 싶다면, 내가 말을 주지."

"네?"

보드리는 깜짝 놀라 말했다.

"하지만 저는 늦었어요. 시작 종소리가 울리는 걸 들었는걸요. 경주가 곧 시작될 거예요."

"염려하지 말게. 자네한테 말 한 필을 주지. 그 말은 금방 준비될 걸세. 저기 저 나무 보이지? 저 나무는 마법의 나무야. 황금 나무라고들 하지. 가서 아래쪽을 발로 한 방 차보게. 그러면서 자네가 원하는 색깔의 말을 주문하게. 그러면 말이 나타날 거야."

보드리는 나무로 다가가 발로 차면서 안장을 올린 회색 말 한 필을 주문했다. 주문한 대로 말이 나타났다. 기사가 입을 멋진 갑옷 한 벌과 함께.

그는 말을 달려 벌써 출발선에 서 있는 다른 참가자와 합류했다. 그리고 그는 다른 사람들을 앞질러 쉽게 승리했다.

성주 돌브뢰즈는 그를 축하해 주고 성으로 데려갔다. 이렇게 멋진 갑옷을 입은 그가 요리사 보조원이라고는 아무도 생각지 못했을 것이다. 성주는 그에게 상으로 막내딸을 주겠다고 했다.

보드리는 자신이 누구인지 밝히지도 못하고 상을 거절하지도 못하고 있었다. 그저 성주에게 사의를 표하고 다음 주에 다시 만나기로 하고 돌아왔다. 성주는 기다렸다. 그러나 기사는 상을 받으러 오지 않았다.

두 번째 경주가 있는 날, 보드리는 다시 경주장에 가고 싶어졌다. 그는 주방장에게 말했다.

"오늘도 경기장에 가고 싶어요."

"하지만 오늘은 내가 봐야 할 차례야. 넌 여기를 지켜야지."

"제가 이 반지를 드리면, 가게 해 주실래요?"

주방장은 반지를 살펴보고는 경주장에 가고 싶은 것을 참고, 주방에 그대로 남아 있기로 했다. 보드리는 늦을까 봐 서둘렀다. 그러자 그가 필요로 할 때 늘 그의 곁에 있는 '유명한 사람'이 다시 나타났다. 그리고 그에게 말했다.

"그래! 보드리, 내가 시키는 대로 했나? 자네가 원하는 것을 얻었나? 경주에서 이겼어? 오늘도 또 달려 보고 싶나? 예를 들면 흑마를 타고, 은빛 갑옷을 입고서 말이야."

"예, 그래요. 흑마에 은빛 갑옷. 멋지겠군요. 그걸 갖고 싶어요."

"그렇다면 저기 보이는 나무에 가서 발로 차면서 은빛 갑옷과 흑마를 달라고 하게."

노인의 말대로 나무는 그의 말을 들었고 은빛 갑옷과 흑마가 즉각 나타났다. 경주에 참가한 보드리는 또 우승하였다.

성주는 이 기사의 승리를 축하해 주었다. 하지만 아무도 이 기사를 아는 사람이 없었다. 성주는 스무 살인 둘째 딸을 상으로 주어

아내로 삼게 하려고 성으로 그를 불렀다. 승리한 기사는 다음 주에 상을 받으러 오겠노라고 얘기하고는 사라졌다. 그리고 다시는 나타나지 않은 채 한 달 후 세 번째 경주가 있는 날이 되었다.

"아!"

보드리는 탄식하며 말했다.

"오늘도 경주장에 가고 싶어요."

"이번엔 내 차례야."

주방장이 단호한 표정으로 말했다.

"넌 벌써 두 번이나 갔잖아!"

"주방장님께 이 목걸이 메달을 드리면, 제가 갈 수 있게 해 주시겠어요?"

주방장은 메달을 받고 보드리를 경주장에 가게 해 주었다. 보드리는 서둘렀다. '유명한 사람'이 나타나 그의 발걸음을 멈추었다.

"어디 보자, 자네가 원하는 건 밤색 말이지? 모든 걸 다 갖추고 나타날 거야. 그러자면 어떻게 해야 하는지 알지?"

이전에도 그랬듯이, 나무는 달라는 대로 주었다. 멋진 밤색 말 한 필과 멋진 갑옷 그리고 무엇보다도 멋진 승리를 주었다.

성주는 승리를 거둔 기사를 축하해 주었다. 그는 이 기사가 첫 번째와 두 번째 경주의 승리자라는 것을 알아차리지 못했다. 물론 자기 성의 주방장 보조원이라는 사실도 알지 못했다. 그에게 스물두 살 난 맏딸과 결혼하도록 성으로 오라고 말했다.

시련을 겪고 나면 어른이 되는 법. 이번에는 성으로 갔다. 보드리는 이제 더이상 소년이 아니어서 갈아입을 평상복을 가지러 주방에 들렀을 때, 그를 알아보는 다른 보조원들과 마주쳤다. 보드리가 엄연한 증거가 있는데도 사실을 부인하고 자신의 옷가지를 모른다고 잡아떼자, 화가 난 보조원들은 성주에게 가서 이 기사의 정체를 폭로했다. 자신이 누구인지 밝혀야만 하게 된 보드리는 자신의 고향과 가문에 대해 말했다.

성주는 그의 이야기를 동정하는 한편 만족스러워하면서 들었다. 자기가 사위로 삼으려는 이 청년이 미천한 집안 출신이 아닌 것이 다행스러웠다. 멘느게르 가문은 이곳에도 잘 알려져 있었다.

영주 멘느게르가 왔다. 복수전에 골몰해 있는 멘느게르를 성주가 부른 것이었다. 그의 아내도 함께 왔다. 성주는 그들에게 아들을 만나게 해 주었다. 그러나 이들 부모와 자식 간에는 아무런 감정도 없어 보였다. 열두 살에 떠나 보낸 아들이었다. 게다가 이 잘생긴 기사는 어머니가 준 증표인 반지와 목걸이를 걸고 있지 않았다.

자신을 보고 있는 이 젊은이에게 멘느게르는 이런저런 질문을 하였다. 하지만 멘느게르는 이 젊은이에게서 자기 가문 사람들이 가진 불 같은 성격을 발견할 수가 없었다. 그의 눈빛 속에서 보이는 부드러움은 매우 낯선 것이었다.

영주의 아내는 보드리의 옷차림을 유심히 살펴보았다. 그러나 아들을 보낼 때 준 보석의 흔적은 찾아볼 수 없었다.

보드리는 갑자기 주방장 생각이 났다. 그는 주방으로 달려가서 말했다.

"값은 따로 치를 테니 내 반지와 목걸이 메달을 돌려줘요. 그건 내 아버지가 나를 쫓아내실 때, 어머니께서 주신 거예요. 그것들을 어머니께 보여 드려야겠어요."

어머니는 그것을 보자, 그것이 자신이 준 것임을 알아보았다. 자신의 아들이 분명했다. 아버지 멘느게르도 비록 자신을 전혀 닮지는 않았지만 돌브뢰즈 성주의 딸과 결혼하기로 되어 있는 이 아들을 받아들였다. 돌브뢰즈 성주는 파리 한 마리도 못 죽일 위인인 데다가 그의 전쟁 계획에 전혀 방해가 될 만한 존재가 아니고, 게다가 전쟁을 치르지 않고도 멘느게르 가의 일원이 돌브뢰즈의 영주가 될 것이니까 말이다.

까마귀 이야기

그에게는 사자의 갈기와 곰의 몸집과 늑대의 배고픔이 있지만, 그는 사자도 곰도 늑대도 아니었다. 그는 야수였다. 당신이 한번도 본 적은 없지만 분명히 알고 있는 야수다. 그러나 야수의 이빨과 발톱은 그에게 원한을 품은 자나 그의 보물을 훔치러 오는 자만을 찢어놓을 뿐이다.

야수는 자신이 뚱뚱하고 못생긴 만큼, 예쁘고 부드러운 마음씨를 가진 아내를 찾고 있었다. 야수는 그 지방의 모든 숲과 모든 성으로 미녀를 찾아다녔다. 그는 가시 돋힌 회양목 사이를 걸어다녔다. 야수는 빨간 열매와 그에 잘 어울리는 짙은 초록색 가시가 달린 가지를 꺾었다. 이 가지를 미녀에게 주리라. 야수는 두에 성 뒤에 있는 이 숲과 두에라는 성의 이름을 좋아했다. 이 이름에서 물이 흐르는 부드러운 소리가 들리는 듯했다. 하지만 두에 성은 비어 있었고, 야수가 찾는 미녀는 그곳에 없었다.

그 나라에서 제일 아름다운 아가씨는 왕궁에 있는 공주라는 생각이 든 야수는 커다란 호수 가운데에 찬란하게 서 있는 궁전으로 갔다. 그러고는 문도 두드리지도 않고 안으로 들어갔다. 게다가 그 성의 주인에게 인사도 하지 않고, 미녀의 아버지의 대답도 듣지 않고, 심지어는 미녀의 의견도 묻지 않고, 미녀를 자신의 고성으로 데려와 버렸다. 값비싼 전리품처럼 미녀를 약탈해 온 것이다.

야수는 자신의 포로를 자기 방식으로 사랑했다. 그리고 그것을 지키려 했다. 그리고 우연이든지 의도적이든지 이 고성 근처에 오는 사람이 있으면 쫓아 버렸다. 하지만 이 성을 감싸고 있던 고요를 깨뜨리는 길이 하나 열렸다. 야수는 한 젊은이가 땀에 젖고 거품을 뿜어 대는 말을 타고 그곳으로 다가오는 것을 막을 수가 없었다. 길에 자갈도 충분히 뿌렸고 커다란 숲도 만들어 놓았지만, 젊은이는 말을 타기도 하고, 걷기도 하면서 헤쳐 나왔다. 그가 부딪힌 어떤 장애물도, 그를 시험하는 어떤 문제들도 그의 걸음을 멈추게 하지 못했다.

야수가 만들어 놓은 숲을 어떻게 통과해야 하는지 그가 궁리하고 있을 때, 한 노인이 나타나 용기를 북돋워 주고는 해결책을 가르쳐 주었다. 노인은 말했다.

"이 숲을 통과하려면 까마귀를 불러야 한다네."

"까마귀를요? 어떻게요?"

"이름을 불러야지."

"이름요? 저는 까마귀 이름을 몰라요!"

"그저 '까마귀' 하면 까마귀가 올 거야. 내 말을 믿어 봐."

젊은이가 '까마귀' 라고 말하자 곧 까마귀가 나타나 순하게 젊은이의 손등에 앉았다. 젊은이는 까마귀의 깃털을 한 개 뽑았다. 그러자 젊은이는 그 숲을 덮고 있는 안개 위로 떠올랐다. 그는 그 숲 위를 나는 한 마리 까마귀가 되어 있었다.

숲을 지나자 젊은이는 도로 사람의 모습이 되었다. 그는 다시 가야 할 길 위에 내렸다. 많은 기사들이 헤매었고, 장애물이 널려 있는 길이었다. 그때 새로운 시련이 닥쳐왔다. 강이었다. 조금 전 숲과 같은 문제가 생겼다.

대답은 먼 곳에 있지도 않았고 오래 걸리지도 않았다. 다시 노인이 나타난 것이다.

"강을 건너려면 물고기를 불러야 하네."

"'물고기' 하고 부르면 되나요? 그러면 나타나나요?"

"바로 그렇게 해 보게."

젊은이가 '물고기' 하고 부르자 물고기가 나타났다. 젊은이는 비늘을 한 개 뽑았다. 그리고 물고기가 되어 강을 건넜다.

강을 건넌 후 다시 사람이 되어 길 위에 섰다. 그 길은 고성 앞을 지나가는 길이었다. 젊은이는 사실 미녀를 구한다거나, 야수를 물리치려고 오는 게 아니었다. 그는 그저 그 길을 지나는 중이었다. 중간에 그의 걸음을 멈추는 또 다른 의문이 생기지 않았더라면 성 앞을 지나쳐 갔을 것이다.

'이렇게 보이지 않는 곳에, 세상에서 떨어진 곳에 지어진 이 성에는 도대체 무슨 비밀이 있는 걸까?'

이 질문에는 대답이 없었다. 이번에는 노인이 나타나지 않았다. 이 질문은 눈앞의 성처럼 깊은 침묵 속에 잠겨 있었다.

성이라면 젊은이도 수없이 보아 왔다. 모두가 아름답고 잘 지어진 것은 아니었지만 모두들 높이 솟아 있었다. 그래서 사람들이 멀리서 성을 볼 수 있고, 또한 성에서는 한 지역을 굽어볼 수 있도록 자리 잡고 있었다. 성은 이곳저곳을 돌아다니는 기사들에게는 중요한 지표였다. 마치 뱃사람들이 바다에서 찾게 되는 등대 같았고, 닻을 내리기를 꿈꾸는 섬과 같았다.

그런데 지금 젊은이의 눈길을 끄는 이 성은 마치 보이지 않기 위해서 지어진 것 같았다. 깊은 산골짜기의 그늘진 곳에 안개에 싸이고 창문은 나뭇가지들로 덮인 채, 아무도 알 수 없는 비밀을 간직하고 있는 듯했다. 젊은이는 이런 생각을 하면서 나무에 말을 묶었다. 그는 이곳의 진상을 밝히고 싶었다. 도대체 저 문 뒤에 무엇이 있는지 알고 싶었다.

그는 성에 다가가 성문을 두드리고 기다렸다. 하지만 아무런 대답이 없었다. 다시 두드렸다. 더 세게, 더 오랫동안 두드렸다. 그러자 젊은 목소리가 들렸다. 누군가를 부르는 아름다운 목소리였다. 그 소리는 아주 희미하게 들렸다. 문틈으로 한숨처럼 새어 나왔다.

"도와주세요. 누구시든지 저를 여기서 벗어나게 해 주세요. 아니면 빨리 도망치세요. 여기는 야수의 성이에요. 야수는 지금 여기 없지만 금방 돌아올 거예요. 구해 주세요. 당신이 문 앞에 서 있다가 야수한테 들키면 잡아먹혀요. 야수는 질투가 심하고 아주 잔인해요. 빨리요."

성문은 너무 무거웠고 단단히 잠겨 있었다. 젊은이에게는 방법이 없었다. 그래서 그는 넓적한 잎이 달린 커다란 무화과나무 뒤에 숨었다. 가을이어서 나뭇잎은 샛노랗게 물들어 있었다. 황금빛 은신처였다. 바람만 불지 않는다면, 그래서 나뭇잎만 떨어지지 않는다면 그는 야수가 돌아올 때까지 그곳에서 망을 보며 있을 수 있었다.

"아! 야수님, 이제야 오셨군요!"

"그래요, 내 사랑, 미녀!"

"아! 얼마나 다행인지 몰라요! 얼마나 무서웠는지 몰라요! 간밤에 꿈을 꾸었어요. 무서운 꿈이었어요. 당신이 너무 많이 먹었을 때 꾼다는 꿈처럼 말이에요. 당신은 깨면 그 꿈들을 얘기해 주었잖아요. 그리고 그 얘기를 들으면서 난 무서워서 떨었고요. 오늘 아침 난 내가 꾼 악몽을 얘기하려고 했어요. 그 꿈에서 완전히 깨려고요. 당신한테 아무것도 숨기지 않기로 했으니까요. 그런데 당신은 벌써 나가고 없었어요."

"괜찮아. 내 사랑, 미녀. 당신에 대해 모든 걸 알고 싶어. 당신 생각, 당신 꿈, 나한테 모두 말해 줘. 어서."

"꿈속에서 당신을 보았어요."

"그렇지. 당신은 나만 봐야지."

"당신은 사냥을 하고 있었어요."

"좋지. 난 원래 그것만 하잖아. 어디 계속해 봐."

"꿈속에서 당신 개들도 보았어요. 사냥감의 냄새를 맡고 있었지요. 그러고는 쫓아갔어요."

"그 개들은 훌륭하지. 잘 훈련되었고. 그래 그 사냥감은 어떤 것이었어?"

"그건 곰 같았어요. 그렇지만 사자 머리를 하고 있었어요. 늑대 이빨에다가……."

"다시 말하자면, 나를 닮았군?"

"그래요. 사냥개가 당신을 쫓고 있었어요! 저는 소리쳤어요. 당신을 불렀어요……."

"그건 악몽이야. 잊어버려. 가서 잡시다."

다음 날 아침도 여느 때와 마찬가지로, 야수는 사냥을 나갔다. 젊은이는 야수가 성을 나서고 나서 안심하고 나와도 된다는 판단이 서자 성문을 두드리러 갔다.

"아가씨, 아가씨, 당신은 어떻게 그곳에 들어간 겁니까? 설명 좀 해 주세요."

"아! 야수가 저를 납치해서 이 성에 가둔 거예요. 저는 나갈 수가 없어요. 저는 아무한테도 문을 열어 줄 수 없고, 말도 하면 안 된답니다. 야수는 제가 자기 것이라고 해요. 저는 두려워요."

"이보세요, 아가씨. 야수를 죽일 방법이 있을 거예요. 그 방법을 아신다면 내게 말해 줘요. 내가 그 괴물을 없앨 테니."

"야수에게서 그 방법을 알아내자면 야수를 속이는 길밖에는 다른 방법이 없어요. 오늘 저녁에 야수가 돌아오면 저는 그에게 안기며 그가 돌아와서 얼마나 다행인지 말할 거예요. 기쁨의 눈물도 흘리고요."

저녁에 야수가 돌아오자 미녀는 야수의 팔에 안기며 말했다.

"아! 야수님. 내가 또 얼마나 무서운 꿈을 꾼 줄 아세요?"

"그 꿈 얘기를 내게 들려줘. 당신은 나한테 숨기는 것이 없어야 하니까."

"이번 꿈은 정말 끔찍해요. 당신에게 말할 용기조차 없어요."

"말해 봐! 듣고 싶어!"

"소리치지 마세요. 그래 봐야 소용없어요. 그러잖아도 무서워 죽겠는데 더 무섭게만 하잖아요. 내가 꿈속에서 당신이 목에 칼을 맞아 죽어 있는 모습을 보았다고 생각해 보세요!"

"난 칼 따위는 무섭지 않아. 칼에 맞는 정도로는 죽지 않는다고!"

"그렇다면, 당신은 어떻게 해야 죽어요? 말해 주세요. 어떤 무기나 물건들을 영원히 이 성에서 멀리 내다 버려야 하는지 말해 주세요!"

"당신이 나 한 사람만을 사랑하겠다고 맹세하면 말해 주겠어. 맹세해!"

"오! 난 당신만을 사랑할 거예요, 야수님. 맹세할게요!"

"그렇다면 좋아! 나를 죽일 수 있는 것은 거미 알뿐이야. 내 머리 위에 거미 알을 떨어뜨리면 죽지!"

다음 날 아침 젊은이는 야수가 나가는 것을 지켜보고 있다가, 야수가 멀리 가자 숨은 곳에서 나왔다. 미녀는 그에게 야수를 죽이는 법을 가르쳐 주었다.

"거미 알 한 개만 그의 머리 위에 떨어뜨리면 된대요."

"좋아요. 내가 까마귀를 불러야겠군요. 내가 '까마귀' 하고 말하면 까마귀가 와서 내 손등에 앉을 거예요. 까마귀는 내게 깃털을 빌려 줄 거예요. 그러면 나는 날아올라 저기 보이는 큰 떡갈나무의 제일 높은 가지에 앉을 거예요. 거기서 거미 알 한 개를 날개 속에 감추고 기다리고 있을게요. 당신은 야수와 함께 바람을 쐬러 나오세요. 그러고는 떡갈나무와 그 위에 앉은 새를 가리키면서 말하세요. 저 새를 꼭 갖고 싶다고……."

다음 날 미녀와 야수는 산책을 하다가 큰 떡갈나무 아래까지 왔다. 미녀는 떡갈나무의 제일 높은 가지 위에 앉아 있는 까마귀를 보았다.

"오! 저 새는 정말 멋지군요. 가질 수만 있다면 얼마나 좋을까."

"당신이 좋다면 나도 좋아. 내가 잡아줄 테니, 여기서 기다려."

야수는 풀쩍 뛰어 나무를 타고 올라가 까마귀를 잡으려고 했다.

바로 그때 까마귀가 날갯짓을 하며 야수의 머리 위에 거미 알을 떨구었다. 야수는 기겁을 하며 떨어졌다. 미녀는 다시 사람 모습이 된 젊은이와 함께 그의 말을 타고 성을 떠났다. 하지만 그 길은 먼 길이었다. 아무리 사랑의 힘으로 돌아오는 길이라 하더라도 사랑의 힘만으로는 부족했다. 그래서 젊은이는 자기 말을 나무에 묶은 후, 미녀를 옆에 있는 고사리 덤불 위에 앉혔다. 그리고 자신은 다시 까마귀가 되어 왕의 궁전까지 날아갔다.

젊은이는 마음이 급했다. 미녀를 숲에 혼자 남겨두고 왔기 때문이다. 말을 함께 두고 오긴 했지만 위험한 일이 생겼을 때 말 따위가 무슨 도움이 되겠는가. 그는 인간의 모습으로 성문을 두드릴 시간이 없었다. 부리로 창문을 두드리는 편이 더 빨라 보였다. 예를 들면 사람들이 북적대는 부엌의 창문을 말이다. 한 노파가 창문 두드리는 소리를 듣고서 창문을 열었다.

"시커먼 까마귀야, 무슨 일이야? 무슨 안 좋은 소식을 전하러 온 게냐?"

"임금님께 드릴 말이 있어서요. 공주님에 대한 얘기예요."

"꺼져, 이 불길한 놈아! 안 가면 내가 이 빗자루로 널 지옥에 쓸어 넣어 버릴 테다!"

"내 말 좀 들어 봐요. 공주님이 살아 있어요. 공주님을 숲에 혼자 두고 왔다고요."

"너 무슨 헛소리냐? 이 저주받을 놈의 새 같으니! 공주님은 야수의 성에 잡혀 갔다고. 아마 지금쯤 야수의 뱃속에 있겠지."

"공주님이 살아 있다니까요! 내가 그 괴물의 손아귀에서 공주님을 구해 냈다고요! 내가 그 괴물을 죽였다고요!"

사람들은 까마귀가 그런 대단한 일을 했다는 것을 믿지 않았고, 작은 새 따위가 이런 소리를 하는 것에 화를 냈다. 할 수 없이 젊은이는 다시 인간의 모습으로 변해서 왕의 알현을 청하였다. 다행히도 왕은 그를 만나고 싶어했고 공주가 무사하다는 이야기를 믿어 주었다. 그러고는 젊은이와 신하들에게 공주를 아름다운 마차에 태워서 빨리 데려오라는 명령을 내렸다.
 마침내 공주가 도착하자 왕은 그녀를 껴안았다. 그는 젊은이에게 사의를 표했다. 그리고 고마움의 표시로 그가 구한 공주와 결혼하라고 했다.

작은 조 반쪽

'코크^{coq}' 푸아투 지방에서는 닭이라는 뜻의 이 단어를 모른다. 최소한 이런 단어를 쓰지 않는다. 난쟁이 닭의 경우에는, 별 것도 아닌 일에도 깃털을 곤두세우는 닭을 가리켜 '퐁페^{pompet}'라고 부른다. 키가 아주 작은 사람이 가슴을 쭉 펴고, 그 작은 키 높이에서 당신을 바라보면, '이 퐁페 좀 보라고.' 하고 말한다. 또 다른 닭이 있는데 이 닭은 키가 크다. 이 닭은 풍향계 끝에 달려서 돌아가거나, 프랑스가 럭비 4강전에라도 나가는 날이면 운동장에서 뛰어다닌다. 이 닭은 '조^{Jau}'라고 한다. 조는 사람들의 생활을 규칙적으로 만들어 준다. 가끔 새벽에 너무 일찍 울거나, 아니면 밤새 계속 울어대서 방해하기도 한다. 가끔은 사람들의 생활을 즐겁게 해 주기도 한다. 이제 말하려는 조의 이야기와 같은 것으로 말이다.

옛날에 아주 가난한 남자가 있었다. 그에게는 두 아들 외에는 아무것도 없었다. 또 계란 한 개밖에는 아들들에게 줄 것이 없었다.

아버지는 그것을 나누어 주기로 결정했다. 큰아들은 자기 몫인 계란 반 개를 구워 먹어 버렸다. 작은아들은 자기 몫을 가지고 품었다. 계란 반 개를 품으니 거기서 조 반쪽이 나왔다.

어느 날 작은 조 반쪽이 마당에서 모이를 쪼고 있었다. 작은 농장밖에 없는 집이니 마당도 작았다. 닭이 거기를 한 바퀴 도는 데는 얼마 걸리지 않았다. 한 바퀴 돌고 나자 다른 곳으로 옮겨 갔다. 길이 나 있는 대로 들어섰다. 농장 앞의 이 길은 모든 길이 그렇듯이, 로마로 통하든지 푸아티에로 통하는 길이었다. 작은 조 반쪽은 아무런 생각도 하지 않았다. 그저 길을 따라 갔을 뿐이다. 부리로 돌을 밀쳐내며 흙을 파헤치며, 다시 말하면 본능이 이끄는 대로 움직이며 갔다.

그 길은 아주 오래된 길이었다. 다른 늙은 길들이 그렇듯이 이 길도 많은 역사를 겪었고, 수천 리나 긴 이야기를 가지고 있었다. 작은 조 반쪽은 이런 사실을 모른 채 땅을 파헤치다가 상자 한 개를 발견했다. 그 상자에는 금화 오천 냥이 들어 있었다.

하지만 상자 한 개라니, 조 반쪽에겐 아무런 의미가 없는 것이다. 먹을 수도 없지 않느냐 말이다. 부리로 수없이 쪼아 보고, 눈으로 노려보았지만, 금화 오천 냥은 닭에게는 아무 흥미 없는 것이었다. 하지만 닭의 주인에게는 엄청난 행운일 것이다. 닭은 이 보물을 주인에게 갖다 주고 싶었다. 그러나 불행하게도 이 상자는 너무 커서 조 반쪽이 감당하기에는 너무 무거웠다. 그때 지나가던 한 남자가 작은 조 반쪽을 보고는 도와주겠다고 하더니 상자를 가져가 버렸다.

이런 불행한 사건을 이야기하는 닭의 실망스러운 모습과 그 이야기를 듣는 주인이 화내는 모습은 상상해 보면 알 수 있을 것이다.

"그자의 뒤를 따라 갔어야지."

●──프랑스 민담

조 반쪽이 태어난 알을 품어 주었던 작은아들이 말했다.

"그자의 뒤를 쫓아가서 내놓으라고 했어야지!"

그래서 작은 조 반쪽은 상자를 가져 간 사람의 뒤를 쫓으러 나섰는데 도중에 늑대를 만났다. 늑대는 뼈를 갉아먹고 있었다. 늑대가 물었다.

"작은 조 반쪽, 너 어디 가니?"

"따라와 봐. 알게 해 줄 테니까."

그들은 멀리, 아주 멀리, 아주아주 멀리까지 갔다. 늑대는 지쳤다. 더 이상 갈 수가 없었다.

"작은 조 반쪽, 난 더 이상 너랑 같이 못 가겠어. 너무 힘들어!"

"그렇다면 좋아! 내 뱃속에 들어 와. 내가 데려갈게."

길은 계속 이어졌다. 조 반쪽이 이번에는 여우를 만났다.

"너 어디 가니, 작은 조 반쪽?"

"따라와 봐. 알게 될 테니."

여우도 닭을 따라갔으나 곧 지쳤다.

"작은 조 반쪽아, 더 이상 못가겠어. 난 여기서 그만 갈래."

"그렇다면 내 뱃속으로 들어와. 내가 데려갈게!"

뤼삭 레 샤토에는 아름다운 계곡이 있고, 죽 뻗은 포플러와 오리나무가 줄지어 서 있는 사이로 맑고 넓은 비엔 강이 흐른다.

비엔 강이 어린 조 반쪽을 알아 보고는 불렀다.

"너 어디 가니? 조 반쪽."

"따라 와. 알게 될 테니."

하지만 강도 곧 지쳐서 닭을 불렀다.

"조 반쪽, 너 혼자 가. 내 나이에는 이렇게 달려갈 수가 없어."

"그렇다면 내 뱃속으로 들어와. 내가 데려갈게!"

푸아티에의 숲에는 떡갈나무가 한 그루 있고 이 떡갈나무에는 말벌 집이 있었다. 말벌들이 조 반쪽을 알아보았다.

"작은 조 반쪽, 어디 가니?"

"나랑 같이 가. 알게 될 테니."

말벌들이 모두 작은 조 반쪽을 따라왔다. 길이 아주 복잡해졌다. 붕붕거리는 소리가 커지더니 곧 줄어들었다.

"우린 지쳤어, 작은 조 반쪽. 우린 정말 지쳤다고. 너 혼자 가. 우리 기다리지 말고."

"그렇다면 내 뱃속으로 들어와. 내가 데려갈게."

드디어 작은 조 반쪽이 푸아티에에 있는, 상자를 가져 간 사람 집에 도착했다.

"꼬끼오! 꼬끼오! 내 돈 돌려줘요!"

"아! 이런 세상에!"

도둑이 그의 아내에게 말했다.

"이제 어떡할까? 저 작은 조 반쪽을 죽여 버려야지! 이 닭을 밤에 우리집 당나귀들하고 같이 두자고. 그럼 당나귀들이 죽도록 밟겠지."

"아니, 이 못된 닭 좀 봐, 우리를 어떤 눈으로 보고 있는지 좀 봐."

"어디 두고 보자. 닭을 잡아."

도둑의 아내는 작은 조 반쪽을 잡아서 당나귀가 있는 마구간에 던졌다. 당나귀들은 놀라서 날뛰었고 조 반쪽을 짓밟으려 했다.

"늑대야, 늑대야, 지금 네가 뱃속에서 나와 주지 않으면 우린 모두 끝장이야!"

늑대는 즉각 닭의 뱃속에서 뛰어 나와, 당나귀를 한 마리씩 잡아

먹었다. 도둑과 그 아내는 아침에 늦게 일어나 하루 일과를 시작하기 전에 마구간으로 갔다. 작은 조 반쪽이 어떻게 되었나 보러 간 것이다. 당나귀들이 곤죽을 만들어 놓았을 테니 다시는 상자를 내놓으라고 하지 못할 것이 분명했다. 그런데 그들이 마굿간의 문을 열었을 때, 당나귀는 모두 발을 하늘로 치켜들고 목덜미를 물어뜯긴 채 죽어 있었다. 그들은 울부짖었다.

"아! 저런 못된 닭! 정말 못됐어!"

"우린 저주 받았어! 우린 저주 받았어!"

"이제 어떡하지? 저 작은 조 반쪽을 어떡할까?"

"자, 자! 밤에 저 닭을 우리 칠면조들과 함께 두자고. 저 닭처럼 못된 짐승들이 저 닭을 쪼아 댈 거야."

그들은 닭을 칠면조들과 함께 넣어 두었다. 칠면조들은 달려들어 닭을 쪼아 대며 죽이려고 했다.

"여우야, 여우야, 빨리 나와! 안 나오면 우린 끝장이야!"

여우는 닭의 뱃속에서 뛰어나왔다. 그날 밤 칠면조들은 떼죽음을 당했다. 한 마리도 살아남지 못했다. 다음 날 아침, 도둑과 그 아내가 칠면조 우리에 가 문을 밀고 들어갔을 때, 그들은 우리 안의 광경을 보고 비명을 질렀다.

"우리는 저주 받았어! 저 작은 조 반쪽을 어떡하지? 어떻게 해야 죽이냐고!"

"오븐을 달구어야겠어요."

도둑의 아내는 말했다.

"오븐을 잘 달구어서 그 속에 던져넣을 거예요!"

오븐이 잘 달구어졌을 때, 도둑은 작은 조 반쪽을 움켜잡아서, 파이를 구울 때처럼 오븐에 꽉 넣어 버렸다.

"비엔, 비엔, 비엔, 빨리 나와. 아니면 우린 끝장이야!"

비엔 강은 그의 뱃속에서 나왔다. 강물이 쏟아져 나왔다. 오븐은 물에 잠긴 채 떠내려 갔다. 도둑들은 울음을 터뜨렸다.

"어떻게 하지? 어떻게 하지?"

"아! 좋은 생각이 났다."

도둑의 아내는 말했다.

"침대에서 함께 자요. 우리 사이에 놓고 깔아뭉개요. 저 작은 조 반쪽은 숨이 막혀 죽을 거예요."

"그 다음에는 편히 잘 수 있겠지."

그래서 그들은 작은 조 반쪽을 그들의 침대에 데리고 가 그들 사이에 놓았다. 그러고는 양쪽에서 밀었다. 깔아뭉개려고!

"벌들아! 벌들아! 내 뱃속에서 빨리 나와라. 우리 큰일 났어. 빨리 나와!"

말벌들이 닭의 뱃속에서 나왔다. 벌들은 도둑 부부를 공격했다. 귀, 코, 어디든지 들어갔다.

"여보, 여보, 상자를 돌려줘. 돈을 돌려줘. 너희들, 그걸 가지고 썩 꺼져! 제발, 빨리."

작은 조 반쪽은 상자를 되찾았다. 그러고는 완전한 승리를 위해서 도둑에게 그 상자를 집까지 들어다 달라고 했다. 그것도 같은 길을 되돌아서 말이다. 승리감으로 새로 날 기운을 되찾은 말벌들이 호위하며 따라왔다. 작은 조 반쪽은 도둑이 주인에게 이 금화를 직접 전한 후에야 도둑을 놓아주었다.

타르타리 바르바리

똑똑!

"누구세요?"

"접니다요!"

"어디에서 오는 길인가?"

"저는 타르타리 바르바리에서 오는 길입니다요. 파리를 지나서 100리 더 간 곳입지요."

"여행을 가면 많은 것을 보게 되지. 자네는 무엇을 보았나?"

"아! 제가 뭘 보았느냐고요?"

"그래, 뭘 보았나?"

"제가 뭘 봤는고 하니, 어린 느릅나무 위에 있는……."

"자네가 그 위에?"

"아뇨. 그것이 있었어요. 그건 날개가 있었어요."

"그렇다면! 이상한 새를 본 거야?"

"느릅나무 꼭대기에 있는 풍차를 보았어요. 풍차는 밀을 빻고 있었어요."

"오! 이 얘기는 다 거짓말이야. 이 거짓말쟁이를 감옥에 처넣어!"

똑똑!

"누구세요?"

"접니다요!"

"어디에서 오는 길인가?"

"저는 타르타리 바르바리에서 오는 길입니다요. 파리를 지나서 100리 더 간 곳입지요."

"여행을 가면 많은 것을 보게 되지. 자네는 무엇을 보았나?"

"아! 제가 뭘 보았느냐고요?"

"그래, 뭘 보았나?"

"제가 뭘 봤는고 하니, 주둥이에 밀가루를 잔뜩 묻힌 채, 느릅나무 꼭대기에서 내려오는 검은 개 한 마리를 보았습니다요."

"아! 이 사람들아, 그렇다면 개가 느릅나무 위에 있는 풍차가 찧은 밀가루를 먹었다는 얘기군! 아까 그 불쌍한 자를 감옥에서 풀어 주어라!"

똑똑!

"누구세요?"

"접니다요!"

"어디에서 오는 길인가?"

"저는 타르타리 바르바리에서 오는 길입니다. 파리를 지나서 100리 더 간 곳입지요."

●── 프랑스 민담

"여행을 가면 많은 것을 보게 되지. 자네는 무엇을 보았나?"

"아! 제가 뭘 보았느냐고요?"

"그래, 뭘 보았나?"

"제가 뭘 봤는고 하니, 저는 파리에서 새 한 마리를 보았습지요!"

"새는 수없이 많아! 참새였나?"

"아뇨, 더 컸어요."

"비둘기?"

"아뇨, 제가 본 새는, 저어…… 그 새는 날개로 파리 전체를 덮을 정도였습니다요!"

"오! 이 얘기는 다 거짓말이야. 이 거짓말쟁이를 감옥에 처넣어!"

똑똑!

"누구세요?"

"접니다요!"

"어디에서 오는 길인가?"

"저는 타르타리 바르바리에서 오는 길입니다요. 파리를 지나서 100리 더 간 곳입지요."

"여행을 가면 많은 것을 보게 되지. 자네는 무엇을 보았나?"

"아! 제가 뭘 보았느냐고요?"

"그래, 뭘 보았나?"

"제가 뭘 봤는고 하니, 저는 수많은 사람들을 보았습지요. 이 사람들이 모두 함께 큰 알 한 개를 굴리고 있었습지요."

"아! 이 사람들아, 그렇다면 그 큰 새가 큰 알을 낳았다는 얘기군. 아까 그 불쌍한 자를 감옥에서 풀어 주어라!"

똑똑!
"누구세요?"
"접니다요!"
"어디에서 오는 길인가?"
"저는 타르타리 바르바리에서 오는 길입니다. 파리를 지나서 100리 더 간 곳입지요."
"여행을 가면 많은 것을 보게 되지. 자네는 무엇을 보았나?"
"아! 제가 뭘 보았느냐고요?"
"그래, 뭘 보았는가?"
"제가 뭘 봤는고 하니, 불타는 연못을 보았습니다요. 강물이 짚단처럼 불타고 있었습니요!"
"오! 이 얘기는 다 거짓말이야. 이 거짓말쟁이를 감옥에 처넣어!"

똑똑!
"누구세요?"
"접니다요!"
"어디에서 오는 길인가?"
"저는 타르타리 바르바리에서 오는 길입니다요. 파리를 지나서 100리 더 간 곳입지요."
"여행을 가면 많은 것을 보게 되지. 자네는 무엇을 보았나?"
"아! 제가 뭘 보았느냐고요?"
"그래, 뭘 보았나?"
"제가 뭘 봤는고 하니, 히드가 무성한 땅에서, 벌판에서, 불에 그

올린 잉어와 검게 탄 곤들메기와 모래무지를 보았습지요. 온통 널려 있었습니다요!"

"아! 이 사람들아, 그렇다면 물고기들이 강과 연못에서 뛰쳐 나왔다는 얘기군. 아까 그 불쌍한 자를 감옥에서 풀어 주어라!"

똑똑!

"누구세요?"

"접니다요!"

"어디에서 오는 길인가?"

"저는 타르타리 바르바리에서 오는 길입니다요. 파리를 지나서 100리 더 간 곳입지요."

"여행을 가면 많은 것을 보게 되지. 자네는 무엇을 보았나?"

"아! 제가 뭘 보았느냐고요?"

"그래, 뭘 보았나?"

"제가 뭘 봤는고 하니, 스프로 가득 찬 구덩이를 보았습지요. 스프가 넘쳐나서 벌판과 길들을 덮었지요."

"오! 이 얘기는 다 거짓말이야. 이 거짓말쟁이를 감옥에 처넣어!"

똑똑!

"누구세요?"

"접니다요!"

"어디에서 오는 길인가?"

"저는 타르타리 바르바리에서 오는 길입니다요. 파리를 지나서 100리 더 간 곳입지요."

"여행을 가면 많은 것을 보게 되지. 자네는 무엇을 보았나?"

"아! 제가 뭘 보았느냐고요?"

"그래, 뭘 보았는가?"

"아! 제가 본 것 말씀이니까요? 엄청나게 많은 숟가락을 보았습니다요. 길가에 온통 널려 있었습니다."

"아! 이 사람들아, 그 숟가락으로 벌판에 있는 스프를 떠먹었다는 얘기지. 아까 그 불쌍한 자를 감옥에서 풀어 주어라!"

●——주

1   '타르타리 바르바리'는 일종의 말장난이다. tartarin은 '허풍선이'를 뜻하고 tartarinad는 '허풍떨기'란 뜻이다. barbarie는 '부정확한 어법'을 뜻한다.

작은 정어리

고기잡이가 늘 잘 되는 것은 아니다. 며칠 동안 한 마리도 잡지 못하고 지내는 경우도 있다. 그럴 때는 바다에서 건져올린 빈 그물처럼 뱃속이 텅 빈 상태로 아침에 일어나야 한다. 그리고 어린 딸에게 이 말밖에 못 한다.

"배고프지? 정말 안됐구나. 하지만 빵 가게 주인은 빵 한 조각도 외상으로는 안 주니 어떡하겠니? 고기는 점점 더 안 잡히고, 잘 팔리지도 않으니 큰일이다. 네 아빠가 여기저기로 일거리를 구하러 다니지만, 일거리도 없구나. 아빠가 일을 하겠다고 해도 사람들은 네 아빠보고 너무 늙어서 안 된다고 하는구나. 앙토닌, 그래도 네가 젊으니, 네가 일거리를 구하는 편이 쉽지 않을까 싶구나."

앙토닌은 어머니의 말을 듣고서 일거리를 찾아 나섰다. 일단 쇼크르에 있는 그녀의 마을에서, 그 다음에는 섬에 있는 모든 마을에서 일거리를 찾았다. 그녀는 그물 고치는 일을 할 수 있다고 말하며 작은 손을 내보였지만, 아무도 일거리를 주지 않았다.

올데롱 섬은 큰 섬이었다. 그리고 이 어린 소녀는 계속해서 일자리를 찾아 돌아다니고 있었다. 마침내 그녀는 라 코티니에르 항구에서 한 늙은이를 만났다. 그는 그녀의 손을 살펴보고 나서, 일은 잘 하겠지만 돈은 별로 주지 않아도 되겠다는 생각을 했다.

앙토닌은 그물을 집으로 가져왔다. 그녀의 어머니는 그물 고치는 법을 가르쳐 주었다. 어머니는 집에서 잠만 잤다. 가난을 잊기 위해서일 것이다. 푹 잘 자는 것이 잘 먹는 것보다 낫다는 말대로 실천하고 있었다.

앙토닌은 할 수 있는 데까지 부지런히 일을 했다. 그녀는 소리도 내지 않았다. 마을의 종탑에서 정오를 알리는 종을 치자 그녀는 종이 어디론가 날아가 버리기를, 그녀의 뱃속에서 꼬르륵 소리가 그만 나기를, 배고픔이 어머니를 깨우지 않기를 기도했다.

2시가 되었을 때, 그물 고치는 일이 끝났다. 그녀는 20푼을 받으러 달려갔다. 20푼이 그녀가 일한 대가였다. 그것은 빵 한 조각 값이었다.

이번에는 빵 가게 주인이 평소보다 환한 웃음을 띠고 둥그런 빵 반 개를 잘라 주었다. 그는 앙토닌 아가씨라고 부르기까지 했다.

그렇다, 그녀는 아가씨 같았다. 바위 틈에 고여 있는 거울처럼 잔잔한 물 위에, 손에 따뜻하고 바삭거리는 빵을 든 아가씨의 모습이 비춰 보였다. 하지만 앙토닌은 자기 모습을 들여다보며 감탄할 시간도 없었고 그럴 줄도 몰랐다. 그러기는커녕 바위 밑에 널려 있는 해초 밑에 바닷게가 없는지 뒤지기에 바빴다. 큼직한 게를 잡아서 이 빵과 함께 먹으면 맛있는 저녁식사가 될 것이기 때문이다.

저녁 11시였다. 어두워졌지만 앙토닌은 걱정하고 있을 어머니는 생각하지도 않고 있었다. 그녀는 바위 아래에 난 구멍을 들여다보며, 게를 찾다가 얼핏 본 작은 정어리를 찾고 있었다.

바닷물은 별이 빛나는 밤처럼 깊었다. 이 바닷물 속에서 앙토닌은 아름다운 푸른 비늘이 반짝거리는 작은 정어리 한 마리를 본 것이다. 앙토닌은 어두운 밤과 같은 바다를 바라보며 귀를 기울이고 있었다. 그 작은 정어리가 그녀에게 말했다.

"앙토닌! 앙토닌! 내가 보이니?"

"그래, 보여."

"내 말이 들리니?"

"그래, 들려. 작은 정어리야."

"뭘 찾고 있니? 뭘 찾고 있는 거야?"

"오! 난 정말 불행해. 내가 겨우 빵 한 조각을 샀는데, 같이 먹을 음식이 아무것도 없어. 그래서 지나다가 여기 바위 밑이나 해초 밑을 뒤지면 게라도 있을까 했는데……. 내가 이 빵이랑 같이 큼직한 게 한 마리를 들고 가면 부모님이 좋아하실 것 같아서……."

"앙토닌, 그럼 내 말 잘 듣고 시키는 대로 해 봐. 일단 너의 집으로 돌아가. 그리고 이 막대기로 식탁을 세 번 두드려 봐. 너와 네 가족이 원하는 모든 것이 나올 거야. 내 도움이 필요하면 언제든지 여기로 와. 난 여기 있을 테니까."

앙토닌은 집으로 돌아갔다. 부모님이 울면서 기다리고 있었다.

"사방으로 너를 찾으러 다녔다. 어디 갔었니?"

"그물을 고쳐서 20푼을 받았어요. 그걸로 이 빵을 샀어요. 그리고 게를 잡아 보려고 바닷가 바위를 뒤졌어요. 그런데 거기에 구멍이 하나 있었어요. 그 구멍에서 비늘이 반짝이는 작은 정어리 한 마리를 보았어요. 정말이지 찬란한 푸른빛이었어요. 그 물고기가 저한테 말했어요. 이 막대기로 식탁을 세 번 두드리면 우리가 원하는 것을 모두 얻을 수 있대요."

"어디 해 보렴."

아버지는 말했다.

"스프 한 냄비과 돼지 비계를 좀 달라고 해 보렴!"

앙토닌이 식탁을 세 번 두드리자 과연 뜨거운 김이 나는 스프 한 냄비와 돼지 비계와 치즈가 식탁 위에 나타났다.

다음 날 남은 스프를 먹으면서 아버지가 말했다.

"맛있는 포도주 한 잔만 있으면 정말 좋겠는데!"

그러자마자 술창고 쪽에서 자갈 위에 바퀴가 구르는 것 같은 소리가 들렸다. 어떤 무거운 것을 굴리고 있는 것 같았다. 앙토닌은 일어나서 유리창에 코를 대고, 수증기를 닦아 가면서 내다보았다. 반쯤 열린 창고문 사이로 꼭지가 달린 큰 술통이 보였다. 그녀는 술단지를 들고 가서 포도주를 따라다가 아버지께 드렸다.

어머니도 잔을 내밀었다. 어머니는 이 빛깔 고운 포도주를 마시면서 향기롭다고 했다. 그것은 마치 뜨거운 샘물 같았다. 스프도 좋았지만, 그보다 더 좋은 것은 이런 것들이 끝없이 나온다는 사실이었다. 집안에 행복이 찾아왔다. 앙토닌의 가족들은 곧 끝없는 부와 풍요를 꿈꾸기 시작했다. 아버지는 더 이상 바다를 무정하다고 원망하지 않게 되었다.

어머니가 말했다.

"이제 더 이상 바위 틈에 가지 마라. 거기엔 해초가 너무 많이 널려 있어서 미끄러워. 넘어질지도 모르잖니. 우리 딸이 다치면 엄마가 어떤지 알지? 엄마도 너만큼 아프단다. 네가 아무리 멀리 떨어져 있어도 엄마는 네가 바로 곁에 있는 것 같단다. 네가 아프면 그건 내가 아픈 거나 마찬가지란다."

"엄마 아빠는 너를 정말 사랑한단다."

아버지가 이어서 말했다.

"너한테 안 좋은 일이 생길까 봐 걱정이야. 너의 엄마는 정말이지 네 걱정뿐이란다. 어젯밤처럼 네가 멀리 혼자 나가 있으면, 너의 엄마는 걱정이 돼서 못 견딘다."

"그래. 어젯밤 같은 일은 두번 다시 겪고 싶지 않구나."

"그런 일은 없을 거예요. 오늘 밤은 잘 주무실 수 있을 거예요. 저도 일찍 잘 거고요."

"하지만……."

어머니는 다시 말을 이었다.

"네가 한 말대로라면, 그 작은 정어리가 너더러 언제든지 다시 오라고 했다면서? 그리고 무엇이든지 부탁하라고 했다면서? 그러면 가서 옷 좀 달라고 해라. 우리는 입을 것이 없잖니. 하지만 바위에서 미끄러지지 않게 조심해라. 네가 다치면 나는 죽을 거야."

앙토닌은 바위로 다시 갔다. 바위 주변의 바다를 그녀는 늪이라고 불렀다. 이 늪을 계속 생각하면서 걸어갔다. 늪은 깊었다. 밤처럼 깊었다. 하지만 그곳에 반짝이는 것이 있었다. 그녀가 아는 바로 그 작은 정어리였다. 정어리도 그녀를 알아보았다.

"앙토닌! 앙토닌! 내가 보이니?"

"반짝거리는 비늘이 보여. 정말 멋있는 푸른 빛이야."

"난 내 구멍 속에 있어. 앙토닌, 뭐가 필요하니?"

"옷. 우리는 입을 옷이 없거든."

"집에 가 있어. 네가 원하는 만큼 옷이 생길 테니까."

그녀는 집으로 돌아갔다. 아직 초저녁이었는데 부모님은 잠들어 있었다. 아버지는 방에서 자고 어머니는 의자에 웅크린 채 잠들어 있었다.

다음 날 아침에 그들이 눈을 떴을 때에는 좋은 옷들이 침대 위에 널려 있었다. 의자 위에도, 벽장 속에도. 어디에나 옷이 있었다. 앙토닌은 아직 자고 있었다. 어머니가 앙토닌을 흔들어 깨웠다.

"이것 좀 봐, 앙토닌. 네가 가져다 준 이 훌륭한 옷들을 좀 봐. 정말 멋있지 않니? 이거, 이 드레스 좀 봐. 이것 나한테 잘 어울리지? 귀부인 같아 보이지 않니?"

"오! 그래요, 엄마. 정말 예뻐요. 그 작은 정어리는 정말 착해요. 그런데 어젯밤 저는 잠을 잘 못 잤어요. 밤새도록 별 하나가 눈앞에 아른거렸어요. 그리고 계속해서 내게 말을 했어요."

"네가 불을 켜놓고 자서 그래. 젊은 애가 정신이 없구나. 불 끄는 것을 잊어버리다니 말이야."

"내가 부탁한 옷 생각만 하고 있었어요, 엄마. 밤새 그 생각만 하고 있었어요."

"피곤하다는 얘기는 그만 하렴. 날이 밝았잖니. 일어날 시간이야. 이 멋진 옷들을 정리해야지."

"알았어요, 엄마. 곧 갈게요."

"그래. 그런데, 앙토닌, 너도 보다시피 이 좋은 옷들을 어디에다 두어야 할지 모르겠구나. 우리 집은 너무 작아서 말이야. 이렇게 가난하니까, 옷을 둘 곳이 없구나. 어떻게 생각하니, 앙토닌?"

"모르겠어요, 엄마. 엄마가 하라는 대로 할게요."

"좋아, 그렇다면 그 작은 정어리에게 가서 이 옷들이 들어갈 만한 좋은 집 한 채만 부탁해 보려무나. 하지만 널 사랑하는 이 엄마는 늘 네 걱정만 하니까 조심해야 한다."

"만약, 무슨 일이 생기면……."

"그래, 이 엄마는 못 산다."

앙토닌은 바위로 다시 갔다. 그 '늪'으로 다시 갔다. 해초에 미끄러져 넘어지지 않도록 조심하면서 앙토닌은 '늪'은 바다라고 생각했다. 작은 바다, 어두운 바다 그리고 이 어두운 바다 속에 별 하나가 빛나고 있었다. 이 별은 앙토닌을 위해서만 빛나고 있었다.

"앙토닌! 앙토닌! 내가 보이니?"

"너밖에 안 보여."

"나는 내 작은 구멍 속에 있어. 앙토닌, 뭘 원하니?"

"옷은 많이 생겼는데, 우리 집이 너무 작거든."

"옷은 넘쳐나는데, 집은 초라하다 이거야? 좋은 집을 원하니?"

"그래. 우리 엄마가 그랬으면 좋겠대."

"집으로 돌아가 봐. 그리고 푹 자. 내일 눈을 뜨면 너는 좋은 집에 있을 거야."

다음 날 앙토닌이 눈을 떴을 때, 그녀는 멋진 방 안에 놓여 있는 큰 침대 속에 있었다. 창가로 가서 커튼을 열자, 그녀는 주위가 정원으로 둘러싸인 성 안에 있다는 것을 알게 되었다. 성 안에서는 사람들이 바삐 움직이면서 성탄 전야의 밤샘 준비를 하고 있었다. 정원에는 마차 한 대가 준비되어 있었고, 말들이 땅을 걷어차고 있었다.

마차는 앙토닌과 그녀의 부모를 태우고 시내로 갔다. 어머니는 멋진 드레스를 입고 있어서 귀부인 같았다. 그녀의 아버지로 말하자면 생 페이르에서는 아무도 그를 알아보는 사람이 없었다. 그래서 그는 모든 사람들에게 인사했다.

성탄절 전날, 하늘은 푸르렀지만 추위는 매서웠다. 거지 한 명이 누더기를 걸치고 추위에 벌벌 떨면서, 앙토닌의 어머니에게 다가왔다. 그러고는 손을 내밀었다.

"너무 추워요. 마님, 배가 고파요. 제발 좀 도와주세요."

"저리 비켜, 이 거지야. 저리 비키라니까. 난 바빠."

그렇게 말하고는 그녀는 동전 한 닢도 주지 않았다.

성탄절 전야는 마치 눈을 뜨고 꾸는 꿈과 같았다. 성 안은 온통 축제였다. 축제의 밤을 보내고 다음 날 잠에서 깨어났을 때, 자신들이 초라한 집에서 눈을 뜨고, 화려한 옷 대신에 누더기 옷들만이 남아 있는 것을 보게 되는 것은 견디기 어려운 일이다.

"앙토닌, 네가 가서 물어봐야겠다. 빨리 가!"

앙토닌은 바위가 있는 곳으로 갔다. 그녀는 '늪'에다 대고 물어 보았다. 하지만 어둠은 대답이 없었다. 작은 정어리는 빛나지 않았다.

"작은 정어리야, 너 어디 있니?"

"나는 내 작은 구멍 속에 있어. 내가 안 보이니?"

"아니. 나는 빛을 찾고 있는 중이야."

"왜 안 보이는지는 쉽게 알 수 있어."

"나에게 설명해 줘, 제발."

"네 어머니께 물어 보렴. 그럼 설명해 줄 거야."

"우리 엄마는 좋은 옷이 어디 갔나 하고 울기만 하는걸. 성이 어디 갔나 하고 찾고 있어."

"너의 어머니는 인정이 없어. 어제 성탄절 전날에 너희 가족이 시내에 갔을 때, 거지 한 명이 다가갔지. 기억나지? 네 어머니가 도와주지 않았던 거지가 바로 나였어. 나는 너희에게 모든 것을 다 주었는데 말이야. 그래서 너희를 벌주려고 모든 것을 다시 빼앗았어. 그렇지만 난 앙토닌 네가 좋아. 그리고 너와 너의 아버지에게 화가 난 것은 아니니까, 너희 집에 작은 농장 하나는 줄게. 암소 한 마리, 돼지 한 마리, 양 몇 마리도 줄게. 이것이 너희한테 주는 전부야. 너희들이 일하면, 먹을 것은 나올 거야.

그리고 목소리는 사라졌다. 앙토닌은 작은 정어리를 부르면서 여기저기 찾아보았지만 소용이 없었다.

바위에 다시 밤이 왔다. 그러고는 모든 것을 삼켜 버렸다. 가장 좋았던 기억까지도 모두 삼켜 버렸다.

앙토닌은 이 늪에서 있었던 일을 잊어 버렸다. 최소한 그랬다고 믿었다. 하지만 시장에서 우연히 이상한 이야기를 듣게 되었다. 올데롱 사람들이 치즈 장수에게 이야기를 하는데 그중에는 등대지기도 끼어 있었다. 그들 말로는 가끔씩, 그런데 요즘은 꽤 자주, 금빛 찬란한 이상한 배 한 척이 보인다는 것이다.

"바다가 아니라 사막이었다면, 우리가 신기루를 보았다고 했을 거요. 하지만 이 배는 해안 가까이까지 왔소."

"그런데 그 배는 말이오, 다가갈 수가 없소. 항구에 절대로 닻을 내리는 법이 없거든."

며칠 후 바닷가 모래 언덕을 따라 걷고 있던 앙토닌은 이 황금빛 배를 보았다. 그리고 바위 틈에 서 있는 한 소녀도 보았다. 그 소녀는 물 속에 뛰어들더니 헤엄을 쳐서 배까지 가서는 배에 올라타고 배와 함께 사라졌다.

그 소녀는 작은 정어리였다. 앙토닌은 그녀가 바다에서 부르는 노랫소리를 듣고 알 수 있었다. 그 소녀는 이상한 노래를 불렀지만 가사는 금방 익숙해질 수 있었다. 이 노래 가사는 요정의 마술에 걸려 정어리가 되어 버린 소녀의 이야기였다. 무슨 잘못을 저질러 그렇게 되었는지는 말하지 않았다. 하지만 좋은 일을 많이 해서 그 저주에서 풀려날 수 있었다고 말했다. 소녀가 바위에서 황금빛 배로 헤엄쳐 가면서 부른 노래의 가사는 그런 내용이었다. 그리고 앙토닌이 늪으로, 어둠 속으로, 다시 말하자면 꿈으로 빠져 들면서 부른 노래의 가사였다.

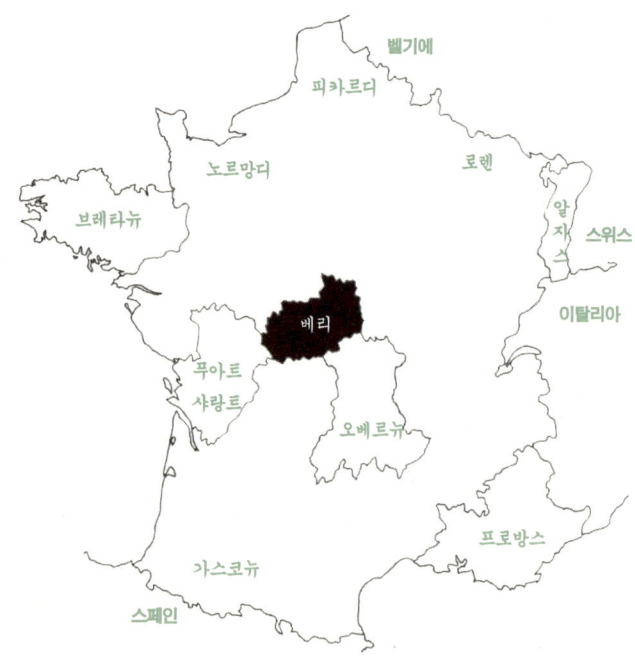

●──중부 내륙.

뱀의 알

보름달이 방패처럼 빛나고 있었다.

고르는 나무로 가려진 곳에서 자신의 말 옆구리에 기댄 채 숨어 있었다. 나무 그늘이 그를 가려서 남의 눈에 띄지 않게 밖을 볼 수 있었다. 그의 앞에는 갈대가 핀 모래 언덕과 강물 그리고 섬이 있었다.

드루이드 사제들이 그에게 이렇게 말하곤 했다.

"연못 한가운데 섬이 하나 있지. 이상한 돌들과 뼈처럼 구멍이 송송 뚫린 동그란 조개로 덮인 언덕이지. 보름달이 뜨면 그곳에서는 기적이 일어난다네."

고르는 오랫동안 이런 곳을 찾아다녔지만 어느 곳도 드루이드 승려가 말한 곳과 맞지 않았다. 환상적인 이야기가 넘쳐 나는 허름한 여관에서도 이 기적에 대한 정보가 없어서 다시 동쪽으로 길을 떠났다. 많은 호수와 연못을 지나 저주받은 불래즈 지방에까지 갔다.

그곳 숲의 땅은 늪지여서, 말은 발이 빠져 걸을 수가 없고, 늪에서 헤어 나오지 못하게 된 아이들의 비명 소리가 주변에서 들려오곤 했다. 그는 마침내 늪의 고장에 들어선 것이었다. 넓은 호수의 연안에서 보니, 그의 정면에 섬이 높이 솟아 있는 것이 보였다. 연안 모래밭에 작은 배 한 척이 있었다. 주위에는 아무도 없었다. 그는 배 주인을 찾았다. 배 주인인 어부는 자신의 오두막 속에서 문을 걸고는 벌벌 떨고 있었다. 어부는 가까스로 소리쳤다.

"오늘은 보름달이 떴어요. 저 해골처럼 허연 섬에서 들어서는 안 되는 소리가 들려요. 거기서 벌어지는 일은 보지 않는 편이 나아요."

고르는 더 자세히 알고 싶었다. 하지만 어부는 더 이상 입을 열지 않았다.

"최소한 자네 배라도 좀 빌려 주게."

"좋으실 대로."

그리고 어부는 다시 입을 다물어 버렸다.

이렇게 해서 고르는 배를 구했다. 배를 향해 나아가는데 갑자기 말이 휘청거렸다. 아무 소리도 들리지 않았지만 어떤 떨림이 느껴졌다. 갈대도 가볍게 흔들렸다. 바람이 전혀 없는데도 호수물이 찰랑였다. 때가 온 것이다.

고르는 허리에 찬 단도를 만져보았다. 물이 흔들리더니 거품이 이는 물결이 가득 생겨났다. 선체가 삐걱거렸다. 공중에는 휘파람 소리가 들렸다. 그러고는 물결이 잔잔해졌다. 고르는 노를 꽉 잡고는, 물이 한 방울도 튀지 않게 배를 저어 천천히 호수 한가운데로 나아갔다.

그는 섬에 닿았다. 공기를 찢는 휘파람 소리가 들려왔다. 언덕의 경사면에는 조개 껍데기와 구멍 뚫린 화석들이 박혀 있었다. 달 아래 물결치듯 움직이는 덤불이 휘파람 소리를 냈다. 갖가지 뱀들, 금빛 뱀, 알록달록한 뱀, 검은 얼룩 뱀, 자주 얼룩 뱀들이 서로 조르고 감고 혀를 날름거리는 소리였다. 뱀들의 입에서는 부글부글 끓는 침이 흘러 나왔다. 뱀들이 분비하는 투명한 물질은 조금씩 녹아내리다가 굳으며, 빛나는 공 모양이 되었다. 뱀들이 이 공을 공중으로 띄워 올리고 휘파람을 불면 공은 그 위에서 춤을 추었다.

고르는 성큼성큼 걸어서 언덕 꼭대기 바로 아래에까지 갔다. 뱀들은 자신들의 일에 열중하느라 그가 다가오는 것을 알아차리지 못했다. 그는 어깨에 메고 간 그물을 펼쳐서 어부처럼 던졌다. 단번에 공을 낚아챈 그는 그물의 입구를 꽉 닫고는 조개 껍데기를 밟으면서 언덕을 내려와 배 안으로 뛰어 들었다. 뒤쪽은 혼란 그 자체였다. 고르의 맥박이 빨라졌다. 그는 드루이드 사제의 목소리를 들었다.

"뱀의 알을 훔친 자는 말을 타고 달아나, 힘이 빠지기 전에 땅에 닿지 못하면……."

뱀의 혀가 그의 발꿈치를 핥는 것 같았다.

마침내 모래를 밟은 고르는 한 칼에 말을 묶었던 줄을 끊고 달렸다. 가시 덤불 속을 통과하고, 말의 목에 납작하게 붙어 최고 속력으로 한참을 달린 후에야 말의 속도를 늦추고 말을 진정시켰다. 숲이 끝나자 조용한 허허벌판이 나타났다. 벌판 한가운데에서 고르는 말을 멈추고, 그물에서 자신이 잡은 것을 꺼내 달빛에 비추어 보았다. 문어발에 있는 것과 같은 빨판으로 덮이고, 가는 맥이 줄 쳐진 아름다운 모양의 빛나는 알이었다. 고르는 그 빛에 자기 손끝을 비추어 보았다. 이 반투명한 알을 아무리 들여다보아도 싫증이 나지 않았다. 그러고는 그가 이 알을 넣으려고 허리에 차고 있던 가방을 여는데 단검이 알에 부딪혔다. 그런데 알에 살짝 닿자마자 단검의 손잡이가 빛나기 시작했다. 고르는 이 신기한 물건의 힘을 의심하며 팔목에 차고 있던 철 팔찌에 시험해 보았다. 알에 닿자 철 팔찌는 보석으로 바뀌었다. 그제서야 그는 마법의 알을 가방 속에 넣고서 망토를 두르고, 북쪽으로 향했다.

여러 날 동안 고르는 별 어려움 없이 여행했다. 거쳐 온 오두막들은 모두 기꺼이 그에게 문을 열어 주었다. 주인에게 사례할 때는 그들의 보잘 것 없는 식기나 농기구 등을 금은보화로 바꿔 주기만 하면 되었다. 그가 떠날 때면 집주인들은 그의 바지에 절을 하고, 아이들은 그가 지나간 길에서 춤을 추었다. 그는 이렇게 뤼에 Luer 왕이 세운 성까지 왔다.

통나무로 된 성벽이 해자로 둘러싸인 비탈에 서 있었다. 건장한 군인들이 기다란 검을 들고 보초를 섰다. 고르는 말의 고삐를 당겼다. 들어가게 해 달라고 할 참이었다. 하지만 다리를 지키는 건장한 병사는 어느새 사라지고 문은 열려 있었다. 그 다음 성문도 마찬가지였다. 고르는 마치 자신을 기다리고 있는 듯한 이 성 안으로 말한마디 하지 않은 채 들어갈 수 있었다.

그는 처음 나타나는 마당에 말을 묶었다. 두 번째 마당에서는 그를 호위하는 병사가 나타났다. 그가 지나가면 가죽 휘장이 들어올려졌다가 도로 내려왔다. 모피 옷을 입은 기사들이 모여 있는 방을 지나 마지막 휘장을 통과한 고르는 강건한 모습의 노인이 기사들과 함께 앉아 있는 넓은 방에 들어섰다. 고르는 무릎을 꿇었다. 뤼에 왕은 고르를 맞으러 나와 포옹하고, 자신의 옆 자리에 앉혔다. 고르가 왕에게 말했다.

"전하, 저는 굉장한 물건을 하나 가지고 있사옵니다. 그 물건은 저와 같이 미천한 자가 지닐 만한 것이 아니옵니다. 저는 그것을 모험 삼아 손에 넣었사옵니다. 이 물건을 폐하께 드리옵니다. 철 쟁반을 하나 가져오라고 하옵소서. 이것의 위력을 보여 드리겠나이다."

왕은 미소를 지으며, 쟁반을 가져오라는 손짓을 하였다. 고르는 가방을 풀고 쟁반 위에다 마법의 알을 올려놓았다. 그러자 보잘 것 없는 철 쟁반은 우윳빛으로 빛나는 은 쟁반이 되었다. 주변에서는 웅성거리는 소리와 탄성이 터져 나왔지만 왕은 계속 미소만 짓고 있을 뿐 움직이지도 않았다.

"고르."

드디어 왕이 입을 열었다.

"그대는 용기도 대단하고 정직하기도 하도다. 그대는 이 물건을 가질 자격이 없지 않아. 게다가 그것을 짐에게 선물하겠다니, 짐으로서도 영광이다. 그 물건은 지금 그대가 보여 준 것 말고 다른 마력도 가지고 있다. 그대가 짐을 찾아오기까지 도중에 아무런 문제도 없었고, 지금 여기 짐의 오른편에 앉아 있기까지 한 걸 보면 그대도 알겠지. 그 알이 모든 문을 열어 주었고, 짐의 호의까지도 가져다 준 것이다. 게다가 그 알은 그대의 혀를 부드럽게 하여 달변이 되게 하였다. 그 알을 갖는 자는 부와 권력을 갖게 될 것이다. 하지만 그 알은 무서운 힘을 가진 부적이다. 짐이 그것을 받기 전에 생각을 좀 해야 될 듯하도다. 그동안 물러가 쉬도록 하라."

고르가 일어서려고 하자, 왕이 붙잡았다.

"이보게, 이 대단한 알을 이 방 한가운데, 누구나 만질 수 있는 곳에 둘 셈인가? 짐이 결심을 할 때까지 그대가 잘 보관하도록."

며칠 동안 고르는 실컷 먹고 즐겼다. 거만한 기사들도 그 앞에서 굽신거리며 함께 어울렸다. 왕이 그를 다시 불렀다.

"고르 경, 그 부적을 가지고 있으면, 그대가 망하게 하고 싶은 사람을 망하게 할 수 있다네. 그대가 원한다면 나를 왕위에서 몰아낼 수도 있고 다시 왕위에 올릴 수도 있어. 짐이 그대를 경계해야겠나? 짐이 그 알을 받으면 짐의 충실한 부하들이 그것을 빼앗으려고 하지는 않겠는가? 짐은 계속 부하들을 의심해야겠지? 그리고 그대도 말이야, 그 알을 가지고 있으면 누구를 믿겠나? 그대 뒤에는 항상 시기와 암살 음모가 따라다닐 것 같지 않은가? 어디서 한번 편하게 쉴 수 있겠는가? 그 알은 독이네. 거기서 뱀의 시기, 증오, 탐욕이 부화해서 나올걸세. 짐은 말이야, 백성을 위해서 그런 것과는 다른 종류의 풍요를 원해 왔다네. 그리고 더 맑고 차분한 삶을 원해 왔어."

왕은 말을 마쳤다.

아무도 말을 하지 않았다. 이윽고 고르가 입을 열었다.

"전하, 전하야말로 현자이십니다. 제가 어떻게 하면 되겠습니까?"

"그대야말로 됨됨이가 순수한 사람이로군. 그 물건을 원래 있던 곳으로 가져가 호수 속으로 던져 버리게. 뱀의 알은 그 속에 영원히 잠겨 버려야 하네. 그 일을 마치면, 다시 짐에게로 오게. 정직한 심성을 가진 자들이 필요하니까."

고르는 다시 남쪽으로 말을 몰았다. 그리고 결심한 바를 행했다. 호수 연안에서 그는 그에게 배를 빌려 준 어부의 집에 잠시 들렀다. 마지막으로 알의 마력을 써서, 이 초라한 오두막에 있는 쇠붙이를 모두 번쩍이는 것으로 만들어 주었다. 그러고는 호숫가로 가서 투석기에 알을 넣고 가능한 한 멀리 쏘았다.

그러자 모래밭과 주변 마을을 흔드는 폭발음이 들렸다. 십 리 사방에 흩어져 있는 연못과 늪지, 진흙탕이 끓기 시작했다. 그러고는 호수 밑바닥이 내려앉는 것 같았다. 섬도 가라앉기 시작하더니 사라져 버렸다. 마지막으로 꾸르륵 하는 소리와 함께 모든 물이 빨아들여져 버렸다.

대신 그곳에는 넓고 비옥한 벌판이 생겼다.

고르는 뤼에 왕 곁으로 돌아갔다. 어부는 쟁기를 잡고 기름진 땅에 밭고랑을 나란히 파기 시작했다. 그 후로 다시는 뱀들을 볼 수 없었다. 그 뱀들의 옛 영토에 흔적으로 남은 것은 라크(호수'라는 뜻)라는 지명뿐이다.

늑대를 부리는 마법사

옛날 메이양 숲 한 쪽 끝에 있는 빈터에 머리가 하얀 성인이 살고 있었다. 그는 샘물을 마시고, 잠두콩과 밤만 먹으면서 지냈다.

매일같이 그의 입에서는 기도 소리만이 흘러 나왔다. 그는 자신의 영혼을 띄워 보려고 노력했다.

해가 지는 방향에 있는 숲의 다른 쪽 끝에서는 늑대 울음 소리가 들려 왔다. 보름달이 뜨는 밤이면, 키 크고 마른 사람의 윤곽이 별빛에 뚜렷하게 드러났다. 그는 큰 걸음으로 성큼성큼 걸어서 숲 속의 교차로와 황량한 벌판을 건너다녔다. 늑대를 부리는 마법사가 늑대 무리를 거느리고 악마의 숲으로 사냥을 가는 것이었다. 백파이프가 저절로 연주되고 마법사가 지나는 길에 있던 돌들이 춤을 추었다.

숲의 끝에는 나막신 장수가 있었는데 그의 집 대문은 거의 항상 닫혀 있어, 거미가 줄을 칠 정도였다. 손님이 거의 없어 나막신 장수는 의기소침했다.

그가 평소처럼 팔꿈치를 무릎 위에 세우고 손을 늘어뜨린 채 그저 시간이 가기만을 기다리는데 대문에 걸린 종이 딸랑거리더니 낯선 사람이 나타났다. 알록달록한 새처럼 초록과 빨강이 섞인 옷을 입고 입가에는 냉소를 띤 이 사람은 작업장 안을 한 번 힐끗 둘러보더니, 조롱 섞인 말투로 말했다.

"여긴 먼지가 수북하군. 어찌된 일이야?"

나막신 장수는 어리둥절했다. 그는 무력감을 떨쳐 버리고 눈을 크게 뜬 다음, 더듬거리며 말했다.

"일거리가 없어. 요새는 나막신들을 안 신거든. 부드럽고 신다가 버릴 수 있는 것들만 신는다고. 나는 먹여 살려야 할 아내와 자식들이 있어. 어떻게 해야 할지 막막해. 마리가 남의 집 일을 해 주고 받아 오는 걸로는 살 수가 없어."

"저런!"

낯선 사람은 말을 받았다. 그러고는 웃음을 터뜨렸다.

"자넨 참 염세주의자로군. 내가 보기엔 얼마든지 돈 벌 길이 있어. 생각을 좀 하면 되지, 생각을 말이야. 삽 자루에도 그런 생각은 불어넣을 수 있어. 그런데 말이야, 내가 자넬 도와주면 그 대가로 뭘 좀 주어야 되는데."

"내가 자네한테 줄 수 있는 게 있어야지. 이 대패나 끌 같은 것 말고는 줄 게 없다고. 이런 게 자네한테 소용이 있을 것 같지는 않고."

"자네 맏아들을 내게 줘. 나는 많이 돌아다니니까 시중을 들 아이가 하나 필요하다고. 어차피 자네는 그 아이의 장래를 위해 뭘 해 줄 수도 없잖은가. 내가 돌봐 주지. 내가 나서면 그 애 문제는 안심이야. 자넨 걱정할 필요가 없다고."

"내 아들을 달라고? 너무 재촉하지 말고 일단 시간을 좀 주게. 내가 좀 익숙해질 수 있도록 말이야."

"좋아. 보름달이 뜰 때까지야. 이제부터 내가 자네 사업을 돕겠네. 이런 걸 참을성이라고 하지."

그러고는 두툼한 지갑을 작업대 위에 올려놓았다.

"곧 다시 봄세. 다시 올 테니까."

낯선 방문객은 그렇게 말하고 떠나며 크게 웃었다. 그 웃음소리는 떡갈나무 숲에 오랫동안 울려퍼졌다.

"이상한 놈이야."

나막신 장수는 중얼거렸다. 그러고는 언짢은 마음을 가라앉히려고 연장들을 손질하기 시작했다.

그런데 놀랍게도 다음 날부터 손님들이 몰려들었다. 그 부근을 지나던 여행자들은 공교롭게도 이 초라한 오두막 앞, 바로 거기서 지친 다리를 쉬어가려고 걸음을 멈추었다. 그러고는 오두막 안을 우연히 들여다보다가 안으로 들어서서는 이것저것 만져보게 되고, 결국에는 나막신을 한아름 사가지고 갔다. 어떤 사람들은 숲 속 깊은 곳에 전통 나막신을 만드는 장인이 있다는 소문을 듣고 이렇게 동떨어진 곳에까지 일부러 찾아와 기념일 선물용으로 주문을 하고는 했다. 일요일에는 일가족이 와서 어린이들이 이것저것 신어 보다가, 돌아갈 때는 한 켤레 신고서 발목이 젖혀질 위험이 있는데도 자갈길 위를 달그락거리며 걸어서 갔다. 평일에는 학생들이 단체로 나막신 만드는 일을 견학하러 왔다. 그리고 할머니들은 손주들을 데려 와서, 발이 아프지 않도록 나막신 속에 지푸라기 넣는 법을 가르쳐 주기도 하였다.

나막신 장수는 정신을 차릴 수가 없었다. 송곳으로 구멍을 뚫고 대패질을 하고 칼로 깎고 가죽을 대었다. 그는 가게에 새 간판을 내걸었다. 아내는 계산대에 앉히고 아이들은 손님을 맞게 하였다. 사업은 살 풀려 나갔지만 그는 늘 불안하여 괴로웠다. 짧은 순간에 너무 크게 성공한 것이었다. 그리고 하늘에서는 달이 날마다 차올라 갔다.

"아버지, 무슨 안 좋은 일이라도 있으세요?"

큰아들 실뱅이 물었다.

"그런 것 같아. 장사가 너무 잘 돼. 무언가 자연스럽지 않은 점이 있어. 내가 뭔가 실수를 하지 않았나 싶어. 웃음소리가 문짝이 삐거덕거리는 소리 같은 이상한 놈하고 계약을 했지 뭐냐. 너를 그에게 보내기로 했거든. 네가 그의 시중을 들면 네 장래를 책임져 주겠대. 그런데 그자가 악마라면 어쩌지? 보름달이 뜨면 너를 데리러 올 텐데. 내 마음이 찢어지는 것 같구나."

"올 테면 오라지요! 뛰는 놈 위에 나는 놈 있다고요! 날 못 찾을 걸요. 난 사라져 버리고 없을 테니까."

실뱅은 재빨리 짐보따리를 꾸리고는 아버지를 안아 본 후 길을 떠났다.

소년은 계속해서 걸었다. 떡갈나무 숲 속에서는 번뜩이는 눈동자가 그를 엿보면서 따라오는 것같이 느껴졌다. 숨소리도 들렸다. 그는 발꿈치에 숨결이 와닿는 것을 느꼈다. 자신의 심장 뛰는 소리가 어찌나 크게 들리던지, 그만 가던 방향을 잃고 말았다.

연기 냄새를 맡기 시작했을 때는, 귀신이 나올 것 같은 이 숲에서 얼마나 헤맸는지도 알 수 없는 상태였다. 그는 가시덤불을 지나 냄새가 나는 방향으로 똑바로 갔다. 그러자 나무 한무더기가 타고 있는 빈터가 나타났다. 으르렁대는 소리, 쿵쿵대는 소리, 이빨 부딪히

● ──프랑스 민담

는 소리가 그를 맞아 주었다. 늑대 한 무리가 광기에 몸을 떨면서 이빨 위로 혀를 말아올렸다.

"조용히 해, 조용히."

어떤 목소리가 들렸다. 늑대들의 등줄기에 곤두선 털이 내려앉았다. 늑대들은 다시 엎드렸다. 실뱅은 늑대에게 말을 한 사람을 보았다. 그는 나이가 들고 마른 사람이었다. 허리에 사냥칼을 차고 파이프 담배를 피우면서 비웃는 듯한 얼굴로 소년을 바라보고 있었다. 늑대 부리는 마법사였다.

"젊은이, 여기서 산책중이신가? 이 시간에 여긴 웬일이시지?"

"길을 잃었어요. 제 아버지가 이상한 사람과 계약을 했는데, 그자는 악마가 틀림없어요. 아버지는 그자의 도움을 받는 대신 저를 주기로 하셨어요. 그자가 보름달이 뜨면 저를 데리러 오겠다고 해서 이렇게 도망쳤어요."

"아, 아."

늑대 부리는 사람은 웃음을 터뜨렸다.

"이런 경우를 놓고, 늑대 굴에 제 발로 걸어 들어왔다고 하지! 그는 악마가 맞아! 지금 나도 그를 기다리는 중이야. 이제 곧 올 거야. 너는 도망칠 시간도 없겠는걸. 너희 아버지나 너나 정말 순진하구나. 보름달이 뜨면 우리가 사냥 가는 걸 몰랐더냐? 우리는 엄청난 소리를 내며 다니지. 나는 말하자면 악마의 사냥개 몰이꾼인 셈이야. 어쨌든…… 네가 궁지에서 벗어나게 애써 보마."

그가 말을 마치자마자 괴상한 웃음소리가 울려 퍼지고 늑대들이 일어섰다. 초록과 빨강의 울긋불긋한 옷을 입은 악마가 불 옆에 나타났다.

"얘는 누구냐?"

악마가 묻자 늑대 부리는 사람이 말했다.

"내가 가르치고 있는 아이야. 나도 늙어 가고 있어. 사냥을 하자면 늑대를 몰고 다닐 사람이 필요해. 그래서 이 아이를 가르쳐야 하는데, 문제가 있어. 자네가 벌써 이 아이를 점찍었다면서?"

"무슨 말이야?"

"자네가 이 아이 아버지인 나막신 장수한테서 이 아이를 넘겨받기로 했다면서? 자네가 그자를 도와준 대가로 말이야."

"아, 그래. 그럼 자네가 가지게. 어차피 결국에는 다 내 거니까 말이야. 자네처럼 말이지."

악마의 웃음소리는 삐걱거리는 문짝 소리 같았다.

"벌써 시간이 많이 갔으니 빨리 사냥이나 하러 가자고! 수많은 영혼들이 우리를 기다리고 있어. 허영 덩어리, 독설가, 위선자, 탐욕스러운 자, 무감각한 자, 우울한 자. 이 모든 바보들을 지옥으로 데려가자고!"

악마는 나타날 때처럼 빨리 사라졌다. 늑대 부리는 사람은 휘파람을 불었다. 백파이프는 날카로운 소리를 내고, 으르렁대는 늑대 떼는 이빨을 드러내고는 멀리 달려가 버렸다.

혼자 남은 실뱅은 걷기 시작했다. 그의 앞에는 모래가 깔린 길이 곧게 뻗어 있었다. 그는 한참을 걸었다. 숲도 그와 함께 걷고 있는 것 같았다. 한참을 걸어 어떤 성 앞에 다다랐을 때는 새벽이 밝아 오고 있었다. 성의 내리닫이 문은 걷어 올려져 있었다. 실뱅은 안마당으로 들어섰다. 그곳에는 박쥐들이 많이 모여 있었다. 아무도 보이지 않았지만 지하실 깊은 곳에서 악취가 풍겨 나오며 어떤 목소리가 들려오는 것 같았다. 실뱅은 코를 싸 쥐고 구불구불한 계단을 내려가기 시작했다.

"아! 피곤해 죽겠군. 아! 아!"

악마의 목소리였다.

"어쨌든 사냥은 잘했어. 바보들을 잡아다 우리 속에 가두었으니까. 당신은 정말 매력적이야. 여보, 내 신발 좀 벗겨 줘!"

"이런 멍청이!"

악마 아내의 쉰 목소리가 들렸다.

"뭐라고 했어?"

"멍청이라고 했어요."

"왜?"

"당신은 속은 거라고요! 당신은 정말 무능해요! 정신 똑바로 차리고 사는 건 우리 여자들밖에 없다니까! 내가 없었더라면 당신은……."

"도대체 왜 그래? 무슨 얘기야?"

"당신은 그저 폼만 잡으러 다닌다고! 그 나막신 장수 아들 놈 말이야. 개를 왜 내 줘요? 그 늑대 부리는 놈이 마음 고쳐먹고 착해지기라도 하면, 그 아일 놓치게 생겼잖아요!"

"잘 알지도 못하면서 따지지 좀 말아! 늑대 부리는 놈은 지금 그 껍질을 쓴 채 죽으면, 영원히 늑대 부리는 놈으로 남게 되어 있어! 벗어나질 못 해!"

이 이야기를 들은 실뱅은 있는 힘을 다해 달렸다. 마치 꿈속에서 달리듯이 발밑의 오솔길만이 뒤로 흘러가고 양 옆의 나무들만이 뒤로 밀려가는데 자기 발은 제자리에서 움직이고 있는 것 같았다. 갑자기 그는 숲 속 빈터에 와 있었다. 태양이 떠올랐다. 불이 꺼진 잿더미 둘레에 모여 있는 늑대들은 귀도 쫑긋하지 않았다. 늑대 부리는 사람은 염소 가죽을 덮어쓰고 반쯤 잠든 채 입에는 여전히 파이프를 물고 있었다.

그는 깜짝 놀라 일어났다.

"아니! 너 아직 여기 있었던 거야? 여기서 뭘 하고 있는 거야? 이 시간이면 너희 아버지 가게에 가 있어야지. 가게 열 시간이잖아."

"저는 악마가 하는 이야기를 들었어요. 악마는 당신의 육체와 그 육체 속의 영혼을 영원히 갖기를 원해요. 당신이 지금 그 육체의 껍질을 계속 지니면 영원히 자기 것이라고 했어요."

"그 저주 받은 놈이 그런 생각을 하다니. 그렇다면 육체를 떠나 영혼만이라도 구해야지. 나는 그놈보다는 영리하거든. 나 좀 도와줘. 이렇게 하는 거야. 여기 이 배낭 속에 유리병이 한 개 있어. 그 속에는 내가 만든 연고가 들어 있지. 고통을 없애 주는 약이야. 우리 아버지에게서 만드는 법을 배웠지. 우리 아버지는 그의 아버지에게서, 그 아버지는 다시 그의 아버지에게서, 이렇게 아득한 옛날 조상들에게서 배운 거야. 너는 토끼 가죽을 벗기듯이 내 피부 가죽을 벗겨 줘. 그러고 나서 연고를 발라 줘. 그럼 난 고통을 느끼지 않을 거야. 그러면 나는 풀밭 위에 누워 잠들기 전에 너에게 비밀을 말해 줄게."

그들은 그렇게 했다. 실뱅은 손도 떨지 않고, 그가 육체의 옷을 벗는 것을 도왔다. 그러고는 머리끝에서 발끝까지 연고를 발라 주었다. 늑대 부리는 마법사는 안도의 한숨을 쉬고 신선한 풀밭에 누워 말하기 시작했다.

"애야, 가까이 와 봐. 알겠지? 나는 늙은 늑대야. 하지만 그다지 사납지는 않아. 내가 거느린 늑대들도 그렇게 사납지 않아. 사람들이 늑대를 싫어하니까 으르렁댈 뿐이야. 넌 그것들을 무서워할 이유가 없어. 내가 가고 나면 늑대들을 자유롭게 풀어 줘. 뛰어 다니기를 좋아하니까. 늑대들이 다시 보고 싶어지면 휘파람만 불면 돼. 늑대들이 네 발 밑으로 모여들 거야. 그리고 이것, 내 백파이프가 저절로 연주를 해서 사람들을 공포에 떨게 하지."

늑대 부리는 사람은 이야기를 계속했다. 소년은 그의 입에 귀를 갖다 대었지만 무슨 소리인지 알아들을 수가 없었다. 그는 오랫동안 무릎을 꿇고 앉아 있었다. 늑대들도 주위에서 지켜보고 있었다. 숲의 빈터에는 정적만이 감돌았다.

소년이 고개를 들었을 때, 하늘에 아주 작은 구름 한 점이 떠오르는 것이 보였다. 실뱅은 늑대 떼에 대고 간단히 말했다.

"너희들의 주인이 떠났다."

늑대는 한 마리씩 한 마리씩 조용히 가버렸다. 숲에 메아리가 치기 시작했다. 바람이 나뭇잎을 타고 소식을 실어날랐다. 아주 깊숙한 곳까지, 아주 멀리 떨어진 곳까지, 숲을 벗어나 밀밭에까지 전했다.

"늑대 부리는 사람이 떠났다."

숲의 다른 쪽 빈터에 살고 있던 은둔자는 명상을 하는 중에 이 소식을 들었다. 그는 하늘에 피어오르는 작은 구름 조각을 보자 가슴이 쓰려 왔다.

"이럴 수가!"

그는 생각했다.

'나는 단식 수행도 하고 수십 년 전부터 참회도 했다. 젊음도 잃고, 정신이 멍해지도록 기도도 하고, 친구도 쾌락도 멀리하며 혼자 살았다. 이리도 평생을 나 자신을 정화하면서 보냈는데, 어떻게 늑대 떼를 끌고 다니면서 악마의 사냥 앞잡이 노릇이나 하던 자가 영혼이 가벼워져 하늘나라로 올라갔단 말인가? 나는 무엇이 모자랐단 말인가?'

은둔자의 안색은 시기심으로 누렇게 되었다.

한편 모래 덮인 오솔길이 끝나는 곳에 있는 저주받은 성의 지하실에서는 접시가 날아다녔다.

"이런 바보 같으니라고! 내가 말했잖아요. 그자가 당신한테서 빠져 나갈 거라고! 이런 어리석은! 이제 그만 물러나요. 정말이지 당신의 앞날은 뻔해요!"

"제발 진정하라고! 다행히 은둔자 놈의 영혼이 썩기 시작했어. 시기심이 벌레처럼 그를 갉아먹고 있다고. 그자의 영혼이 내 손 안에 들어올 거야. 이 정도면 보상이 되겠지."

하지만 악마의 기대는 착각이었다. 저 높이 떠 있는 구름은 무척 가볍고 산들바람은 지극히 조용했으며 나뭇잎의 흔들림은 아주 잔잔하였기에 은둔자의 영혼을 갉던 고통은 가라앉았다. 그는 단잠을 잤다. 그러고는 다음 날 다시 이 세상이 아름답다고 생각했다.

분개한 악마는 다른 곳으로 이사를 가버렸다. 더 이상 이 숲에서는 늑대를 끌고 다니는 악마의 요란한 말발굽 소리와 잔인한 사냥 소리가 들리지 않았다. 나막신 장수의 명성은 그 지방 전역에 퍼졌다. 장사는 잘 되었다. 실뱅은 아버지의 자랑거리가 되었다.

하지만 가끔 밤이 되면 숲 속 아주 멀리서 백파이프 소리가 바람에 실려오곤 했다. 그리고 사람들은 젊고 건장한, 새로운 늑대 부리는 사람이 나타났다고들 얘기했다. 보름달이 뜨는 날 밤, 불길처럼 타오르는 눈을 가진 청중들 앞에서 백파이프를 연주하고 있었다고 했다.

● ─ 주

1   보름달은 악마적인 것, 광기의 상징이다. 유럽에서는 보름달이 뜨면 늑대 인간이 출몰하고 악마가 영혼 사냥을 나선다는 이야기가 널리 퍼져 있다.

안과 밤에 빨래하는 여자

그 날 아침, 안은 자신이 직접 만든 활과 비둘기 깃털이 달린 화살 한 줌을 어깨에 비스듬히 맸다. 그리고 굵직한 허리띠에는 나무 단검도 꽂았다. 남자로 태어났더라면 좋았을걸! 이웃 사람들은 안을 두고 이렇게 말하곤 했다. 아버지는 오늘 늦게 돌아오실 테니 그녀에게는 시간 여유가 있었다. 그래서 빵과 치즈를 조금 가지고 에트랑글르 세브르를 향해 떠났다.

에트랑글르 세브르. 이상한 이름의 작은 마을에 숨겨진 이야기가 있을 것 같아 안은 그 비밀을 벗겨 보기로 작정한 것이다. 그녀는 늘 갖고 다니는 피리도 가지고 갔다.

그녀는 목적지에 도착했지만 곧 실망했다. 에트랑글르 세브르는 그저 평범한 작은 마을에 지나지 않았다.

안은 서둘러 집으로 돌아 왔다. 벌써 늦었다. 그녀가 미루나무 숲에 다다랐을 때는 어둠이 내렸다. 새들도 조용해졌다. 아버지는 집에 돌아와 안이 없는 것을 보고 걱정할 텐데……. 아버지는 야단은

치지 않을 것이다. 그녀는 매일 저녁 아버지에게 낮 동안 보고 겪은 일을 이야기하곤 했다.

그런데 이날 저녁은 별다른 이야깃거리가 없었다. 아무것도 발견한 것이 없었기 때문이다. 그녀는 더 이상 걸을 수가 없었다. 다리는 무겁고 발이 아팠다.

마침내 그녀는 가까운 마을에 들어섰다. 대부분의 집들은 덧창이 내려져 있었다. 그렇지 않은 집은 닫혀진 커튼 뒤로 등불과 사람 그림자가 비춰 보였다. 아이들이 뛰어 다니는 소리와 부엌에서 국자로 스프를 뜨는 어머니들이 아이들을 야단치는 소리가 들렸다. 안은 어머니가 없었다. 그녀가 발길을 재촉할수록 길은 더욱 멀고 황량하고 어둡게만 느껴졌다.

그녀는 강가에 도착했다. 잉드르 강 위로 구부정하고 좁다란 다리 하나가 놓여 있었다. 이 오래된 다리는 아치 모양이었다. 그 앞에는 그녀가 사는 마을이 있었다. 비탈진 길을 몇 발자국만 가면 그녀의 집이다! 강 이쪽에는 벌판과 과수원이 펼쳐져 있었다. 강가에는 닳고 오래된 돌이 비스듬히 놓인 빨래터 두세 군데가 있었다. 이 빨래터는 더 이상 사용하지 않는 곳이었다. 강둑을 따라 오솔길이 나 있었다. 안은 옆을 자세히 살피지 않고 다리 위로 걸음을 옮겼다. 강물은 아주 검었다. 강물은 아래 쪽에서 냉기가 흘러나오는 눅눅하고 긴 혀 같았다. 안은 다리의 굽어진 곳을 지나 건너편에 거의 이르렀다. 바로 그때 이상한 소리가 들렸다. 그것은 마치 빨랫감을 돌에 부딪치는 소리, 어떤 것을 찰박찰박 두드리는 소리, 물이 철벅거리는 소리 그리고 빨래를 짤 때 나는 소리였다. 이 시간에 어느 여자가 빨래를 한단 말인가? 이런 어둠 속에서?

안은 망설였다. 물론 그녀는 어깨를 움츠리고, 계속 걸어 갈 수도 있었다. 하지만 그녀는 생각했다. 지금 겁을 내면, 앞으로 다시는 이곳을 지나가지 못하게 될 것이 아닌가? 그녀는 무슨 일인지 보려고 다리 난간으로 다가갔다. 일단은 아무것도 보이지 않았다. 그러나 아래쪽 벌판에 가벼운 빨래가 연기처럼 바람에 휘날리는 것이 보였다. 그리고 강가를 보니 어떤 사람의 형체가 뿌연 누더기를 비틀어 짜고 다시 물 속에 담갔다가 두드리고, 물이 뚝뚝 떨어지는 것을 건져서는 마치 빨랫줄에 걸어 말리려는 것처럼 우아한 몸놀림으로 공중으로 던졌다. 하얗고 기다란 여자가 빨래를 하느라 앉았다 일어섰다 하면서 팔을 내젓고 있었다. 갑자기 그 여자가 천천히 몸을 돌렸다. 안에게는 그녀가 안을 바라보는 것처럼 느껴졌다.

그때 안이 느꼈던 것은 설명할 수 없는 것이었다. 물론 무서웠다. 하지만 목구멍에서 뭔가 울컥 치밀어 올라왔다. 안은 여자에게서 눈을 뗄 수가 없었다. 여자도 바람에 흔들리듯이 흐느적대면서 안을 계속 바라보았다. 그녀는 안을 끌어 당기고 있었다. 안은 그녀가 있는 강둑으로 내려가면 행복할 것만 같았다. 하지만 그렇게 해서는 안 되었다. 왜 그런지는 안 자신도 알지 못했다. 안은 정신을 차리고 있는 힘껏 집을 향해 달렸다.

안은 부엌으로 들어가기 전에 멈추어 서서 태연한 척하며, 문을 살짝 열었다. 아버지가 매우 걱정스러운 얼굴을 한 채 서 있었다. 안이 먼저 말을 했다.

"아버지, 죄송해요. 늦었죠? 에트랑글르 세브르에 가 보았어요. 저는 그곳에 뭔가 특별한 것이 있는 줄 알았어요. 그런데 아무것도 없더라구요. 그래서 최대한 빨리 돌아온 거예요. 힘이 다 빠져 버렸어요."

그리고 나서 안은 마치 전쟁터에서 돌아온 군인처럼 한숨을 내쉬면서 의자에 걸터 앉았다. 아버지는 그저 놀라서 딸을 바라보고 있을 뿐이었다.

"이렇게 밤늦게 쏘다니고 돌아오는 것은 안 돼! 이제 스프나 먹어라."

아버지는 국자로 스프를 떠 주었다.

그릇을 거의 다 비웠을 때, 안은 말을 꺼냈다.

"아버지, 저기요. 조금 전에, 오래된 다리를 건너 오는데요. 강가에서 이상한 것을 봤어요."

안은 본 것을 이야기했다. 하지만 아까 목구멍에 뭔가 차올랐던 느낌이나, 강 둑으로 내려가고 싶었던 감정은 말하지 않았다. 아버지는 딸을 뚫어져라 바라보며 엄숙하게 이야기를 듣고 있었다. 마치 딸이 말하지 않는 부분을 짐작하고 있는 것 같았다. 그녀가 말을 마치자 아버지가 말했다.

"밤에 빨래하는 여자를 보았구나. 참 이상하다. 요즘은 보기 드문데……. 너에게 그런 여자가 보인 것이 아마 우연은 아닌 듯싶다."

"밤에 빨래하는 여자가 누구예요?"

"망령들이지. 죽은 여자들인데, 안식을 찾지 못한 거야. 그래서 강가를 헤매지. 그 여자들은 이승을 떠나지 못하고 있다고들 하지."

"그런데 왜 빨래를 하지요?"

"아무도 몰라. 그 여자들에게는 얽힌 전설들이 많아. 뭔가 크나큰 고통을 씻으려고 하는 것 같아. 자신들의 슬픔이 강물에 떠내려가기를 바라면서, 영혼을 빨아서 짜는 거지. 그 여자가 너한테 말을 하던? 안! 너한테 말을 하더냐?"

"아니요. 말은 하지 않았어요."

"그래, 맞아. 그 여자들은 말을 하지 않아. 그저 빨래만 하지. 안,

나하고 약속하자. 다시는 그 다리 근처에 가지 않는다고. 밤에는 절대로 안 간다고 말이야."

아버지는 몹시 걱정했다. 하지만 안은 아버지를 안심시키려고 대답을 할 때 이미 지키지 못할 약속을 하고 있음을 알았다.

"알았어요. 아버지. 노력할게요."

아버지는 안심한 것처럼 보였다.

"약속한 거다. 자, 그럼, 가서 자야지."

안은 잠들었다. 그리고 꿈을 꾸었다. 금빛이 반짝이는 거울 동굴 속이었다. 그녀 앞에는 어떤 여자가 연한 붉은 빛의 긴 머리를 빗고 있었다. 빗질을 할 때마다, 빛이 흩어지며 탁탁 소리를 냈다. 여자의 앞 머리는 휘날리며 안의 얼굴에까지 와 닿았다. 머리칼이 스칠 때면, 행복한 기운이 안의 목을 졸랐다. 여자는 말이 없었다. 얼굴도 없었다. 희미한 이목구비 위로 그저 미소가 감돌고 있을 뿐이었다. 하지만 안은 여자를 알고 있는 것 같았다. 손을 내밀어 그 여자를 만져 보고 싶었다. 그러나 여자는 멀리 있었다……

다음 날 안은 아주 상쾌한 기분으로 깨어났다. 하지만 만나야 할 사람을 만나지 못한 것 같은 느낌도 들었다.

며칠이 흘렀다. 다리에 다시 가지 않기로 약속한 것을 지키려고 애썼지만 강가에 그녀를 기다리는 사람이 있었다. 얼굴 없는 사람, 예전에 그녀가 사랑했던 사람, 위로가 필요한 어떤 사람이 그녀를 부르고 있었다.

그러던 어느 날 밤, 안은 아버지가 완전히 잠들기를 기다렸다. 안은 활과 단검은 놓아 두고 피리만 챙겼다. 그녀는 뒷문을 열고 밖으로 나갔다.

조용한 밤이었다. 안은 무서워하지 않고 빠른 걸음으로 걸었다.

잠시 후 그녀는 다리에 다다랐다. 이제는 친숙해진 그 소리가 들렸다. 물에서 건져 낸 덩어리에서 물 떨어지는 소리, 빨래를 짜는 소리가 들렸다. 안은 강 둑을 살펴 보았다. 여자가 있었다. 이번에는 빨래를 하는 것이 아니라 머리를 감고 있었다. 강물 위에 떠 있는 머리카락은 안개 보자기 같았다. 여자는 그것을 크게 돌려서 건졌다. 물방울이 떨어지는 머리카락을 손에 쥐고는 돌려 짰다. 안은 움직이지 않고 서 있었다. 그런 그녀를 바라보며 안은 마음 속으로 질문을 던졌다.

'내가 여기 있는 것을 모르나요? 왜 나를 보지 않나요?'

여자는 일어섰다. 몸을 길게 늘였다. 그리고는 다리 쪽을 향해 돌아섰다. 그녀의 지워진 얼굴은 미소로 떨렸다. 그녀는 눈길도 없었다. 안의 입술에서 어린 시절의 노래가 흘러 나왔다.

그녀들은 서로 마주 보았다. 여자는 사라져 갔다. 강물 위에는 또 다시 안개가 떠다녔다. 안은 무척 피곤했다. 그녀는 집으로 돌아와 깊은 잠에 빠졌다.

다음 날 안은 슬펐다. 아버지가 아침 식사 준비를 하는데 갑자기 안이 소리쳤다.

"아버지, 어젯밤에 엄마를 만났어요."

아버지는 말없이 듣고 있었다.

"엄마 얼굴을 얼마나 보고 싶었는데……. 어젯밤에, 아버지와 한 약속을 어기고 다리 위에 갔었어요. 내 마음이 엄마를 알아보았어요. 내 마음, 내 숨결, 내 입에서 나오는 말들이 말이에요. 그런데 여전히 엄마의 얼굴은 보지 못했어요, 엄마는 아주 가까이에 있었어요. 그리고 엄마는 가 버렸어요."

"너에게 아주 가까운 것처럼 보이지만, 엄마는 사실 아주 멀리 있단다. 인간이 단 한 번 밖에는 넘지 못하는 경계선 너머에. 그리고 너는 이쪽에 있지. 살아서 말이야."

"그러면 엄마는 어떻게 돼요?"

"걱정하지 마라. 엄마는 네가 엄마를 사랑한다는 것을 알고 있어. 저승의 문턱에 자꾸 가지 마라. 너는 이승에 살아야 한단다. 태양의 나라에 말이야."

한동안 안은 겉보기에는 아무런 생각도 하지 않고 지내는 것 같았다. 하지만 마음 속으로는 엄마가 영원히 저승의 포로로 있을 거란 사실을 받아들일 수가 없었다. 그녀가 기억할 수 없는 엄마의 얼굴이라도 보고 싶어 죽을 지경이었다. 더 이상 참을 수 없었던 안은 다시 뒷문으로 빠져 나갔다.

엄마가 그곳에 있을까? 다리 위에 가서 귀를 기울였다. 아무 소리도 들리지 않았다. 그런데 여자가 부드럽게 날아서 나타났다. 마치 키스를 보내는 듯이 손바닥을 펼쳐 '후우' 하고 한숨을 불어 날렸다. 그때 안은 무심결에 피리를 꺼내서 불었다. 안은 강물 위로 줄을 하나 던졌다. 그 줄이 여자의 몸에 감겼다. 손목에, 허리에 감겼다. 그때 안이 기대했던 일이 벌어졌다. 여자는 움직이기 시작했다.

"엄마를 저 저주받은 강에서 건져 이 세상으로 데려오고야 말 테야."

피리는 매우 아름다운 가락을 노래하였다. 여자는 있던 자리를 조금씩 조금씩 떠나, 강의 가장자리를 따라 쭉 끌려 왔다. 여자가 다리에 거의 다다랐을 때, 안은 뒤로 돌아서서 마을로 향하였다. 안은 천천히 걸었다. 그녀의 뒤에 희미한 형체가 딸려 왔다. 하지만 그것은 꽤 무거웠다.

"놓치면 안 돼."

안은 혼잣말로 다짐했다.

"안, 뒤돌아 보지도 말고, 피리도 멈추면 안 돼. 엄마가 다리 위에 올라왔을 때 당겨야 해, 당겨야 해. 엄마가 이쪽에 발을 들여 놓으면, 그때야 봐야지."

드디어 마을로 가는 길이 보였다. 안은 거의 도착했다. 한 발짝만 더, 한 발짝만 더······. 안은 잠시 숨을 돌렸다. 그렇게 해서는 안 된다는 것을 알면서도 어깨 너머로 살짝 눈길을 주었다.

망령이 사라지는 것이 보였다. 살짝 볼까 말까 했을 뿐인데 그렇게도 보고 싶던 얼굴이 사라졌다. 안은 혼자 남았다. 그녀의 입에서 피리가 떨어졌다.

그때 아버지의 단단한 두 팔이 그녀의 어깨를 감쌌다. 큼직한 손이 그녀를 안고는 머리를 쓰다듬었다. 안은 깊은 잠에 빠져 들었다.

한참 후 그녀가 의식을 찾았을 땐 신기하게도 몸이 가뿐하였다. 아침 식사는 맛있었다. 아버지는 그날 일하러 가지 않았다.

"우리 바람 쐬러 가요."

안이 제안했다.

"그러자꾸나."

아버지는 대답했다.

안은 허리에 피리를 찼다. 다리 입구에 도착하자 안은 갑자기 멈추어 섰다.

그녀는 너무나 놀라 얼어붙었다. 빨래터 가까이에, 여자가 머리를 흔들면서 털어 날리던 그 자리에, 아름다운 나무 한 그루가 서 있었다. 반짝이는 잎이 무성하게 달린 버드나무였다. 나뭇가지는 땅에까지 늘어지면서 강물에도 닿아 있어, 마치 머리카락이 강물 위에 떠 있는 것 같았다.

안은 아버지의 손을 놓고 다리 저편으로 달려갔다. 버드나무 가지를 헤치고, 그 눈부신 잎사귀 굴 속으로 들어갔다. 그녀는 오랫동안 나무 껍질에 뺨을 댄 채 나무 몸통을 껴안고 있었다. 그리고 나무에 등을 기대어 섰다. 바람이 나뭇가지를 흔들었다. 연한 붉은 빛이 그녀를 살짝 건드렸다. 안은 생각했다.

 '더 이상 이 강가에는 고통받는 영혼은 없을 거야. 더 이상 밤에 빨래하는 여자도 없을 거야. 엄마는 안식을 얻으셨어.'

늑대 인간

 방앗간 집 아들 장은 파리로 가서 많은 재산을 모았다. 그리고 리생 조르주 근방의 땅과 남작의 작위를 사고 영지의 관리를 소작인 중 한 사람인 위르셍에게 맡겼다. 사냥철이 되었다. 장은 영지에 돌아와 거들먹거리며 마차에서 내렸다.
 "그래, 위르셍, 별일 없었나?"
 털북숭이인 위르셍은 텁수룩한 머리칼과 콧수염 등 짐승 같아 보이는 면이 있었다. 하지만 짙은 눈썹 아래의 두 눈은 지혜롭게 빛나고 있었다.
 "그저 그렇습니다. 남작 나리."
 "성은?"
 "성은 말끔히 정돈되어 있습니다. 남작 나리."
 말끝마다 붙이는 '남작 나리'는 듣기에 좋았다. 남작은 거들먹거리며 계속 물었다.
 "그러면 소작인들은 어떤가?"

여기서 위르셍은 한번 부딪혀 보았다.

"사람들은 불만이 많습죠. 남작 나리. 나리께서 너무 인색하게 구신다굽쇼. 그들은 살기가 어렵습니다요."

남작은 귀를 막았다.

"위르셍, 자넨 내 기분을 망칠 셈인가? 개들이나 보러 가세."

남작은 사냥개 한 무리를 기르고 있었다. 그는 사업차 만나는 사람들, 파리 신사들, 외국 귀족들까지도 이곳으로 초대하곤 했다. 이 지체 높으신 양반들은 멧돼지나 여우 사냥을 했다. 그들이 사냥을 할 때면, 벌판이고 농토고 가리지 않고 마구 달렸다.

남작이 영지에 머무를 때였다. 그는 며칠 간 잠을 잘 수가 없었다. 무엇인가 알 수 없는 것 때문에 흥분한 사냥개 무리가 우리 안에서 목이 터져라 짖어대고 발톱으로 긁어댔다. 남작은 침대에서 나와 창가로 가 보았다. 아무것도 없었다. 그가 다시 침대에 눕자 소동은 더 심해졌다. 자정이 되자 소동은 절정에 달했다. 남작은 내려가 보기로 마음먹었다.

개 우리는 비어 있었다. 개들은 울타리를 넘어 벌판으로 달려가고 있었다. 개 짖는 소리는 숲과 벌판에 울려퍼지고, 주변 마을 사람들을 모두 깨워 놓았다. 새벽이 되자 개들은 마르고 탈진한 상태로, 코를 발 사이에 묻고는 성 앞에 돌아와 있었다. 사냥에 데리고 갈 수가 없었다. 주변 사람들은 눈이 반쯤 감기고, 눈 밑에 그림자가 생겨 있었다. 남작은 개 사육장을 책임지고 있는 위르셍을 불렀다.

"위르셍, 이대로는 안 되겠어. 개들이 미쳐 버렸어. 어떻게 된 일이야?"

위르셍은 투박한 손으로 모자만 만지작거리고 있었다.

"모르겠습니다요. 남작 나리. 아마도 도깨비를 보았나 봅니다요."

"자네 나를 바보로 아나? 웬 헛소리야! 개들이 배가 고프거나 달을 보고 흥분한 게지. 자네가 울타리를 잘못 닫았거나!"

그러고는 위르셍을 돌려보냈다.

얼마 후, 남작과 남작 부인이 지체 높은 손님들을 대동하고 왔을 때였다. 또다시 소동이 시작되었다. 개들은 묶인 줄을 끌어대면서 낑낑댔다. 그러고는 어떻게 줄을 끊었는지 알 수 없지만 소란스럽게 벌판으로 달려 나갔다. 남작이 바지를 입는 동안, 개들은 모두 빠져 나가 우리는 텅 비고, 개를 묶었던 사슬은 흩어져 있었다. 다음 날, 진흙투성이가 되어 돌아온 개들이 성문 앞에 힘이 빠져 혀를 빼물고 있었다.

화가 머리끝까지 난 남작은 위르셍을 불렀다.

"도저히 못 참겠어. 자네 설명 좀 해 보라고."

"저어, 남작님. 바보 사냥이 아닐까 싶은데요. 악마가 나쁜 놈들을 지옥으로 쓸어 넣는 그 사냥 말이에요. 개들이 그것 때문에 흥분해서……"

"날 놀리는 거야, 지금? 자넨 악마를 믿나? 믿어?"

"혹시 아나요?"

위르셍은 이렇게 말하며 눈을 내리깔았다.

"자네가 잘못해서 개들이 날뛰는 거야. 먹이를 잘못 주었다거나 마귀가 든 먹이를 주었다거나 아니면 우리에 구멍이 뚫렸다거나 말이야. 어쨌든 손님들이 간다는군. 사냥하긴 틀렸으니까. 자네가 알아서 어떻게 해 봐. 아니면 자넨 해고야."

위르셍을 그 자리에 세워 둔 채, 남작은 문을 쾅 닫아 버렸다. 현관으로 나가니 부인이 나와 있었다. 마차들이 대기하고 있었다. 현관 앞 계단에는 짐꾸러미가 가득했다. 손님들이 떠나는 것이었다.

"내 평판이 엉망이 되겠군."

남작은 투덜거렸다.

이번 일로 기분이 우울했던 남작 부인은 오후가 되자, 기운을 차리려고 산책을 나갔다. 그녀는 영지의 소작지 중 하나인 오데 마을을 향해 걸음을 옮겼다. 마을에는 한 소녀가 집 앞 문턱에 앉아 콩깍지를 까고 있었다.

"꼬마야, 너 아주 바빠 보이는구나. 혼자 있니?"

"네. 어머니는 외양간에 가고, 아버지는 밭에 나갔어요. 저도 어머니 아버지를 도와야 해요. 좀 쉬었다 가시려고요? 마실 것 좀 드릴까요?"

"좋지. 더 이상 못 걷겠구나."

아이는 부인에게 자리를 마련해 주고는 시원한 물을 길어왔다. 남작 부인은 그 맛있는 물로 편안하게 목을 축였다.

"아, 이렇게 쉬니 정말 좋구나. 우리는 한밤의 소동 때문에 신경이 날카로워져 있거든. 도저히 잠을 잘 수가 없어. 왜 개들이 짖어대는지 혹시 너는 아니?"

소녀의 눈에는 조롱하는 듯한 빛이 스쳤다.

"우리가 가죽을 쓰면 개들도 우리랑 함께 놀고 싶어서 그러는 거예요."

"가죽을 쓰다니? 그게 무슨 소리야?"

"보름달이 뜨면 벌판이 무척 아름답거든요. 그러면 우리는 가죽을 쓰고 구름과 함께 달려요. 그러면 다른 짐승들도 다 같이 달리고 싶어해요."

"아, 가엾어라. 너는 동화 속에 너무 빠져 있구나."

"기다려 보세요. 보여 드릴 테니 놀라지나 마세요. 무서우면 제 코를 치세요. 그러면 원래 모습으로 돌아오거든요."

그리고 나서 소녀는 광으로 올라갔다. 남작 부인은 움직이고 뒤지는 소리를 들었다. 이윽고 뭔가가 아주 빠른 걸음으로 가볍게 계단을 내려왔다. 남작 부인은 그것을 보자 머리끝이 주뼛 섰다. 코를 건드릴 시간도 없이, 부인은 비명을 지르고는 의자에서 떨어져 정신을 잃었다.

그녀가 방에서 깨어났을 때는 남편이 머리맡에서 내려다보고 있었다. 그녀는 소리쳤다.

"여보, 짐을 꾸려야겠어요. 오데에 짐승처럼 빛나는 눈과 날카로운 이빨을 가진 소녀가 있어요. 나는 파리로 가겠어요."

"진정해요, 여보, 진정해. 당신이 잘못 본 거야."

"한밤의 소란은 늑대 소녀, 늑대 인간, 그런 것들 때문이라고요!"

"당신 정신이 나갔군."

"나를 믿든지 말든지, 상관없어요. 난 더 이상 여기에 있지 않을 거라고요!"

그리고 그녀는 다음 날 짐을 싸서 가 버렸다. 남작은 혼자 남았다. 그는 다시 한번 관리인에게 묻기로 했다.

"위르셍, 내 아내가 그러는데, 오데에 늑대 인간들이 있다더군. 정말인가?"

위르셍은 콧수염 아래로 야릇한 미소를 지었다.

"늑대 인간요? 뭐 그럴 수도 있습죠. 그 동네는 살기 어렵고, 사람들은 가난하고 남작님은 너무나 인색하시고, 모든 것을 엉망으로 만들고, 사냥하신다면서 농작물들을 짓밟으시고, 악령들을 깨우시니……."

"헛소리 집어치워! 내가 이 총으로 그놈의 짓거리를 끝내 줄 테다."

"조심하십쇼. 늑대 인간은 총알을 무서워하지 않습니다요."

그로부터 몇 시간 후 자정이 되었을 때, 남작은 교차로에서 매복하고 있었다. 개들이 또다시 벌판으로 달려 나갔다. 멀리서 짖어대는 소리가 들려 오고 알 수 없는 짐승 한 무리가 다가왔다. 남작은 어둠 속에서 으르렁거리면서 등을 구부리고 네 발로 기어가는 한 무리를 보았다. 이 무리에서는 숨소리, 웃음소리, 낑낑대는 소리, 심지어는 야유까지도 터져 나왔다. 그는 엄청나게 큰 짐승이 그의 얼굴에다가 콧김을 뿜어대는 것을 느꼈다. 그는 어림잡아 총을 쏘았다. 그러자 상대방을 웃으면서 답했다.

"실패!"

그 목소리는 분명히 위르셍의 목소리였다. 남작의 손은 여전히 분노와 두려움으로 떨고 있는데, 무리는 어둠 속으로 사라졌다.

다음 날 남작은 관리인을 찾아갔다. 위르셍은 벌판에서 사람들이 쟁기질하는 것을 감독하고 있었다.

"위르셍, 어젯밤 내가 늑대를 쏘았어. 아니면 사람이었는지도 몰라. 가서 좀 알아봐."

"나리께서 짐승을 보셨습니까?"

"아니. 하지만 두고 봐. 톡톡히 대가를 치를 테니. 다음번엔 꼭 갚아 줄 테니까."

"그 짐승을 맞추려면 총알에 축성이라도 해야 할걸요."

"그렇군."

남작은 대답했다. 그러고는 이 사이로 중얼거렸다.

"잡고 말 테다. 이 마귀 같은 놈."

또다시 개들이 흥분해서 날뛰는 밤이 되자 남작은 조심스럽게 성을 나와서는 벌판 한구석에 숨어서 살폈다. 부드러운 바람은 광풍으로 바뀌고 하늘에는 구름이 빠르게 흘러갔다. 가끔 구름 속에서 나온 달이, 풀을 뜯고 있는 소들의 등을 비추었다. 개들은 전속력으로 달려갔다. 그리고 시끌벅적한 소리는 멀어져 갔다. 마침내 아무 소리도 들리지 않더니 이윽고 이웃 마을의 성당에서 자정을 알리는 종소리가 들려왔다. 구름이 달을 가리자 주위는 완전히 어둠 속에 잠겼다. 남작이 아무리 눈을 크게 떠도 아무것도 구별할 수 없었다. 모든 것이 뒤섞여 있었다. 갑자기 가축들이 날뛰는 모습을 본 것 같았다. 그러고는 불빛 하나가 울타리를 뛰어넘는 것을 보았다. 그 다음에는 두 번째 불빛이, 그러고는 세 번째 불빛이……. 불빛들이 떼를 지어 날뛰고 이리저리 돌아다녔다. 남작은 뒤를 돌아보았다. 불빛이 그의 등 뒤에 둥글게 모여 그를 노려보고 있는 것 같았다. 그는 등에서 식은땀이 흐르는 것을 느꼈다. 갑자기 으르렁거리는 소리가 들렸다. 검은 형체 한 무리가 그에게로 돌진해 왔다.

남작은 보았다.

덥수룩한 털에 위르생의 얼굴을 한 커다란 늑대 인간이었다.

남작은 총을 쏘았다. 소의 울음 소리가 밤하늘을 갈랐다. 같은 순간에 한 무리의 짐승이 그 위로 뛰어들고 남작을 땅 위에 굴렸다. 남작은 짐승의 발톱이 등을 할퀴고 숨이 턱까지 차는 것을 느꼈다. 그러고는 정신을 잃었다.

남작이 자신의 침대에서 깨어났을 때는 대낮이었다. 남작은 등과

목덜미를 만져보았다. 상처는 없었다. 아무런 고통도 느껴지지 않았다.

'하지만 꿈을 꾼 것은 아니었어.'

그는 생각했다.

"남작 나리."

익숙한 목소리가 들렸다.

"좀 나아지셨군요. 지난 밤, 소 한 마리를 죽이셨어요."

위르셍은 남작의 침대 옆 의자에 조용히 앉아서 그를 바라보고 있었다.

열은 며칠 동안 계속되었다. 남작은 헛소리를 했다. 그는 꿈속에서 위르셍의 늑대 눈을 보았다. 병상에서 일어난 남작은 이 지방을 떠났다. 성을 팔고 영지와 농장도 팔았다. 새로 온 주인은 위르셍을 계속 관리인으로 두었다. 그는 아무런 불만이 없었다.

이 지방에서 남작에 대한 이야기는 더 이상 들을 수 없었다.

늑대 인간에 대한 이야기도 없었다.

그저 기념으로 오데 마을은 늑대굴이라는 이름을 얻었을 뿐이다.

프랑시와 하얀 여인들

　프랑시는 나쁜 사람은 아니었다. 어린 조카들이 프르네로 놀러 오면 조카들을 위해 지갑을 하나씩 준비해 그 속에 동전을 넣어 두었다. 그리고 조카들이 돌아갈 때는 옷 사 입을 돈도 쥐어서 보내곤 했다. 그는 절대로 고약한 사람은 아니었다. 문제는 홀아비라는 데 있었다. 잔소리하는 아내가 없다 보니 술을 자주 마시게 되었다.
　그는 매주 장이 서는 뢰이 읍내에 가는데 헌 마차에 채소 몇 가지와 가금류 한두 마리를 싣고 가거나, 아니면 그저 할 일 없이 한 바퀴 돌아보려고 암말을 타고 갔다. 그 암말의 이름은 블롱디였다.
　그는 너무나 무료했다. 주변에 발랄한 일이라곤 없었고 기르는 짐승 몇 마리, 따로 살고 있는 누이 에스텔이 있을 뿐이었다. 해가 떨어지면, 프랑시는 아내가 없는 차가운 침대에 들어가거나 읍내에 있는 술집에 가서 밤늦게 만취한 채 돌아오곤 했다.
　블롱디를 타고 집으로 돌아오던 어느 안개 낀 밤, 그날따라 그는 묘지가 있는 디우 쪽으로 돌아서 오고 싶은 생각이 들었다.

'어디 조상님들이 계신 곳에나 한번 들러 볼까?'

프랑시는 이윽고 묘지의 철책을 밀었다. 이 이상한 세상을 한 바퀴 둘러보기 위해 그는 왼편 오솔길로 들어섰다.

"여기는 구리슈가 있군. 하, 얼마나 춤을 잘 추었던지! 그리고 여기는, 베이노가 있군. 베이노는 장터에 자기가 키운 가축을 몰고 나왔지. 붉은 머리에다가 참 뚱뚱했지! 아, 여기 있군. 내 마누라. 불쌍한 사람, 별로 예쁘진 않았지만……."

그는 모래에 심어진 회양목을 똑바로 세워 주며 말했다.

프랑시는 이렇게 아는 사람에게 모두 한 마디씩 해 주고는 떡갈나무 한 그루가 서 있는 빈터로 나왔다. 여기는 무덤의 여러 오솔길들이 교차하는 곳이다.[1] 여기서 그는 뭔가를 보고는 얼이 빠져 버렸다. 희뿌연 여자 세 명이 브랑를[2] 추고 있었던 것이다. 안개같이 희미한 다리로 뛰어 오르면서 춤추는 그들의 자태는 낯익었다.

'내가 아는 사람들 같은데, 내가 젊은 시절에 만나던 여자들이 분명해!'

갑자기 젊은 시절, 여자들과 어울리던 때로 돌아간 것 같았다. 프랑시는 늘 쓰고 다니는 챙 넓은 모자를 벗어 땅바닥을 쓸면서 말했다.

"숙녀 여러분, 카레[3] 춤을 추기에는 한 명이 모자라는 것 같군요!"

여자들이 좋다고 머리를 끄덕인 것 같았다. 그는 젊은 시절에 그랬던 것처럼 손을 잡고 둥근 원을 만들고 발끝을 찍고 앞으로 갔다 뒤로 갔다 하면서 춤을 추기 시작했다. 하지만 그리 오래 추지는 못했다. 잔뜩 취한 데다가, 이제는 너무 늙었던 것이다. 안개 같은 여자들은 계속해서 춤을 추고, 그녀들의 옷자락은 리듬에 맞춰 흔들렸다. 프랑시는 숨을 고르면서 그 모습을 바라보고 있었다. 그러다 갑자기 한 가지 생각이 떠올랐다. 그는 제일 가까이 있는 여자의 팔을 잡으면서 말했다.

"부탁 하나 할까? 저기 내 말이 있는데……."

그는 모자를 휘둘러 묘지 입구 쪽을 가리키며, 한껏 힘을 준 목소리로 말했다.

여자는 나머지 두 명과 떨어져, 무게가 느껴지지 않는 손을 프랑시의 팔 위에 얹고는 그의 옆에서 가볍게 발걸음을 옮기기 시작했다. 묘지 문이 삐걱 하고 열렸다 닫혔다. 묘지의 담 밑에서는 블롱디가 졸고 있었다. 프랑시는 여자가 말 등에 오르도록 받쳐 주었다. 여자는 가볍게 말에 올라 우아하게 앉았다. 말은 여자가 탄 것을 느끼지도 못하는 것 같았다. 따각따각 발굽 소리를 내면서 블롱디는 옆에 서서 걸어가는 주인이 고삐를 끄는 대로 집으로 향했다. 마당에 들어서자, 여자는 아주 가볍게 말에서 내렸다. 블롱디는 마구간으로 들어갔다. 프랑시는 한참 호주머니 속을 뒤진 후에야 열쇠를 찾아냈다. 그리고 여자를 뒤에 거느리고 방으로 들어갔다. 그는 옷을 벗자마자, 침대 위에 쓰러져 깊은 잠 속에 빠져 버렸다.

새벽에 그는 뼛속까지 스며드는 추위 때문에 잠에서 깼다. 이 엄청난 냉기는 바로 옆에서 오는 것이었다. 아내인 루이즈가 생전에 자던 바로 그 자리였다. 그는 이렇게 차가운 것이 무엇인가 손으로 더듬어 만져 보았다. 침대에 눅눅한 부분이 있었다. 전날 마신 술 때문에 머리가 깨지도록 아픈데도 불구하고 그는 번쩍 일어났다. 그 자리를 보자 머리카락이 쭈뼛 일어섰다. 이불이 길게 부풀어 마치 수의가 시체를 덮고 있는 듯하였다. 얼굴이 있을 자리에는 움푹 파인 부분이 있어 시체가 숨을 쉬고 있는 것 같았다. 프랑시는 우물

쭈물하지 않았다. 그는 바로 침대에서 뛰어내려 나막신을 신었다. 그러고는 잠옷 바람으로 누이 에스텔의 집으로 달려가서 문을 쾅쾅 두드려 댔다.

"나야, 나! 프랑시야. 내가 귀신이랑 잤다고. 귀신이 아직 내 침대에 있어!"

하지만 에스텔은 술취한 오빠의 헛소리를 듣는 데는 신물이 나 있었다. 게다가 꼭두새벽에 일어나고 싶은 생각도 없었다.

"그럼, 신부님이나 찾아가 봐. 그런 일은 신부님한테 가야지."

프랑시는 디우까지 셔츠를 바람에 날리며 벌판을 가로질러 한 걸음에 달렸다. 물론 묘지는 지나지 않도록 조심하면서! 사제관의 문을 두드렸다. 가쁜 숨을 몰아쉬며, 추위와 공포로 벌벌 떨면서 문이 열리기를 기다렸다. 드디어 사제관 문이 조금 열리더니 신부가 코를 내밀었다.

"무슨 일인가, 프랑시? 이 시간이 신자가 올 시간인가? 아침 미사를 드리기에는 아직 이른데. 도대체 무슨 일로 왔지?

"죄송합니다. 신부님. 저 있잖아요, 루이즈가 죽은 뒤로 제 침대는 차가웠지요. 그런데 지금은 더 차가워요……."

그는 뒤죽박죽 장황하게 얘기를 늘어놓기 시작했다. 그러자 신부는 한순간에 알아들었다는 듯이, 자신도 잠옷 차림이니 일단 안으로 들어오라고 했다.

"내가 이야기해도 되겠나, 프랑시? 한마디로 자네는 취했어! 아직도 술이 덜 깬 거야. 자네 지금 귀가 멍하고 눈앞이 빙빙 돌지? 술을 너무 마신 거라고. 자, 이제 그만 집으로 돌아가게. 가 봐야 아무도 없을 테니까. 이제 그 술이나 당장 끊어."

"싫어요! 절대로 집엔 안 가요. 귀신이 있단 말이에요!"

"좋아, 그럼 날 따라 오게."

신부는 어떻게 할지 설명해 주었다. 그러고는 이렇게 충고를 했다.

"어쨌든 우리 둘 다 다시 자기는 틀린 것 같네. 아침 미사나 드리러 가세. 자네는 속죄하러 날 따라오게나."

신부는 프랑시에게 바지와 조끼를 한 벌 내주었다. 그러고는 겁에 질린 신자를 데리고 종탑이 비스듬히 기울어져 있는 작은 성당으로 갔다.

프랑시는 그날 하루 종일 집에 돌아가지 않았다. 미사 준비를 돕고 성찬에 쓰는 그릇을 나르고 성당 바닥을 쓸었다. 그리고 찢어지는 소리를 내는 오르간의 먼지를 털었다. 그는 밤이 되어서야 집으로 돌아갔다. 전날 밤의 그 호기는 온데간데없었다. 그는 조심스레 자기 집 문을 두드렸다. 그러고는 문을 살짝 열고 문지방에서부터 자기가 왔음을 알리는 몸짓을 하면서, 집 안에 있는 누군가에게 이렇게 말했다.

"부인, 제가 부인을 댁으로 다시 모셔다 드려도 되겠습니까?"

그 말을 하자마자, 춤추는 유령은 연기 같은 몸으로 문을 미끄러지듯이 빠져 나갔다. 프르네에서 디우까지는 굳이 말을 타고 가지 않아도 될 정도의 거리였다. 하지만 프랑시는 누군가와 함께 가고 싶었다. 암말의 크고 따뜻한 몸이 함께였으면 했다. 팔이 떨리는 것을 억지로 참으면서 그는 유령에게 팔을 내밀었다. 유령 여인은 그의 팔 위에 손을 얹고는 말 위에 올라탔다. 그들은 묘지로 향했다.

자정이었다. 프랑시는 묘지의 철문을 밀고 들어갔다. 커다란 떡갈나무 아래에서 희뿌연 여인들이 말없이 우아하게 흔들리고 있었다. 프랑시는 연기 같은 손가락을 잡고 있던 여인을 그녀의 동료들이 있는 곳으로 살짝 밀면서 손을 놓았다. 그녀는 자기 자리로 돌아가고, 유령 셋은 다시 함께 춤을 추기 시작했다.

프랑시는 깊숙이 허리를 숙여 절을 하면서 중얼거렸다.

"잘들 있으시오, 부인들."

그러고는 서둘러 그 자리를 빠져 나왔다.

블롱디와 그는 평소보다 민첩하게 움직여서 프르네로 돌아왔다. 그날 밤 프랑시는 자기 방에서 자지 않고, 암말과 함께 마구간에서 잤다. 말은 그를 따뜻하게 지켜 주었다.

그는 더 이상 술집에 가지 않았다. 장날 한두 잔 마시러 가는 것 말고는 말이다. 그리고 매일 저녁 해가 지기 무섭게 집으로 돌아갔다!

●── 주

1 떡갈나무, 교차로 등은 종종 삶과 죽음이 만나는 문이 있는 곳으로 표현된다.
2 베리 지방의 전통춤. 리듬감이 풍부하고 펄쩍펄쩍 힘있게 추는 춤.
3 부레 춤의 하나. 부레는 프랑스의 베리 지방과 오베르뉴 지방에서 추는 전통 춤인데 베리 지방에서는 오베르뉴와는 달리, 소리를 지르거나 손가락 꺾는 소리 등을 내지 않고 부드럽게 리듬을 타며 춘다. 부레카레는 네 명이 춘다.

●──── 중남부 내륙.

붉은 산의 거인

 방앗간 주인 투아누는 아침 일찍 길을 나섰다. 그는 축축하게 젖은 길을 침울한 기분으로 걷고 있었다. 지난 밤, 그의 열네 번째 아이가 태어났기 때문이다. 하지만 그가 우울한 것은 아이가 새로 태어났기 때문이 아니었다. 아이는 한 명 더 있으나 덜 있으나 큰 차이가 없었다. 어차피 다 맞추어 가며 살게 마련이기 때문이다. 어린 것들은 다, 산나무 열매를 먹고 큰 바람을 맞으며 크는 것이라고 생각하고 있었다. 그의 장성한 아들들은 벌써 방앗간 일을 능숙하게 하는 듬직한 일꾼이 되어 있지 않은가 말이다. 그의 근심거리는 이 새로 태어난 아기의 대부가 되어 줄 사람을 찾는 일이었다. 아이가 세례받지 않은 채 자라도록 둘 수는 없는 일이기 때문이다. 그래서 그는 멀리까지 가서 아이의 대부가 될 사람을 찾기로 한 것이다.
 그가 집을 떠나 두어 시간 가량 걸었을 때, 흰 여우 한 마리를 만났다.
 "방앗간 주인 양반, 어디 가시나?"

●──프랑스 민담

여우는 허물없이 물었다.

"내 아들놈 대부를 찾으러 간다네. 자네라도 찾아 줄 수 있었으면 얼마나 좋겠나?"

"그거야 무슨 문제가 되겠나. 내가 대부가 되어 주지. 단 한 가지 조건이 있어. 자네 아들이 스무 살이 되면 그 아이를 내게 보내게. 나는 저 붉은 산에서 기다리고 있겠네."

"그 붉은 산이 어디 있는지 내가 어떻게 아나? 나는 둥그런 산, 비비 꼬인 산, 검은 산, 푸른 산은 알지만 붉은 산은 몰라. 오베르뉴 지방에서 그런 산은 본 적이 없다고."

"그냥 그 아이에게 해가 뜨는 쪽으로 걸어가라고만 말하게."

거래는 성사되었다. 아이는 세례를 받았고, 여우는 붉은 산으로 가 버렸다.

여우를 대부로 둔 아이가 스무 살이 되었다. 영리하고 건강하며 잘생긴 그의 이름은 장이었다. 그리고 장은 이제 붉은 산을 향해 떠나게 되었다.

그는 붉은 산이 어떤지 궁금하였고, 어렸을 적부터 수없이 많이 이야기를 들어 온 흰 여우가 어떤지 궁금하였다. 사흘 밤낮을 걷고 산 아홉 개를 넘고 숲 아홉 개를 지나 강 아홉 줄기를 건너, 마침내 모든 것이 붉은 고장에 도착했다. 하늘도 붉었고 나무들도 붉었고 땅도 돌도 벌판도 붉었다. 나즈막한 언덕 위에 있는 붉은 성을 찾기란 어렵지 않았다.

성벽 둘레에 있는 외호에 다다르자, 그의 앞에는 거대한 황갈색 개가 세 마리 나타났다. 오! 그러나 개들은 전혀 사납지가 않았다. 짖지도 않았고 으르렁대지도 않았다. 마치 그가 그들의 주인인 양 따라왔다.

장은 성문을 두드렸다. 한 아가씨가 문을 열어 주었다. 이 아가씨는 전혀 예쁘지도 않고 우아하지도 않았다. 그녀는 붉은 머리에다가 주근깨가 있어서 보기에 딱할 정도였다.

"내 대부를 만나러 왔소. 내 이름은 장이고 오늘로 스무 살이 되었소."

"흠, 당신이 장이로군요. 안됐군요."

그러고는 그의 앞에서 문을 도로 닫아 버렸다.

자기를 이렇게 맞으니 장이 기분 좋을 리가 없었다. 하지만 다른 방도가 없어 계속 성문 앞에 앉아서 기다리기로 했다. 한참을 기다리다 졸려서 잠이 들려고 할 무렵, 다른 아가씨가 문을 열었다. 이 아가씨는 꼽추에다가 다리를 절며 눈썹까지 붉었다. 지난 번 아가씨보다도 더 못생겼다고 할 수 있었다.

장이 일어서서 허리를 굽혀 정중하게 말했다.

"내 대부를 만나러 왔습니다. 오늘로 스무 살이 되었습니다."

"아, 그래요? 축하해요."

그녀는 짓궂은 웃음을 흘리며 뒤돌아 가 버렸다. 그러고는 더 이상 아무 일도 없었다.

장이 일이 아주 잘못 되어 가고 있다고 생각했다. 그때 세 번째 아가씨가 다가왔다. 장은 놀라서 입을 다물지 못했다. 그녀는 무척 아름다웠다. 봄날의 하늘처럼 어찌나 부드럽고 우아한지 그동안 여행에서 쌓인 피로와 모든 근심 걱정을 말끔히 씻어 주었다. 그녀는 맑은 눈으로 그를 바라보며 말했다.

"무슨 일이시지요?"

"저는 장이라고 합니다. 이제 스무 살이 되어서, 약속한 대로 저의 대부님을 뵈러 왔습니다."

"제 이름은 오로르예요."

아가씨는 말했다.

그녀는 장을 커다란 방으로 안내했다. 벽에는 황금실로 짠 태피스트리가 걸리고, 값비싼 가구들이 가득 차 있는 방이었다. 그리고 그녀는 먹을 것과 마실 것을 가져왔다. 사흘 동안 아무것도 먹지 못했던 장은 음식이 무척 반가웠다.

장이 식사를 마치자 무시무시하게 생긴 거인이 나타났다. 그는 붉은 턱수염을 잡아당기며 으르렁대듯이 말했다.

"이봐, 방앗간집 아들! 드디어 왔군! 내가 바로 네 대부다. 때로는 여우, 때로는 거인. 맘 내키는 대로 변하지. 우리 집에서는 일하는 만큼 먹는다. 알겠나?"

이렇게 말하고는 장을 마구간으로 보내서 말들에게 먹이 주는 일을 시켰다. 그 일은 너무나 힘들어서, 장은 일을 끝내고는 잠자리로 주어진 짚단 위에 쓰러져 잠들어 버렸다.

다음 날 아침 붉은 성 위로 해가 뜨기가 무섭게, 거인은 장을 찾았다.

"이 톱과 도끼를 가지고, 강을 따라 내려가서 그곳에 있는 내 숲의 나무를 밤이 되기 전에 모두 베라."

거인의 숲은 넓었고, 그곳에 있는 붉은 나무들은 거인처럼 컸다. 장은 자신이 힘이 세고 용감하긴 하지만, 그 일을 다 할 수 없을 것이라는 생각이 들었다. 그는 나무 그루터기에 걸터앉아 슬퍼하기 시작했다. 그의 아버지는 아들에게 정말로 불리한 거래를 한 것이다. 이렇게 장이 자신의 운명을 한탄하고 있는 와중에 점심 때가 되자 오로르가 점심 바구니를 들고 그에게로 다가오는 것이 보였다.

"장, 이거 먹어요."

그녀는 부드럽게 말했다.

"그리고 아무것도 하지 않아도 돼요."

그러곤 오로르는 도끼와 톱을 들었다. 그러자 기적이 일어났다. 도끼질 열 번, 톱질 열 번에 모든 나무가 잘라지고 단으로 묶여 차곡차곡 쌓였다. 장은 깜짝 놀랐다.

그러나 더 놀란 사람은 다름 아닌 거인이었다. 거인은 장이 일한 것을 점검하러 와서는 깜짝 놀랐다.

"이럴 수가!"

그는 웅얼거렸다.

"오늘은 이대로 지내고, 내일 보자."

다음날 장에게 주어진 일도 결코 가엾은 장이 해낼 만한 일이 아니리라는 것은 짐작할 수 있을 것이다.

"이 버들 광주리와 체를 가지고 강으로 내려가라. 그리고 밤이 되기 전까지 그곳을 치워라."

방앗간집 아들은 광주리와 체를 들고 강으로 갔다. 그러고는 붉은 돌 사이를 피처럼 흐르는 강물을 바라보며 앉아, 한없이 울고 있었다. 점심때가 되자 아름다운 오로르가 전날처럼 점심을 가지고 왔다. 그러고는 전날처럼 그가 점심을 먹는 동안 불가능한 일을 해치워 버렸다. 장이 눈물을 닦을 틈조차도 없었다.

거인은 소리를 질렀다.

"이럴 수가! 오늘은 지나가지만, 내일 보자."

다음날 대부가 생각해 낸 일은 상상을 초월하는 것이었다. 그는 장에게 모자 한 개와 냄비 한 개를 주었다. 그러고는 붉은 성에서 10리 떨어진 곳에 유리 산이 있는데, 그 산 꼭대기에 말똥가리 둥지가 있으니 그 속에서 붉은 알을 꺼내 오라고 했다. 장은 이렇게 탄

● ──프랑스 민담

식했다.

"아, 아름다운 오로르가 나를 도와주지 않는다면 이번에는 정말 끝장이다."

그러나 오로르는 자신의 친구를 위험 속에 내버려 두는 그런 사람이 아니었다. 점심때가 되자, 그녀는 장을 찾아 유리 산 기슭에 왔다.

"이번에는 정말 용기를 내야 하고, 전적으로 내가 시키는 대로 해야 해요. 나한테 그러겠다고 약속해 줘요."

장으로서는 이렇게 아름답고 우아한 사람에게 약속하지 못할 것이 없을 것 같았다. 그는 그렇게 하겠다고 했다.

"냄비에 물을 끓이세요. 내가 옷을 벗을 테니, 당신은 내 몸을 토막 내서 익히세요. 그러고는 뼈를 한 개도 빼놓지 말고 모아서 모자에 담으세요. 유리산을 오를 때, 뼈를 사다리 살처럼 놓고 밟고 올라가세요. 그러면 오를 수 있을 거예요. 돌아와서는 다시 냄비 속에 뼈를 넣으세요. 자, 어서 하세요. 어서요."

장은 너무나 놀랐다. 하지만 벌써 약속을 한 데다가 오로르의 목소리가 밝고 단호하였기 때문에 그는 시키는 대로 하였다.

그는 일을 빨리 마쳤다. 하지만 산에서 내려올 때 서두르느라 아름다운 오로르의 귀여운 새끼 발가락에 있던 작은 뼈 한 개를 잊고 왔다. 그가 뼈들을 다시 끓는 냄비에 넣자 다시 눈부시게 아름다운 오로르가 나타났다. 오로르는 이전보다 더 아름다워서, 장은 그녀의 발가락이 조금 잘못된 것은 대수롭지 않게 느껴졌다. 이 세상의 모든 추한 것들을 이렇게 끓여서 아름다운 것으로 바꾸어 놓을 수 있다면 좋을 텐데!

거인이 말했다.

"이럴 수가! 너는 내가 생각한 것보다 능력이 있구나. 좋다. 네가 수고한 대가로, 나의 세 딸 중 한 명을 너에게 아내로 주마."

이것은 정말로 장에게는 좋은 소식이었다. 거인과 장의 의도가 서로 다르지 않았더라면 말이다. 장이 누구를 생각하였을지는 짐작이 가는 일이다. 그러나 그의 대부는 따로 음모를 꾸미고 있었다. 그의 음흉한 계획은 곧 드러났다. 그는 세 딸을 어두운 방에 가두고는 누군지 구별할 수 없는 상황에서 장에게 들어가 선택을 하라는 것이었다. 거인은 장이 붉은 머리 못난이 두 명 중 하나를 고를 거라고 생각했다.

그렇지만 장은 아가씨들의 발만 만져 보았다. 그는 유리 산에서 오로르의 예쁜 발가락 뼈를 잊어버리고 온 일을 떠올렸던 것이다. 그리고 어두운 방에서 오로르의 손을 잡고 나왔다.

붉은 수염을 늘어뜨린 거인은 분노에 몸을 떨었다. 방앗간 집 아들 장과 아름다운 오로르는 가장 잘 달리는 말을 골라 타고, 해가 지는 쪽으로 달려갔다. 그들은 뒤도 돌아보지 않고, 마르제리드의 푸른 고장으로 들어섰다. 그곳에서 바로 결혼식을 올렸다. 그 결혼식에는 거인도, 흰 여우도, 붉은 옷도 보이지 않았다.

금빛 머리의 미녀

마리는 어릴 적부터 알고 있었다. '산에 안개가 자욱한 날엔 집에 있어야 한다!'라는 사실을 말이다. 그러나 화로에 땔 땔감이 필요했다. 마리는 아들 여섯과 함께 집에 남아 있었다. 남편 페이르는 이웃 마을에 품을 팔러 가고 없었다. 그녀는 나뭇가지를 줍는 동안, 새로 태어날 아기에 대해 측은하게 생각하고 있었다. 순진무구한 그 아기는 세상에 나오려고 서두르고 있는 듯했다.

"좀 천천히 나와라, 아가야."

마리는 속삭였다.

"지금 네가 있는 곳이 훨씬 낫단다. 그렇게 빨리 나오려고 하지 마라!"

그녀는 숨을 고르려고 돌부리에 걸터앉았다. 그러고는 아직 태어나지 않은 아기에게 말을 계속하고 있었다.

그때였다. 그녀는 숲의 나무들 사이에서 키가 제일 큰 나무보다도 더 큰 그림자가 나타나는 걸 보았다. 그것은 거인이었다. 이렇게 산이 넓고 골짜기가 깊은 곳에 거인이 사는 것은 드문 일이 아니었다. 원래 산은 거인들의 체격에 맞는 땅이니까.

게다가 마리는 그다지 놀라지도 않았다. 거인의 발자국이 난 곳보다는 차라리 번개가 떨어지는 길을 지나가는 편이 낫다는 것은 알고 있었지만 그녀는 두려움을 표시하는 어떤 몸짓도 하지 않았다. 사람은 살기가 너무나 어려울 때는 겁도 없어지는 법이다. 게다가 그 거인은 선량해 보였다. 그는 목소리를 낮추려고 애를 쓰며 말했다.

"자, 마리. 난 네 걱정을 알고 있어. 내가 널 도울 수 있는데, 도와줄까? 너에게서 여자 아이가 태어날 거야. 너무나 예뻐서 우리 거인 역사 상, 그런 미모는 이 세상에서 본 적이 없을 정도로 말이야. 그 아이의 머리칼은 금빛일 거야. 그 아이를 나에게 줘. 네가 데리고 있으면 그 아이는 가난 때문에 금방 굶어 죽게 될 거야. 너도 알잖아."

그것은 마리가 받아들이기에는 아주 고통스러운 제안이었다. 그러나 그녀는 오래 망설이지 않았다. 그녀는 자신의 마음이 새로 태어날 아기에 대한 애정으로 가득 차 있다 하더라도, 단지 사랑만으로는 아기를 키울 수 없다는 사실을 누구보다 잘 알고 있었다. 때문에 그녀는 제안을 받아들였다.

시간이 흘러 거인이 말한 대로 금빛 머리칼을 가진 예쁜 아기가 태어나자, 마리는 거인에게 그 아기를 주었다. 이 거인은 세상의 재물을 다 가진 부자였기에 여자 아이는 그 많은 보물에 둘러싸여 공주처럼 키워질 수 있었다. 하지만 거인은 질투심이 호랑이처럼 강해서, 아무도 이 예쁜 아가씨에게 접근을 못하도록 자신의 성에서 가장 높은 탑 속에 아가씨를 가두어 놓았다.

거인은 매일 아침 아가씨를 보러 갔다. 그러고는 자신의 손으로 황금빛 머리를 직접 빗겨 주었다. 그리고 혹여나 그녀의 아름다운 황금빛 머리카락이 없어지지나 않았는지 보려고 매일 아침 머리카락을 한 올씩 세어보았다. 때문에 매일 아침 이 예쁜 아가씨는 혹시 거인이 잘못 세거나, 아니면 다른 이유로 머리카락이 한 올이라도 모자랄까 봐 걱정하였다.

상황이 이 정도이니 그녀가 얼마나 불행했을지는 짐작할 수 있는 일이다. 그녀는 이 감옥과 같은 곳에서 탈출할 궁리만 하고 있었다. 그녀는 차라리 가난한 사람이었으면 좋겠다고 생각했다. 그것도 가장 가난한 사람 말이다. 그렇게 해서라도 자유롭게 달리고, 노래하고, 웃고, 꽃밭과 폭포수 사이를 누비고 다닐 수만 있다면 좋겠다고 생각했다.

거인이 아무리 힘이 세다 해도 모든 것을 다 마음대로 할 수는 없었다. 이 거인이 아무리 막아도 그의 성에 갇힌 아름다운 아가씨의 이야기가 퍼져 나가는 것을 막을 수는 없었던 것이다. 오베르뉴 지방의 눈이 녹아내려 흘러가는 곳 저 멀리에서까지도 황금빛 머리칼을 가진 아가씨와 그녀의 빼어난 미모에 대한 이야기가 사람들 입에 오르내렸다. 이렇게 해서 이 이야기는 기요메의 귀에까지 흘러 들어갔다. 그는 가진 것이라고는 대담함과 순진한 마음뿐인 젊은 사냥꾼이었다.

이 소문에 매료된 그는 탑 속에 갇힌 그녀를 구하기 위해 길을 떠났다. 험하고 괴로운 여정을 거쳐 거인이 미녀를 가두어 둔 탑 아래까지 도착할 수 있었다. 그가 탑 위를 올려다보자 미녀가 새들과 이야기를 하려고 창가에 나와 있었다. 누구에게도 자신의 고통을 이야기할 수 없었던 그녀는 매일 새들과 이야기를 나누고 있었던 것이다. 기요메는 이곳에 오기 전부터 이야기를 듣는 것만으로 이미 그녀를 사랑하고 있었지만, 그녀를 보는 순간 정신을 잃을 뻔하였다.

"아름다운 아가씨, 나에게 당신 머리카락 한 개만 주시오. 아니면 난 이 자리에서 죽어 버리겠소."

"죽지 마세요, 제발."

그녀는 머리카락 한 개를 주었다.

다음 날 아침 머리카락 한 개가 없어진 것을 알아차린 거인이 어떤 난리법석을 떨었을지는 상상이 가는 일이다. 그의 분노가 얼마나 컸던지 탑을 쌓은 돌들이 흔들릴 정도였다.

"다시 이런 일이 생기면 크게 후회하게 될 줄 알아!"

저녁이 되자 사냥꾼이 다시 찾아왔다.

"아름다운 아가씨, 나에게 머리카락 한 올만 더 주시오, 아니면 난 죽어 버리겠소."

이 젊은이의 말은 예의바르고 용감하기까지 했다. 아름다운 아가씨는 서서히 마음이 흔들렸다. 그녀는 그의 청을 거절하지 못하고 다시 머리카락을 떨어뜨려 주었다.

두 번째로 머리카락이 없어진 걸 안 거인은 더욱 화를 냈고 이번에는 성 전체의 돌들이 흔들렸다.

"이런 일이 또 생기는 날엔 내 분노가 어떤 것인지 다시는 잊지 않게 해 줄 테다!"

거인은 소리쳤다.

그리고 성 주변에서 망을 보기로 결심했다. 그러나 사냥꾼은 꾀가 많았고 사랑에 빠져 있었다. 그래서 저절로 생각이 떠올랐다. 거인의 감시를 피할 방법을 찾아내 아가씨에게 접근하여 부탁했다.

"아름다운 아가씨, 머리카락 한 올만 더 주시오, 아니면 난 죽어 버리겠소."

"아! 차라리 우리 함께 죽어요."

아가씨는 겁 없이 세 번째 머리카락을 던져 주면서 말했다.

또 머리카락이 없어진 것을 안 거인은 도저히 참을 수가 없었다. 거인의 분노가 어찌나 큰지 온 나라가 뒤흔들릴 정도여서, 잠자던 화산이 갑자기 폭발하기라도 한 것 같았다. 그는 미녀가 어떤 말상대를 만난 것이 확실하다고 생각했다. 그는 머리카락 도둑을 반드시 잡을 것이라고 다짐했다. 그리고 그자를 죽이든지 아니면 미녀를 죽일 것이라고 결심했다.

그러나 그날 저녁 사냥꾼은 사랑의 힘이 거인의 힘보다 더 강하다는 것을 보여 주었다. 분노한 거인이 질투심에 가득 차서 그 일대를 수색하고 있는 동안에 사냥꾼이 다시 탑 아래로 찾아왔다.

"아름다운 아가씨, 나한테 머리카락 천 개만 주시오. 아니면 난 죽어 버리겠소!"

그러자 미녀는 창문에서 펄쩍 뛰어내렸다. 아가씨는 오랜 시간 탑에서 생활하며 새들에게서 나는 비법을 배워 두어서 젊은 사냥꾼의 팔에 가볍게 내려앉을 수 있었다. 젊은이는 그녀를 자신의 말에 태웠다. 순간 그들을 발견한 거인이 미친 듯이 화를 내며 거대한 말에 올라타고 사냥꾼과 아가씨를 추격했다. 그리고 곧 그들을 거의 잡을 만큼 따라왔다. 젊은 사냥꾼의 용기는 이제 별로 힘이 되지 못했다. 그때 아가씨가 자신의 머리카락을 한 개 뽑아서 등 뒤로 던졌다. 그러자 땅이 갈라지고 깊고 어두운 골짜기가 거인 앞에 나타났다. 그러나 거인의 말은 몸집이 컸다. 그의 말이 너댓 걸음 내딛자 골짜기를 넘을 수 있었다.

다시 아가씨는 머리카락 한 개를 뽑아서 등 뒤로 던졌다. 그러자 마치 산의 모든 눈이 흘러내린 듯이 깊고 하얀 강이 거인 앞에 나타났다. 그러나 이것도 거인을 막기에는 충분하지 않았다. 그는 급하게 흐르는 물 속으로 말을 타고 뛰어들어 부근의 벌판과 숲에 물을 튀기면서 미친 듯이 강을 건넜다.

그러자 절망한 아가씨는 세 번째 황금 머리카락을 뽑아서 등 뒤로 던졌다. 그러자 거인 앞에 커다란 불기둥이 치솟았다. 그 불길은 너무도 넓고 또 높아서 단숨에 거인과 그의 거대한 말 그리고 그의 질투심까지 삼켜 버렸다.

기요메와 미녀는 저녁 햇살이 부드러운 색깔로 물들이는 숲이 끝나는 곳에서 말을 멈추어 세웠다. 그곳에서 한 노파가 마른 나뭇가지를 줍고 있다가 그들을 보자 미소를 지었다.

제 꾀에 속은 악마

그날은 전에 본 일이 없을 정도로 눈이 많이 내렸다. 쉐일라드 계곡은 하얀 바다가 삼켜버린 것만 같았다. 멀리 아프숑 성의 검은 탑이 보였다.

앙토냉은 자신의 대장간에 앉아 꺼져 버린 불을 우울하게 바라보고 있었다. 사실, 눈이 오건 안 오건 이미 오래전부터 일거리가 없었다. 이 마을에서는 모두들 앙토냉을 좋아했다. 그는 가난했지만, 아주 가난한 사람들이 종종 그렇듯이 성격이 소탈하고 마음이 넓었다. 사람들은 그를 '착한 가난뱅이'라고 불렀다. 게다가 그는 자신의 가난을 부끄러워하지 않았다. 단지 마르고 창백한 자신의 아이들이 죽 그릇을 긁는 것을 보는 일이 슬플 뿐이었다.

그러고 있는데 누군가 문을 두드렸다. 한 남자가 들어왔다. 이 낯선 사람은 키가 크고, 마르고 금 장식이 붙은 비싼 모직 옷을 입고 있었다. 그는 말없이 이상한 미소를 띤 채 앙토냉을 뚫어지게 바라보았다.

그렇다. 본분대로 불행을 제일 좋아하는 악마였다.

"잘 있었나, 착한 가난뱅이."

드디어 그가 입을 열었다.

"자네가 불쌍해서 왔네. 자네가 원한다면 많은 일거리를 주도록 하지. 아주아주 많이, 자네가 다 하지도 못할 만큼 말이야."

악마는 잠시 가만히 있다가 미소를 띠며 부드럽게 속삭였다.

"나한테 자네 영혼만 주면 돼."

착한 앙토냉은 생각했다.

'그래, 내 자식들이 옆에서 굶어 죽어 가는데 내 영혼이 무슨 가치가 있겠어?'

그러나 앙토냉은 착하기는 했지만 어리석지는 않았다. 만일 악마의 대장간에서 생을 끝내야 한다면, 가능한 한 늦추어서 죽어야지!

"얼마나 살게 해 줄 거요? 악마 양반!"

"음, 10년 동안 부자로 살게 해 주지, 10년 말이야!"

"그건 너무 짧소. 난 내 자식들이 크는 것을 보고 싶다고."

"자네 맘에 드는군, 착한 가난뱅이."

악마는 다시 말했다. 그러나 본심과 다르게 말하는 악마의 검은 눈동자에는 그림자가 스쳐 지나갔다.

"15년 동안 부자로 살게 해 주지, 15년 말이야!"

"20년."

앙토냉이 말을 받았다.

"20년이오. 싫으면 그만두시오. 난 그냥 이렇게 내 영혼을 가지고 가난하게 살면 되니까."

"좋아, 20년."

악마는 탄식했다.

"여기에 서명이나 해."

앙토냉은 악마가 내미는 종이에 서명했다. 원래 악마는 나쁜 일에서는 약속을 잘 지키는 법이다. 더구나 그 약속이 자기에게 이득이 되는 일일 때는 더욱 그렇다. 그날 이후로 앙토냉의 대장간은 퓌마리 지방에서 손님이 제일 많은 곳이 되었다. 여름이나 겨울이나 한밤중까지 쇠를 두드려 댔다. 앙토냉은 일꾼들을 고용했고, 훌륭한 견습공이 된 그의 자식들은 풀무를 잡고, 망치를 쓸 줄 알게 되었다. 이 행복이 그 망할 겨울 밤에 맺은 계약에서 나온 것이 아니었다면, 그는 이 세상에서 제일 행복한 사람이었을 것이다. 그러나 이런 부유함도 그의 성격을 바꾸어 놓지는 못했다. 앙토냉은 여전히 그의 강한 팔뚝과 아울러 부드러운 마음씨도 지니고 있었다.

그러던 어느 날 누군가 그의 대장간 문을 두드렸다. 먼 길에 지치고 헐벗은 노인이었다. 그러나 이 노인은 매우 예의 바른 태도로 웃는 듯한 얼굴을 하고 있었다. 그는 자신의 노새에게 편자를 박아 달라고 했다. 착한 가난뱅이는 자신이 편자를 박아 주면 이 노인이 값을 치를 수 있는지 따져 보기보다는 그저 노인을 도와주고 싶다는 생각에 열심히 일을 했다. 그는 가난이 무엇인지 알고 있었기에, 노인이 자신에게 주겠다는 돈을 거절했다.

"자넨 정말 착한 사람이로군."

노인은 말했다.

"그렇다면 자네에게 다른 방법으로 값을 치르겠네. 소원을 두 가지 말해 보게나. 내가 들어줌세."

"저어."

앙토냉은 웃으면서 말했다.

"저는 필요한 것이 없습니다. 그저 저희 집 체리 나무에 올라가는 사람은 제 허락이 없이는 내려올 수 없도록 해 주십시오. 그리고 저희 집 안락의자에 앉는 사람은 제 허락이 없이는 일어설 수 없도록 해 주십시오!"

"좋아, 좋아, 자네 뜻대로 될걸세."

노인은 이렇게 말하고는 노새에 올라타고 하얀 턱수염 아래로 이상한 웃음을 지으며 떠났다.

착한 가난뱅이는 다시 일을 시작했다. 그리고 시간은 흘러갔다, 너무나도 빨리······.

악마는 불행히도 약속 날짜를 잊지 않고 있었다. 계약대로 대장간에 나타나 앙토냉을 기다리고 있었다.

"20년이야, 20년."

악마는 대장장이의 귀에 대고 속삭였다.

"내가 자넬 데리러 왔다고!"

"약속을 어기는 건 비겁한 짓이지. 방앗간 주인이 주문한 수레바퀴만 끝내고 당신을 따라 가겠소. 기다리는 동안 우리 집 체리 나무에 올라가서 체리나 따먹지 그러오?"

악마에게는 죄악이 제일 달콤하지만, 체리도 역시 달콤했다. 그래서 악마는 주저하지 않고 자신의 멋진 옷까지 망쳐 가며 제일 높은 가지에 잽싸게 올라가 앉았다. 그는 그곳에서 저녁 때가 되어도 내려오지 않았다. 앙토냉이 그를 불렀다.

"악마 양반, 갑시다. 난 준비가 다 됐다고."

그러나 이 멍청한 악마가 갖은 재주를 동원하고, 있는 힘을 다해 움직이려 해도 되지가 않았다.

"어이, 악마 양반! 내게 20년만 더 주면 그 나무에서 내려오게 해 주지."

이번에는 흥정도 하지 않았다. 악마는 대장장이에게 20년을 더 주고는 무슨 바쁜 일이 있는지 총총히 사라져 버렸다.

이 20년의 시간은 소중하게 쓰였다. 착한 가난뱅이는 아주 행복하게 늙어 갔다. 그의 아들들은 대장간 일을 훌륭하게 하고 있었고, 그는 충분히 누릴 만한 가치가 있는 휴식을 즐기고 있었다.

기억력이 좋은 악마는 때를 맞추어 그를 데리러 왔다. 하지만 앙토냉은 곧 집을 곧 떠나야 하는 사람처럼 서두르지를 않았다.

"이번에는 너를 지체 없이 데려갈 테다."

악마가 냉랭하게 말하자 앙토냉은 대꾸했다.

"약속을 어기는 건 비겁한 짓이지. 난 나무꾼이 주문한 도끼 담금질만 끝내놓고 당신과 함께 가겠소. 자, 그럴 동안 내 안락의자에 좀 앉아서 쉬면서 기다리지 그러오?"

모든 죄악이 악마에게는 달콤하지만, 마침 이 악마는 악마들 중에서도 제일 게으른 악마였다. 의자에 앉자마자 악마는 잠이 들어 버렸다. 불쌍한 사람들에게서 훔칠 영혼 꿈을 꾸면서 말이다.

앙토냉이 그를 깨우러 왔다.

"갑시다, 악마 양반. 난 준비가 됐소."

앙토냉이 소리쳤다. 그는 이런 손님을 밤새 집에 두고 싶지가 않았던 것이다. 그래서 그를 내보내려고 했다.

"움직여, 움직이라고!"

그런데 악마는 의자에서 일어설 수가 없었다. 대장장이는 웃으며 악마를 놀렸다.

"자, 그렇게 생긴 엉덩이를 하고 세상을 돌아다니라고!"

악마는 대장장이를 이길 수 없다는 것을 깨달았다. 그러고는 둘이 서로 빚진 것이 없다고 인정했다. 계약서는 화로 속으로 던져 태워버렸다. 악마는 오랫동안 오베르뉴 지방에 발을 들여 놓지 않았다. 혹시 다시 왔다 해도, 더 이상 그런 거래는 하지 않았을 것이다.

●─── 서북부 대서양 연안.

코리간의 여왕과 은쟁반

그와지그는 평소와 같이 잠자리에서 일어났다. 그는 흑밀 스프 한 사발을 들이켜고는 염전 일을 하러 나갔다. 그는 바츠 섬에서 소금 만드는 일을 하고 있었다. 그 이전에 그의 아버지가 그랬듯이 말이다. 그와지그가 바닷물에서 소금을 거르고 있는 동안, 그의 아내인 놀웬은 포구에서 어느 도시에 사는 아름다운 귀부인들을 위해 생선을 손질했다.

폭풍 때문에 그들 부부는 평소보다 일을 조금 일찍 끝냈다. 고뇌에 차 정신이 나간 여자처럼 예고도 없이 달려온 폭풍이었다. 그들은 바람과 비를 피하기 위해 창의 덧문을 닫고 대문도 꼭 걸어 잠그고는, 버터를 만들고 남은 우유 찌꺼기를 한 공기씩 마시고 저녁 기도를 드렸다.

그들이 식사와 기도를 막 끝낼 무렵, 누군가 문 두드리는 소리가 들렸다. 조금 겁이 났지만 그들은 문을 열었다. 그들이 얼굴을 아는 노파였다. 이 노파는 해초 볶는 일을 하는데, 이 섬에서는 아무도 그녀의 이름을 아는 사람이 없었다. 노파는 이들 부부에게 하룻밤 재워 달라고 청했다. 그와지그는 노파를 집 안으로 들어오게 했는데, 혹시 이 노파의 치마 속이나 머릿수건 속에 악마가 숨어 있으면 어떡하나 하고 조금 겁이 났다.

하지만 가진 것은 없어도 착한 마음씨를 가진 놀웬과 그와지그는 노파에게 속을 따뜻하게 해 줄 따끈한 스프를 한 그릇 권했다. 그러고는 난로 옆에 잠자리를 만들어 주었다.

다음 날 아침, 폭풍은 어딘가 다른 곳으로 가 버렸다. 섬과 바다 위의 푸른 하늘은 맑게 개었다. 노파는 떠나면서 그와지그와 놀웬에게 이렇게 말했다.

"따뜻하게 먹여 주고 재워 주어서 고마워요. 당신들은 나를 보고 겁을 냈지만 기꺼이 나를 받아 주었죠. 이 불쌍한 늙은이가 바로 코리간[1]의 여왕인지도 모르고 말이에요."

이렇게 말하자마자 그녀가 걸쳤던 누더기와 머릿수건은 사라지고 금실로 수놓은 파란 벨벳 드레스와 불타는 사과나무보다도 더 붉은 머리카락이 나타났다. 이런 광경을 보고 무슨 말을 해야 할지, 어떻게 해야 할지 모르는 그와지그와 놀웬은 마치 성모 마리아와 그 어머니 성 안나에게 하듯이 무릎을 꿇었다. 젊고 아름다워진 여왕이 말했다.

"잘 들어봐요. 나, 코리간의 여왕이 당신들을 부자로 만들 비밀을 한 가지 가르쳐 주겠어요. 저기, 섬 한가운데에 사람 키의 두 배만 한 돌이 서 있지요. 그곳이 바로 코리간들의 집이랍니다. 코리간들은 그곳에서 잠도 자고 그들의 보물을 숨기죠. 당신이 원한다면 오늘 밤 그 집에 들어가도 좋아요. 당신이 원하는 만큼 보물을 가져가도록 해요. 단 새벽까지는 당신 집에 돌아와 있어야 해요. 그렇지 않으면 새벽에 햇빛이 보물에 닿는 순간 모두 사라지고 말 거예요."
"그 집에 들어가는 통로나 열쇠가 있나요?"
그와지그가 물었다.
"아니, 이렇게 주문을 외기만 하면 돼요.

물 밑에 잠든 황금
잠든 황금
잠든 물 물 물

이렇게 바위에 대고 말하면 바위가 열릴 거예요."
말을 마친 여왕은 히드 몇 포기를 성큼 뛰어넘어 사라졌다.
그와지그와 놀웬은 서로 손을 맞잡고 상대방을 바라보았다. 그들은 섬 주변의 바다에 바다의 마녀인 사이렌과 모르간이 살고 있다는 사실을 알고 있었다. 이 마녀들의 발은 물고기 꼬리로 되어 있는 경우도 있고 그렇지 않은 경우도 있었다. 그리고 포르잔 일리즈 쪽에는 가끔 파도 속에서 물고기 비늘이 있는 인간이 나타나기도 한다는 것도 알고 있었다. '트레오 팔'[2]도 알고 있었고, '단세리엔 노즈'[3]는 밤의 춤꾼이자 신비한 존재라는 것을 알고 있었다. 그들은 실제로 저쪽 로스코프에서 '베구 노즈'[4]와 '케르난도 네드'[5]를 본 적도 있었다. 그러나 거기에서 몇 발자국 떨어진 곳에 사는 코리간들은 만난 적이 없었다.

마음이 조급한 그와지그는 오후에 벌써 그 마법의 바위 근처에 도착했다. 바위 아래에 들어가려면 밤이 되기를 기다려야 한다는 걸 알고 있었지만, 바위를 보기만이라도 하고 싶고 만져 보기만이라도 하고 싶었다. 그가 그곳에 도착했을 때는 모든 것이 조용했다.

그는 그 바위를 마치 애인이라도 되는 듯이 안아 보려고 다가갔다. 그런데 이럴 수가! 인간과 짐승을 잡아먹고 사는 용이 뾰족한 화강암과 그와지그 사이에 모습을 드러냈다.

그와지그는 기겁을 하며 열 발자국 뒤로 물러났다. 그러고는 공포에 질려서 완전히 얼었다. 머리가 두 개 달린 용은 입과 콧구멍에서 불을 내뿜었다. 그와지그는 정신을 차릴 수가 없었다. 용이 발걸음을 옮기면서 목을 길게 빼고 다가오자 그와지그는 죽음이 다가오는 것을 느꼈다.

그 순간 기적이 일어났다. 대낮에 나올 일이 없는 달이 떴다. 아무런 스스럼 없이 태양 앞을 지나갔다. 그러자 하늘이 캄캄해졌다. 한낮에 캄캄한 밤이 되었다.

그와지그보다 용이 더 깜짝 놀랐다. 용은 밤을 매우 무서워하기 때문이다. 자신이 잡아먹은 생물의 영혼들이 어둠 속에서 자신을 잡으러 온다는 것을 용은 알고 있었다. 용이 발 여덟 개로 쿵쾅거려서, 섬이 바다 속으로 가라앉지나 않을까 생각될 정도였다. 용은 금방 섬의 북쪽 끝에 다다라서, 밤의 어둠 속 바다 한가운데 뛰어들었다. 용이 뛰어든 자리에서는 거품이 부글부글 끓어올랐다. 그러고는 모든 일이 언제 있었냐는 듯싶게 고요해졌다. 용이 사라지고 얼마 있지 않아 달은 계속 움직였다. 그리고 태양은 이 초라한 세상을 계속해서 비추기 시작했다.

그와지그는 그 자리에서 움직이지 않고 밤이 되기를 기다렸다. 밤이 되자 그는 한숨을 쉬고는 바위에 다가갔다. 그러고는 주문을 외었다. 그러자 소리없이 문이 열렸다. 그 바위 안에서는 코리간 백여 명이 자고 있었다. 그들은 어머니의 젖을 한번도 빨아 본 적이 없는 갓난아기들보다 더 작았다. 그와지그는 앞으로 걸어가 빛나는 방으로 들어갔다. 그곳에는 금화와 금괴, 금덩어리가 널려 있었다. 그는 조용히 가방을 바닥에 내려놓았다. 그리고 무릎을 꿇고 앉아 매우 중요한 임무를 완수해야 하는 사람처럼 침착하게 첫 번째 가방을 채우기 시작했다. 그리고 두 번째 가방, 세 번째 가방…….

열일곱번 째 가방을 채웠을 때야 비로소 시간에 대한 생각이 났다. 그는 아직 밤인지 보려고 얼굴을 내밀어 밖을 보았다. 그런데 벌써 하늘 저편이 뿌옇게 밝아오고 있었다. 그는 서둘러서 가방 몇 개만이라도 가지고 집으로 돌아가려고 했다. 하지만 황금이 있던 방에 돌아와 보니, 가방도 황금도 없었다. 모든 것이 사라져 버렸다. 빛나는 보석 대신에 코리간들의 여왕이 침대 위에 길게 누워 자고 있었다. 그녀는 정말로 아름다웠다. 이 순간의 그녀는 분명 이 세상 여왕들 중의 여왕이었다.

그와지그는 자기 집으로 돌아왔다. 놀웬은 잠도 자지 않고 대문에서 기다렸다. 그가 어떤 일이 있었는지 얘기하고 나서 두 사람은 울기 시작했다. 전날 저녁부터 대문 앞에 놓아 둔 성수 담는 접시에 눈물이 떨어졌다.

정오 무렵까지도 두 사람은 진정이 되지 않았다. 그때 코리간 여왕이 다시 그들을 찾아 왔다.

"자, 당신들에게 선물을 가져왔어요."

그녀는 커다란 은쟁반을 내밀었다.

"이걸 받아서 잘 간직하세요. 이 접시는 당신들이 말 한 마디 하지 않아도, 십자가를 긋지 않아도 매일 세 번 채워질 거예요."

그 말만 남기고 여왕은 다시 히드 몇 뿌리를 성큼 뛰어넘어 사라졌다. 놀웬은 그 쟁반을 탁자 위에 놓았다. 잠시 쟁반을 살피던 그녀는 그와지그에게 돌아서서 이제는 속상하지 않은지 물었다. 그런

●──프랑스 민담

데 그녀가 등을 돌리자마자, 접시에 맛있는 생선 수프와 사과주 두 잔이 저절로 생기는 게 아닌가!

저녁에는 신선한 고기와 소금 간이 된 부드러운 버터를 바른 맛있는 빵이 나타났다.

매일 세 번씩 그런 일이 반복되었다. 평생 동안 한겨울의 배고픔에 익숙해 있던 그와지그와 놀웬은 황금을 차지하지는 못했지만 앞으로 먹고 살 걱정은 하지 않아도 되었다.

●─주

1 브레타뉴말로 'Korr' 혹은 'Korrig'는 난쟁이(nain)을 뜻한다. 코리간들은 동굴이나 돌무덤 아래에 살며 그곳에 보물을 숨겨 둔다. 여러 종족의 코리간들이 넓게 퍼져 있다. 예를 들면, 브레타뉴의 베인(Vannes)지역에는 ozegans(오체강)이 있다.
2 트레오 팔(treo fall)은 코리간의 하나로 주로 바닷가에 산다.
3 단세리엔 노즈(danserienn noz)는 코리간의 하나로 달이 뜨는 밤에 원을 그리며 춤을 춘다. 함께 춤을 추는 사람에게 보물을 준다고 한다.
4 베구 노즈(begou noz)는 케라루(kélarou) 출신의 난쟁이로 공중 곡예를 잘 넘는다.
5 케르난도 네드(Kernando ned)는 로스코프의 모래톱이나 로스코프와 페라르디 사이의 만에 있는 바위 틈에 출몰하는 코리간들이다.

마르고디그의 마지막 무도회

야심이 크고 욕심이 많은 처녀들이 자신들의 황금빛 꿈을 좇다가 결국에는 영혼이 위험에 처하게 되는 이야기는 많이 있다. 고생을 감내할 줄 알고, 신을 두려워할 줄 아는 평범한 남자를 인생의 반려자로 선택하는 것을 우습게 여기는 처녀들은 더욱 그렇다. 마르고디그는 이런 종류의 처녀였다. 그녀는 매일, 플레스텡에 있는 생 에프랑 근처의 연못에 손끝을 담갔다가 성호를 그었다. 하지만 아무 일도 이루어지지 않았다. 그녀는 여전히 욕심이 넘치고 야심이 컸으며 남자들의 환심을 사려고 아주 대담한 행동을 하곤 하였다. 때때로 그녀는 물보라에 젖은 치마가 엉덩이에 들러붙은 채로 플레스텡 갯벌을 산책하곤 했다. 그러고도 조수를 측정하기 위해서 세워 둔 십자가 앞을 지나갈 때는 성호를 그었다.

이 유별난 아가씨는 집으로 돌아오면, 자신이 가장 좋아하는 일에 매달렸는데, 바로 치렁치렁한 붉은 머리를 빗는 일이었다. 그녀의 집이란, 다시 말하자면 그녀 아버지의 집이었다. 그녀의 아버지

팡슈는 늙어서 고기를 잡을 수 없는 어부였다.
　늙은 팡슈는 귀리 죽 한 사발을 마시고, 병들어 침대에 누워 있는 아내 마리에게 한 사발을 떠 먹였다. 마르고디그는 어머니에게 관심이 없었다.
　그녀는 경박한 몸치장에만 관심이 있었다. 그녀는 허리가 꽉 조이고 가슴이 푹 파인 블라우스와 넓은 벨벳 소매가 달린 저고리를 맞추어 입었다. 허리에서 나풀거리는 검은 공단 치마에 벨벳 장식을 달았다. 그녀는 다림질을 해 주고 돈을 벌어도 부모에게는 한푼도 주는 법이 없었다. 그 돈으로 이런 옷감을 사는 것이다. 이런 딸을 보면서 팡슈는 눈물을 삼켰다. 그리고 더 이상 두고 볼 수가 없게 되자, 그는 얼마 남지 않은 힘을 동원해서 딸에게 말했다.
　"마르고디그, 안 된다. 오늘 밤 무도회에 가지 마라."
　"왜요? 케르게누 언니 집에서 악사들을 불러서 춤을 출 건데, 왜 가면 안 돼요?"
　"안 된다. 가지 마라. 엄마도 아프고, 내가 생각하기에도 좋지 않은 일 같구나."
　"엄마가 아파요? 아빠가 계시잖아요? 아빠가 주무셔도 엄마 혼자서 움직일 수 있어요. 기도도 할 거고요."
　"안 된다. 가지 마라."
　이미 외출 준비를 하고 있던 마르고디그는 어깨에 숄을 두르고 아무 일 없다는 듯이 문을 쾅 닫고 나가 버렸다.
　"우리 딸은 심장이 있어야 할 곳에 돌이 들어 있나 봐요."
　마리가 작은 소리로 말했다.
　"그런가 보군."
　아버지는 눈물을 글썽이며 동의했다. 그러고 나서 닫힌 문을 향해 소리쳤다.

"성 미셸과 성 에프랑이 더 이상 너를 지켜 주지 않게 되기를!"

이렇게 말하고 나서, 그는 문을 이중으로 잠가 버렸다.

마르고디그는 서둘러서 내륙 쪽으로 걸어갔다. 일곱 성인을 기리는 십자가 앞을 지나갈 때는 머리를 숙이고 갔다. 사촌 케르게누의 집으로 가려면 울퉁불퉁한 길 세 개를 계속해서 걸어가야 했고, 해안 지방이라고는 믿을 수 없을 정도로 높이 솟은 황야를 지나가야 했다. 이날 저녁에는 바람이 어찌나 세게 불던지 막 익은 밤과 도토리가 우수수 떨어졌다. 마치 그녀 아버지의 목소리 같은 바람 소리에 복종이라도 하는 듯이, 비틀어진 나뭇가지가 그녀 머리 위로 떨어질 때는 마르고디그도 조금 무서웠다. 그녀는 더 이상 자신만만하지 않았다. 그녀는 길가에 있는 버섯들이 염소 다리에 철 발굽이 달린 코란돈 난쟁이[1]로 변하지나 않을까 겁이 났다. 코란돈 난쟁이들은 가던 길을 돌려 그들과 함께 플레스텡 갯벌로 춤추러 가자고 할 것이다. 그 순간 구름보다 빠른 속도로 흘러가던 달이 그녀 앞에 서 있는 늙은 떡갈나무를 비추었다. 나무의 몸통은 온통 겨우살이 더미로 뒤덮여 있었다. 나뭇가지 아래에는 멋진 옷을 입고 잘생긴 데다가 예의까지 바른 청년 한 명이 마치 그녀를 기다리듯이 서 있었다.

그는 마르고디그에게 허리를 숙여 인사를 하고 그녀에게 물었다.

"이 길이 케르게누 농장에서 열리는 무도회에 가는 길입니까?"

"네, 거기로 가는 길이에요. 바람이 허락한다면 말이지요."

"함께 가도 되겠습니까? 저도 그곳에 가는 길입니다."

이렇게 잘생긴 청년과 함께 가게 된 마르고디그는 흥분한 나머지 조심성을 깡그리 잃고 말았다. 그녀는 청년의 팔에 기댄 채 그가 이

끄는 대로 갔다. 그녀는 안 좋은 일보다는 좋은 일만 생각하고 있었다. 그들이 황야에 이르렀을 때는 두 사람이 이미 너무나도 가까워져 있어서, 마르고디드와 청년은 연인들끼리 하듯이 손가락을 걸고 있었다. 이제 바람도 잦아들고 해서 마르고디드는 청년과 이렇게 있고 싶었지만, 생각보다 빨리 농장에 도착했다. 그들은 안으로 들어갔다. 그들이 불 가에 자리를 잡으려고 방 안을 가로질러 가자 그 방에 있던 모든 사람들이 웅성거리며 말했다.

"저 두 사람, 정말 멋지다!"

"저 두 사람 모습은 켕페의 도자기에 그려 넣어도 될 것 같아."

안주인은 이렇게 말했다.

"아일랜드 왕자가 여기에 신붓감을 찾으러 왔나 봐. 마르고디그는 운이 좋은 애야."

두 사람은 긴 의자 위에 나란히 앉았다. 양초와 난로 불은 이 두 사람을 비추기 위해 타고 있는 것 같았다. 이 큰 방 안에서 그 두 사람만이 두드러져 보였다.

크레이프 몇 장을 먹고 능금주 몇 잔을 마신 후, 사람들은 악사에게 오보에 연주를 시키고 손뼉치고 노래하며 춤을 추었다. 마르고디드는 그녀의 멋진 기사와 함께 계속 돌면서 춤을 추었다. 하지만 한참 춤을 추는 도중에 놀라운 일이 일어났다. 양초불이 갑자기 꺼져 버린 것이다. 그 방을 비추는 것은 난로불밖에 없었다. 춤은 중단되었다. 마르고디드와 그녀의 기사를 빼고는……. 그때 안주인 케르게누는 사람들의 발자국으로 다져진 땅바닥을 내려다보았다. 춤추던 사람들이 비켜나자, 그녀는 너무나 놀라서 심장이 얼어붙는 것 같았다. 난로 불꽃이 비치는 땅바닥에는 이상한 흔적이 남아 있었다. 의심의 여지가 없었다. 이 무늬, 이 발자국은 끝이 두 갈래로 갈라진 악마 발자국이었다!

즉시 그녀는 사촌 동생의 팔을 잡고 낮은 소리로 속삭였다.

"오늘 밤은 여기서 자고 가. 알았어? 다른 사람들은 가라고 하고 너는 내 침대에서 가고 가."

마르고디그는 웃음을 터뜨렸다.

"안 돼요. 나는 저 잘생긴 이방인하고 황야를 뛰어다니고 밤길을 걷고 싶어요. 내가 사랑하는 저 사람이랑 말이에요."

그녀는 이렇게 말하고는 그대로 실천했다.

돌아오는 길은 갈 때와는 완전히 달랐다. 밤길에 단둘이 남게 되자 그 잘생긴 청년은 마르고디그의 손을 놓고 아무 말도 하지 않았다. 조금 더 지나자 청년은 걸음을 뗄 때마다 둔탁하면서도 날카로운 소리를 뱉곤 했다. 그것은 사람이 알아들을 수 없는 소리였다. 마르고디그는 무서워서 벌벌 떨기 시작했다. 하지만 그녀는 매우 빠른 걸음으로 걸어왔기에 바로 저기에 아버지의 집이 보였다. 문 앞에 도착해서 문을 두드리기 전에 그녀는 이 이상한 청년에게 인사를 하려고 몸을 돌렸다. 하지만……. 탄식이 목구멍까지 차올라 숨이 막혔다! 청년은 더 이상 아름답지가 않았다. 그것은 거대한 털북숭이 괴물이 되어 있었다. 점액질로 덮여 있고 모습이 수시로 변하는 얼굴을 가진 괴물이었다. 털과 발을 보고 그녀는 알아챘다. 그것은 악마였다. 악마 그 자체였다!

"그래, 마르고디그, 무서워할 것 없어. 너는 신나게 춤을 추었으니 가도 좋아. 집으로 가."

마르고디그는 문을 두드렸다. 손잡이를 돌려 보았다. 하지만 문은 굳게 잠겨 있었다. 신과 성인들은 모두 집 안에 있었다. 병든 마리와 그 옆에 서 있던 팡슈와 함께. 집 밖에는 마르고디그를 도와

줄 사람이 아무도 없었다.

"마르고디그, 집 안으로 들어갈 수가 없구나. 그렇다면 내가 너를 데려 가는 수밖에."

그녀는 소리를 질렀다. 발버둥을 쳤다. 머릿수건이 땅에 떨어졌다. 악마는 그녀를 번쩍 들어서 데려가 버렸다.

밤의 어둠 속에서 그녀가 마지막으로 들은 소리는 아버지의 목소리였다.

"영원히 잘 가거라, 내 딸아."

●──주

1   브레타뉴 지방의 난장이 혹은 짓궂은 꼬마 악마의 일족으로 영불해협 연안에 산다고 알려져 있다.

땅딸보 굴벵

케르블레즈 공작에겐 아들이 세 명 있었다. 20년 동안 해가 바뀔 때마다 결혼하고 이혼하고 재혼한 사람치고는 아들이 많은 편은 아니었다. 이제 늙은 그는 그의 작위와 영지를 아들들에게 물려주기로 결심했다. 큰아들은 잘생기고 건장했다. 작은아들도 잘생기고 건장했다. 이 두 아들은 같은 어머니의 뱃속에서 나온 것은 아니었지만 쌍둥이처럼 닮았다.

막내 굴벵은 두 형과는 전혀 닮지 않았다. 그는 키가 작았다. 열 살이 되어도 키가 난쟁이 같았다. 그리고 열다섯 살이 되어도 별로 더 자라지는 않았다. 그의 키는 남들에 비하면 겨우 다리보다 조금 위로 올라온 정도여서 조심하지 않으면 손끝이 땅에 끌릴 수도 있었다.

어느 날 공작은 아들들을 불러 모은 다음 이렇게 말했다.

"아들들아, 이제 나는 곧 죽게 될 것이지만 아직 내 가문의 명예를 보존할 정도의 지혜는 있다. 지금부터 너희들 중 한 명이 내 작위를 물려받아야 할 것이다. 올해 중으로 나에게 가장 부드럽고 질이 좋은 천으로 만든 침대 시트를 가져와 내가 편안하게 잘 수 있도록 하는 사람에게 작위를 물려줄 것이다. 이게 전부다. 그 사람은 당연히 나의 군대 지휘권을 비롯한 모든 권력을 물려받을 게다."

다음날 바로, 잘생기고 건장한 첫째와 둘째는 그들의 훌륭한 말에 안장을 얹고 주머니에 금화를 가득 채웠다. 그러고는 한 명은 북쪽으로, 한 명은 남쪽으로 길을 떠났다. 한편 키가 작아 말은커녕 나귀도 탈 수 없는 막내아들은 걸어서 동쪽으로 길을 떠났다. 그의 반바지에 달린 작은 호주머니 속에는 두 푼짜리 동전 한 닢이 들어 있을 뿐이었다.

다리가 아무리 짧아도 걸을 수는 있는 법이다. 그는 걸었다. 배가 고프면 강에서 물고기를 잡고 개암 열매를 깎아 먹고 버섯을 씹어 먹었다. 비록 조금씩이긴 했지만, 그는 분명히 앞으로 나아가고 있었다. 한 달이 지났다. 그의 형들이라고 해서 그보다 더 많이 간 것은 아니었다. 그들은 중간에 며칠씩 술집에 들러서 마음에 드는 아가씨와 춤을 추고, 아침부터 저녁까지 술을 마시곤 했다.

어느 날 아침, 키 작은 아들은 넓고 깊은 숲에 이르렀다. 울창한 숲의 모든 것이 아름다웠다. 고사리와 산사나무, 히드 수풀 위로 부드러운 햇빛이 넘실거리고 있었다. 이곳에 내리는 비는 메마른 땅을 적셔 주기 때문에, 숲에서 팔을 벌리고 서 있는 나무들은 마치 예수가 못에 박혔던 십자가처럼 아름다웠다. 숲의 한가운데 들어서자 한 연못에서 어떤 목소리가 들려왔다.

"굴뱅, 맞죠? 케르블레즈 공작의 막내아들, 굴뱅이 분명하죠?"

그렇다. 굴뱅은 그의 이름이다. 그리고 그의 아버지는 케르블레즈 공작이다. 이것은 정오에 열두 번 종을 치고, 다시 열두 번 종을 치면 자정이 되는 것처럼 자명한 사실이다!

아름다운 아가씨가 굴벵에게 미소지으며 서 있었다. 그녀는 붉은 머리를 허리까지 늘어뜨리고 있었다.

"나는 케르블레즈 공작의 셋째 아들 굴벵이오."

"그런데 브로셀리앙드 숲에는 왜 온 거죠?"

굴벵은 간단하게 자신이 찾고 있는 것을 말하였다. 그가 찾는 것은 부드럽고 질이 좋은 천으로 만든 침대 시트뿐이기 때문에 설명하기가 쉬웠다.

"굴벵, 이 에메랄드 반지를 가져가세요. 그걸 가지고 빨리 돌아가 아버지 손가락에 끼워 드리세요. 그리고 반지를 문질러 드리세요. 내 눈동자처럼 푸른 보석 속에 밀가루보다 더 부드러운 하얀 시트가 두 벌 들어 있을 거예요."

굴벵은 반지를 받아 들고 고맙다고 말했다. 바로 그 날 저녁, 그는 브로셀리앙드 숲을 빠져 나와 집으로 향했다. 바로 그때 이 숲에 사는 늙은 미치광이 난쟁이 사크리스펀이 바렝통 연못에 셔츠를 담갔다가 나무 위에 쬈다.²

굴벵은 서둘러서 아버지의 성으로 향했다. 그는 반지를 건네 준 붉은 머리 아가씨를 생각하면서 날마다 부지런히 걸었다. 성에서는 형들이 기다리고 있었다. 형들은 벌써 며칠 전에 돌아와 있었고 키가 작은 그를 보며 놀려댔다.

"굴벵, 빈손으로 돌아오느라고 시간이 걸렸구나. 아직도 밀알처럼 조그맣구나!"

아버지는 세 아들을 성 안에 있는 커다란 방으로 불렀다. 잘생기고 건장한 맏아들은 꽤 부드러운 하얀 시트 두 벌을 펼쳐 보였다. 시트 양쪽에는 레이스가 물결처럼 달려 있었다.

●──프랑스 민담

"아버지, 이 시트는 플랑드르 지방에서 온 겁니다. 우리 고장에서는 이런 물건을 만들지 못하지요."

역시 잘생기고 건장한 둘째아들은 흰 담비 가죽으로 싸가지고 온 것을 풀었다. 시트는 하얗고 아름답고 질이 좋은 천일 뿐만 아니라, 협죽도 향기까지 풍기는 것이었다.

"아버지, 이 시트는 멀리 스페인으로부터 온 것입니다. 여기에 밴 꽃향기가 그 부드러움을 말해 주고 있지요."

공작은 매우 당황스러웠다. 둘 다 똑같이 아름다우니 어느 것을 골라야 할지 모를 지경이었다.

"아버지, 저도 아버지께서 편안히 주무실 수 있는 침대 시트를 가져 왔습니다."

"굴뱅, 너도?"

아버지는 놀랐다. 두 형은 웃음을 터뜨렸다. 아버지도 웃음이 터지는 것을 가까스로 참고 있었다.

"그럼, 나에게 보여 주렴."

굴뱅은 호주머니에서 초록색 에메랄드가 박힌 반지를 꺼냈다. 그러고는 공작에게 손가락에 끼라고 했다.

"내 아들아, 이 반지가 성모 마리아의 눈물처럼 아름답게 빛나기는 한다마는 오늘 내가 원하는 것은 반지가 아니라 부드러운 시트 두 벌이란다."

"아버지, 보세요."

굴뱅이 에메랄드를 살짝 문질렀다. 그러자 반지에서 시트 두 벌이 나왔다. 시트는 병아리 깃털처럼 가볍게 날아서 마루에 살포시 내려앉았다. 모두들 놀랐다. 그것은 하얀 고급 천에 산사나무 향기가 배어 있었다. 그뿐만이 아니었다. 빛나는 별들을 황금실로 수놓아, 어두운 밤을 영원히 정복할 것 같았다. 이 놀라운 광경을 본 공작은 말했다.

"승리자는 당연히 굴벵이다."

두 형이 그것은 마법이고 부정한 행동이라고 항의하자 가문의 영광을 땅딸보 아들에게 전부 물려주기가 내키지 않았던 공작은 두 번째 시험을 내기로 결심했다. 그는 숨을 크게 세 번 쉬고 나서 선언했다.

"아들들아, 너희들이 가져다 준 훌륭한 시트 고맙다. 너희들 중에서 가장 아름다운 노란 암탉을 가져오는 사람에게 나의 군대와 권력을 물려주겠다.

잘생기고 건장한 두 형은 조금 놀랐다. 암탉? 노란 암탉을 찾는 일보다 더 쉬운 일은 없지 않은가!

다음날 두 아들은 말을 타고 길을 떠났다. 한 명은 북쪽으로, 다른 한 명은 남쪽으로 향했다. 여전히 키가 작은 막내는 동쪽으로 떠났다. 여전히 짧은 다리로 걸어서 떠났다. 며칠 후 저녁 무렵 그는 브로셀리앙드 숲에 다시 도착했다. 조용한 연못 속에서 목소리가 들려 왔다. 전에 만났던 아가씨가 그를 향해 다가오는 것이 보였다. 여전히 붉은 머리를 하고 있었다.

"굴벵, 다시 왔군요!"

그는 자신이 찾아야 하는 목표물에 대해서만 말했다. 그녀는 그들이 처음 만났을 때와 같은 것을 다시 주었다. 에메랄드가 박힌 반지였다. 그녀는 같은 설명을 하면서 이렇게 덧붙였다.

"아버지가 손가락에 반지를 끼기 전에 문지르면 절대로 안 돼요. 그리고 반지에서 아름다운 노란 닭이 나오면 깃털 세 개를 몰래 뽑아서 하나씩 하나씩 입을 맞추세요."

굴벵은 그렇게 하겠다고 약속하고는 서둘러서 집으로 돌아갔다. 숲을 떠난 지 이틀이 지나자 그는 궁금해서 견딜 수가 없었다. 아버지께 드릴 암탉이 어떻게 생겼는지 조금만 보기로 했다. 그가 에메랄드를 살짝 문지르자마자 갑자기 커다란 닭이 튀어 나왔다. 노란 닭은 꼬꼬댁거리며 벌판을 뛰어 다니기 시작했다. 굴벵은 밤새도록 닭 뒤를 쫓아 다녔지만 잡지 못했다. 아침이 되었을 때 그는 기진맥진한 상태였다. 짧은 다리로 겨우 지탱하고 있었다. 붉은 태양이 그를 비웃으며 땅에서 떠올랐다. 바로 굴벵의 머릿속에 한 가지 생각이 떠올랐다. 그는 하늘을 향해 "꼬끼오 꼬끼오." 하면서 인사를 했다! 이렇게 닭처럼 태양에게 인사를 하자 암탉이 그의 곁으로 다가왔다. 그는 재빨리 닭을 잡아서 반지 속에 다시 집어넣었다. 휴우!

그는 며칠을 더 걸어서 아버지의 성에 도착했다.

"아들들아, 내 영지에 있는 숲으로 따라와라. 거기서 너희들이 가져온 닭 중에서 어느 닭이 제일 아름다운지 보자."

맏아들은 샛노란 닭을 내 놓았다. 이 닭은 어찌나 크고 포동포동한지 태양이 직접 키운 것 같았다. 둘째아들은 아름다운 금작화처럼 샛노랗고 잘생긴 닭을 내놓았다. 이 닭은 1년 내내 매일, 노른자가 두 개 든 알을 낳는 닭이었다.

굴벵이 빈손으로 아버지 옆에 다가섰을 때 두 형은 이미 자신이 후계자가 되었다고 확신하고 있었다. 굴벵은 호주머니에서 반지를 꺼냈다.

"또!"

형들은 소리쳤다. 그러나 아버지는 왼손에 반지를 끼면서 미소를 지었다.

굴벵이 에메랄드를 문지르자, 크고 아름다운 닭이 반지에서 펄쩍 뛰어 나왔다. 그것은 아무도 예상하지 못한 그런 닭이었다. 황금털을 가진 닭이었던 것이다! 굴벵은 닭털 세 개를 슬쩍 뽑았다. 그러고는 닭을 아버지께 드렸다.

"고맙다, 굴벵. 이번에도 네가 이겼구나. 완전히 이겼어. 오늘부터 너는 케르블레즈 공작이다."

굴벵은 고마움을 표시하기 위해서 아버지 앞에 무릎을 꿇었다. 그는 형들이 화가 난 것도 알아차리지 못했다. 그러고는 몸을 일으키며 첫 번째 깃털에 입을 맞추었다. 그러자 그는 형들보다 더 건장하고 잘생기고 키가 큰 청년으로 변했다. 그는 사람들이 놀랄 틈도 주지 않고 두 번째 깃털에 입을 맞추었다. 그 순간 안장까지 얹은 멋진 백마 두 마리가 나타났다. 한 마리는 하늘에서 내려오고, 한 마리는 땅에서 솟아 나왔다. 곧 이어 그는 세 번째 닭털에 입을 맞추었다. 그러자 브로셀리앙드의 연못에서 만난 붉은 머리 아가씨가 그의 곁에 서 있었다. 그녀의 우윳빛 피부가 더 하얀지 그녀가 입고 있는 우윳빛 옷이 더 하얀지 구별이 되지 않았다. 공작과 그의 두 아들은 너무나 놀라서 말을 하지 못하고 있었다. 붉은 머리에 하얀 피부를 가진 아가씨는 이렇게 말했다.

"굴벵, 우리 어서 말을 타고 가요. 맑은 물이 있는 나의 왕국에 가서 서로 사랑하면서 살아요."

굴벵은 그녀에게 손을 내밀었다. 그러고는 그녀의 발을 받쳐서 안장 위에 앉는 걸 도와 주었다. 이어서 자신도 말에 올라타고 아버지와 형들에게 인사를 했다.

"아버지, 아버지의 영지와 군대는 형들에게 나누어 주세요. 저는 사랑하는 사람이 있는 왕국만 있으면 충분해요."

단둘이 있고 싶은 그와 그녀, 굴벵과 마르카리드 요정[3]은 한시도 지체하지 않고 브로셀리앙드 숲을 향해 떠났다.

그들은 평생 동안 뜨겁게 사랑하였다. 그리고 그들이 죽지 않았다면, 아직도 살아 있을 것이다!

●──주

1   브로셀리앙드 숲은 연못이 열네 개 있고 면적이 7000헥타르에 달하는 방대한 숲으로 아더 왕 전설에도 등장하며 오늘날에는 지도상에 펭퐁(Paimpont) 숲으로 표시된다.
2   사크리스핀은 코리건 난쟁이의 사촌으로 저주받은 늙은 난쟁이이며 검은 물에 셔츠를 담그면서 비를 부른다.
3   '마르카리드'는 프랑스 이름 '마르그리트'(Marguerite)의 브레타뉴식 변형이다.

포 르 블 랑 의 바 다 미 녀

　이보나는 아름답고 부자에 오만한 처녀였다. 그녀는 어렸을 적부터 항상, 이 지방에서 제일 잘생기고 건장한 남자와 결혼할 거라고 생각해 왔다. 그리고 요즘, 그녀가 제일 뛰어난 선원인 자케즈를 장래의 약혼자이자 남편감으로 지목하였다는 사실을 모르는 사람이 없었다.
　자케즈! 마을 축제에서 젊은 남녀들이 자리를 바꾸어 가면서 춤을 출 때면 이보나는 그의 앞에 섰다. 그녀가 그를 똑바로 쳐다보며 이렇게 말한 지가 벌써 1년이 되었다.
　"내가 원하는 건 바로 너야. 너는 내 거야. 우리는 저 수평선에 맞닿은 하늘과 바다처럼 절대로 떨어지지 않을 거야."
　이 지방의 전통은, 결혼 이야기를 하려면 먼저 마을의 재봉사가 금작화 막대기를 들고 가서 신부측 집안을 대신해서 이야기를 꺼내야 하는 것이었다. 그러나 자신만만한 그녀는 이런 전통은 생각지도 않고 그에게 직접 통고를 한 것이다. 자케즈는 아무 대답 없이 그저 빙그레 웃기만 했다. 그는 대답을 안했을 뿐만 아니라, 멋있는 결혼 예복을 사려면 정어리를 얼마나 더 잡아야 하는지도 생각해 보지 않았다.

이렇게 해서 다시 조업철이 시작되었다. 자케즈는 여전히 이보나에 대해서 무덤덤한 상태였다. 이보나는 자기가 주근깨가 난 자신의 두 뺨과 하얀 머릿수건에 싸인 갈색 머리, 따스한 침대, 게다가 재산까지 주겠다고 했는데, 평범한 선원 자케즈가 이보다 더한 것을 기대하지 않으리라 생각했기 때문에 그의 무덤덤함에 의아해했다.

그녀는 방파제 끝에서 멀지 않은 내포에 가 보고서야 그 이유를 알았다. 썰물 때에 바위 뒤에서 감미로운 노래를 부르는 부드러운 목소리가 들렸다. 그녀는 목소리가 나는 쪽으로 다가갔다. 그곳에는 햇빛에 반짝이는 금발을 길게 늘어뜨리고, 옷을 거의 걸치지 않은 바다 미녀 모르간이 있었다. 금실로 짠 얇은 베일이 그녀의 다리를 살짝 감싸고 있을 뿐이었다. 그리고 자케즈는 미녀의 배를 베고 누워서 미녀가 부르는 노래의 달콤한 가사를 음미하고 있었다.

이보나는 너무나 화가 나서 항아리에 물을 채우는 것도 잊고 그 자리를 빠져 나왔다. 잘못 본 것이 아닌지 확인해 보려고, 이틀 동안 두 번 더 가 보았다.

그것은 있는 그대로 사실이었다. 자케즈는 매일 서둘렀다. 고기잡이를 마치고 항구에 들어오면 곧바로, 사랑하는 금발 미녀의 푸른 눈 속에 자신의 푸른 눈을 담그러 달려갔다. 바다 미녀 모르간은 아름다웠다. 리우직과 멜방 사이에 있는 일곱 섬 가운데에 사는 사이렌보다 더 아름다웠다.

또 한 해가 갔다. 햇빛 아래에서는 햇빛처럼 반짝이고, 달빛 아래에서는 달빛처럼 반짝이는 금발을 가진 모르간과 자케즈의 사랑은 변함이 없었다. 이보나의 재산, 미모, 당당함은 아무 소용이 없었다.

늘 그렇듯이 그날도 이보나는 항아리에 바닷물을 채우러 갔다. 그때 하얀 모래 위에 모르간이 혼자 누워 있었다. 모르간은 말없이 눈을 감은 채 움직이지도 않고 평화롭게 누워 있었다. 이보나는 가까이 다가가서 잘 살펴보았다. 그러고는 큰 소리로 외쳤다.

"아이코, 죽었잖아. 운명의 신이 너를 데려갔어. 어둠의 배를 지휘하는 선장이 네 영혼을 가져갔으니 네 몸뚱이도 가져가겠지. 너한테 영혼이 있기나 했다면 말이야!"

이보나는 길게 누워 있는 바다 미녀를 내려다보며 서서, 다시 한 번 크게 말했다.

"이 여자도 나보다 나을 것이 하나도 없잖아! 나보다 키가 큰 것도 아니고, 더 날씬한 것도 아니고……."

이렇게 외치던 그녀는 이 금발의 미녀가 자신보다 키가 더 크지도 않고, 몸매가 더 아름답지도 않고, 가슴이 더 봉긋한 것도 아닌 걸 확인하기 위해, 모르간의 곁에 나란히 누워 보았다. 그러고는 다시 일어나면서 신을 경외하는 것을 잊은 채 하늘에 대고 소리쳤다.

"이 여자가 다시 살아난다면, 내가 겨루어 볼 테야. 이렇게 갈색과 붉은색이 섞인 머리를 가진 내가 더 예쁘다고 말해 줄 거고. 그리고 온갖 수단을 다 동원해서, 이 해안가에 다시 와서 사랑받는 여자가 되고 싶어 안달이 나도록 해 줘야지."

잠시 후 그녀는 모래 위에 놓아 두었던 항아리를 들고 돌아섰다. 그때였다. 모르간이 미소를 띤 채 두 눈을 뜨면서 말했다.

"이보나, 네가 제일 예쁜 건 아니야. 그 우스꽝스러운 머릿수건을 쓰고 검은 숄을 두르고 다니면서 내가 이 해변에서 애인과 사랑을 나누러 오는 것을 막을 수 있다고? 정말 놀랄 만한 일이구나.

자, 이제 그 콧대 좀 낮추시지. 그리고 바닷물이 다시 들어오려면 시간이 걸릴 테니까, 그동안 내 몸 좀 식히게 그 물이나 이리 줘."

미칠 듯이 화가 난 이보나는 모르간에게로 무작정 덤벼들었다. 그녀가 너무나 갑작스럽게 달려든지라 모르간은 자갈 위로 굴러 갔다.

그러나 둘은 곧 한데 뒤엉켜 싸웠다. 모르간은 가냘픈 몸에도 불구하고 힘이 셌다. 그녀는 이보나의 머리를 모래사장에 처박고는 말했다.

"너의 그 못된 성격을 벌하고 나에 대한 모욕을 갚기 위해, 그 갈색 머리 일곱 뭉치를 뽑아 이 모래 사장에 늘어 놓겠다.

말을 마치자마자 능숙한 솜씨로 오만한 이보나의 예쁜 곱슬머리 일곱 뭉치를 뽑아 모래 위에 동그랗게 늘어 놓았다.

"오늘 우리가 싸운 일이 너에게 교훈을 주었으면 좋겠다. 네 머리가 다시 자랄 때까지, 다른 여자들은 다른 아름다움으로 사랑받을 수 있다는 사실을 깨닫게 되기를 바란다."

이보나는 아무 대답도 하지 않았다. 그녀는 머릿수건을 다시 썼다. 물이 가득 들어 있는 항아리를 해초로 덮을 생각도 하지 않은 채 급히 그 자리를 떴다. 조금 가다가 그녀의 아버지 일을 종종 도우러 오는 젊은 날품팔이 일꾼을 만났다. 그녀는 전부터 이 가난한 날품팔이를 많이 비웃었다. 그가 한때는 자신이 마법사였다고 했기 때문이다.

"안녕, 이보나. 그렇게 머릿수건을 비뚤게 쓰고 어딜 갔다 오는 거야?"

"저쪽 바닷가에서 오는 길이야. 저기서 못된 모르간 한 명하고 한바탕 싸웠는데, 할 수 없이 도망쳐 왔어."

"네가 그랬다고?"

"그랬다니까. 내가 그 여자의 머리털을 뽑아서 모래 위에 동그랗게 널어놓기까지 했다니까."

"정말?"

"정말이라니까. 가서 보면 알 거 아냐?"

"좋아, 지금 바로 가서 보지 뭐. 좋은 기회야."

"좋은 기회라니?"

"지금 내 가방 속에는 요정들이 새로 보내 준 마법의 가루가 들어 있거든. 이 가루로 말할 것 같으면, 조밥 나물 뿌리 향이 밴 자수정 가루야. 그 뽑힌 머리털 위에다 이 가루를 뿌리는 거야. 그러면 그 머리칼의 주인이 곧 죽게 돼!"

"하지만 그러면 안 되는데."

"아니, 왜?

"음, 그 머리털 안에 내 것이 섞여 있을 수도 있거든."

"그럼, 같이 가자. 네 머리칼은 네가 골라 낼 수 있잖아."

그 날품팔이는 바위와 금작화 사이를 박쥐보다도 더 민첩하게 누비면서 해안가로 달려갔다. 이보나가 대답할 틈도 없었다.

그의 손이 하얀 모래 위에 놓인 갈색 곱슬머리 뭉치에 닿으려는 순간, 숨이 턱까지 찬 이보나가 그를 잡았다.

"안 돼. 아직 가루 뿌리지 마. 내가 좀 봐야 돼!"

하지만 날품팔이는 이미 가방에서 가루를 꺼내 들고 있었다. 이보나는 소리쳤다.

"안 돼! 하지 마! 그 머리칼은 전부 내 머리칼이야!"

그러는 동안 모래톱 위로 바닷물이 밀려들어 오더니 모르간이 나타났다. 그녀는 우아하게 헤엄치면서 이렇게 말했다.

"이보나, 아직도 더 배워야겠어? 정신 나간 것 같으니라고. 너의 그 오만한 성격이 너를 망칠 거야."

그날 이후로도 모르간과 자케즈는 계속 사랑했다. 그들은 누구도 두려워하지 않았다. 그들은 그들의 마음만을 생각했을 뿐, 다른 아무것도 생각하지 않았다. 영혼에 들러붙은 사악함처럼 그들의 사랑에 금화를 덕지덕지 붙여야 할 필요를, 그들은 느끼지 않았다.

바뀐 아기

　마리는 자신의 땅 열두 마지기 중 어딘가에서 일하고 있었다. 일이 바쁜 계절에는 그녀를 도와주는 하녀가 오는 경우가 있었지만, 대개는 모든 일을 혼자서 했다.
　그녀는 남편을 잃고 나서 그녀의 땅과 결혼한 것이었다.
　다행스럽게도 그녀에게는 돌이 채 안 된 아기가 있었다. 아기의 뺨은 데이지 꽃잎처럼 부드러운 분홍빛이었다. 젊은 엄마의 젖 냄새가 밴 뽀얀 아름다움이 넘쳐나는 몸을 가진 예쁜 아기였다.
　마리는 언젠가 아기가 돌을 다듬고 밭을 갈 정도로 힘이 세질 날이 오리라는 것을 알고 있었다. 그리고 또한 아기가 커 가면서도 성녀 안나와 성모 마리아처럼 수줍은 아름다움을 계속 간직하리라는 것도 알고 있었다.
　아기의 이름은 로익이었다. 뽀얗고 부드러운 아기에게 마리는 기대를 품었다.

●──프랑스 민담

어느 날 오후, 마리는 혼자 집에 있다가 밤을 삶으려고 물 한 냄비를 길러 우물가에 갔다. 그녀는 물을 길어 집으로 돌아와, 냄비를 불 위에 올려 놓기 전에 잠든 아기를 한번 들여다보려 했다. 하지만! 로익은 그 자리에 없었다. 신이여, 어찌 이런 일이!

그 자리에는 주름지고 털이 난 난쟁이 같기도 하고 두꺼비 같기도 한 폴리아르가 있었다. 마리는 반쯤 정신이 나가서 소리를 질렀다.

"내 아기가 아니야. 로익이 아니야. 천사와 뱀이 어떻게 닮을 수가 있어! 이 끔찍한 두꺼비는 내 아기가 아니야!"

누군가가 예쁜 아기 로익을 데려가고, 그 자리에 침을 질질 흘리는 뱀처럼 역겨운 것을 갖다 놓은 것이다. 그것은 성실한 여인에게 해코지를 하려는 악마의 짓이 분명했다. 마리는 이런 불행한 일이 일어난 이유를 찾을 수가 없었다. 그녀는 매일, 차가운 성당 타일 바닥에 무릎을 꿇고 기도를 했다. 매일 빵을 자르기 전에, 모든 브레타뉴 여자들이 그러듯이 빵 껍질에 칼 끝으로 행운의 십자가도 그었다. 그리고 로익을 요람에 눕히기 전에 로익에게도 행운의 십자가를 긋는 일을 잊은 적이 없다.

그녀는 마음을 조금 가라앉히고 정신을 차린 후, 하녀를 시켜 조밥 나물_Éperviére_을 구해 오게 했다. 이 풀은 드루이드 신자들이 악마를 쫓을 때 쓰는, 솜털이 많은 풀이었다. 그녀는 이 풀을 요람 속에 넣어 보았다. 쭈글쭈글하고 침을 질질 흘리는 털북숭이 난쟁이는 여전히 요람 속에 그대로 있었다. 한밤중 연못 속의 물고기처럼 여전히 말이 없는 난쟁이는 흉측한 입을 벌리고 색깔 없는 혀를 날름거렸다. 마리는 난쟁이가 배가 고픈 거라고 생각했다. 이 끔찍한 악마를 보고 느끼는 혐오감에도 불구하고, 살아 있는 생명을 로익의 요람에서 죽게 할 수는 없었다. 그녀는 젖을 물렸다. 그런데 그 난쟁이는 젖을 빨면 빨수록 더 배가 고파지는 것 같았고 유모 서른 명의 젖을 빨아 먹을 정도의 식욕을 보였다.

시간이 흘러 꼭 일주일이 되었지만 마리의 불행은 그대로였고, 그녀의 고통은 끝나지 않았다. 그녀는 페이르 트루에의 돌멘 옆에 있는 신성한 연못까지 걸어서 가기로 결심했다.

그곳에 갈 때까지, 우박이 쏟아질 때를 기다리느라 스무 날을 더 기다려야 했다. 그녀는 3월임에도 불구하고 우박이 내리기만을 벼르고 있었다. 우박이 땅에 떨어지기 시작하자, 그녀는 우박 100개를 세어서 냄비에 놓고 녹였다. 이렇게 해서 얻은 물을 노란 유리병에 넣고는 길을 떠났다. 오후가 되어서야 신성한 연못에 다다랐다. 그녀는 무릎을 꿇고 성호를 그었다. 성모 마리아에게 조용히 기도를 드리고는 연못 속에 자신이 가져온 물을 부었다. 여전히 무릎을 꿇은 채 잠시 눈을 감고 있었다.

그녀가 다시 눈을 떴을 때 물에 어린 것은 그녀의 모습이 아니었다. 연못에 사는 요정의 모습이었다. 마리는 요정에게 사정 이야기를 했다. 요정은 물 속에서 나오지 않고 말하였다. 그 목소리는 땅 위에 사는 아가씨의 목소리만큼 아름다운 목소리였다.

"마리, 뜨거운 물이 가득한 냄비에 사과 아홉 개를 넣고······."

마리는 말했다.

"올해는 사과를 거두지 못했어요. 5월에 내린 때늦은 우박 때문에 사과나무 꽃이 다 떨어져 버렸어요."

요정은 미소를 지으며 다시 말을 이었다.

"마리, 사과가 없으면 계란은 있지요?"

"다행스럽게도 계란은 한 개, 아니 여러 개 있어요. 여태까지 저희 집 닭이 늘 계란을 주었지요."

"계란 한 개를 두 쪽으로 깨세요. 그리고 계란 껍질을 버리지 말고 그 속에 따뜻한 스프를 채우세요. 당신 아기의 자리를 차지한 그 난쟁이 앞에서 이렇게 하면, 그 난쟁이는 왜 당신이 계란 속에 스프를 채우는지 물어볼 거예요. 그러면 당신은 그저 이렇게만 대답하세요. '이걸 우리 밭에 일하러 오는 일꾼 열두 명에게 주려고 그런다.' 하고 말이에요. 그러면 난쟁이는 깜짝 놀라서 이렇게 말할 거예요.

> 떡갈나무를 보기도 전에 도토리를 본 나는
> 암탉을 보기도 전에 하얀 계란을 본 나는
> 수천 년 전부터 수많은 기적을 보아 왔지만
> 이런 일은 본 적이 없네.

바로 그 순간 요람에서 난쟁이를 꺼내서, 등의 껍질이 벗겨질 정도로 힘껏 때려 주세요. 그러면 돼요."

마리는 서둘러서 집으로 돌아왔다. 그러고는 계란 한 개를 집어서 요정이 시킨 대로 했다. 그러자 쭈글쭈글한 난쟁이가 처음으로 말을 했다.

"엄마, 뭘 하려는 거예요?"

마리는 놀랐지만 태연한 척하면서 대답했다.

"우리 밭에 땅을 갈러 오는 일꾼 열두 명에게 주려고 그런다."

"열두 명이요? 계란 한 개로?"

요정의 말대로 난쟁이는 노래를 읊기 시작했다.

> 떡갈나무를 보기도 전에 도토리를 본 나는

암탉을 보기도 전에 하얀 계란을 본 나는
수천 년 전부터 수많은 기적을 보아 왔지만
이런 일은 본 적이 없네.

그 순간 마리는 난쟁이를 잡았다. 그러고는 때렸다! 한 번, 두 번. ……세 번까지는 때릴 필요도 없었다. 난쟁이는 푸른 연기로 변해서 창문으로 날아가 버렸다.

마리는 요람 속을 들여다보았다. 아, 얼마나 다행인가! 분홍빛 뺨을 한 뽀얀 로익이 누워 있었다. 로익이 눈을 뜨고 말했다.

"엄마, 사랑해요. 엄마한테 뽀뽀하려고 방금 깨어났어요."

악마에게 영혼을 판 선원

오랜 옛날, 브레타뉴 지방의 한 어부 집안에서 사내아이가 태어났다. 아기에게 '장'이라는 이름을 지어 준 아버지는 아이들이 너무 많아서 먹여 살리기가 힘들었기 때문에 장이 조금 크자마자 바다로 내보냈다. 소년 선원 장은 영리하고 솜씨가 있었고 여러 항해를 통해 꽤 경력을 쌓게 되었다. 장이 타는 배의 선주는 이 젊은 선원이 다른 선원들보다 월등히 똑똑하고 용감하며, 주어진 일을 열심히 한다는 사실을 곧 알게 되었다. 그는 장에게 선장 자격증을 딸 기회를 주었다. 그래서 가난한 어부의 아들은 외항선의 선장이 되었다.

선주는 그에게 가장 어려운 항해를 맡겼고, 젊은 선장은 인도, 중국, 일본까지 가서 차와 향료를 싣고 왔다. 무풍도, 강풍도 두려워하지 않는 그는 다른 배들보다 더 빨리, 더 문제 없이 약속한 항구에 도착하곤 했다. 그 덕분에 선주는 큰 부자가 되었고, 그를 마치 자신의 아들처럼 아끼게 되었다. 장이 항해에서 돌아올 때면 그를 식사에 초대하였고 아버지처럼 돌보아 주었다.

이렇게 선주의 집을 드나들면서 장은 선주의 외동딸과 사귀게 되었다. 그녀는 바로 아름다운 자네트였다. 젊은이들이 종종 그렇듯이, 이 두 사람도 첫눈에 서로에게 반하여 열렬히 사랑하게 되었다. 그래서 장이 항해를 떠날 때면 자네트는 남모르게 눈물을 흘렸고, 그가 항구에 도착하면 그녀는 제일 먼저 선창으로 가서 그의 배를 기다리고 있었다.

오래지 않아 선주는 두 젊은이가 서로에 대해 품고 있는 감정에 대해 알게 되었다. 어느 날 장이 항구에 귀환하자, 선주는 이 젊은이의 자신의 딸에 대한 감정이 어느 정도인지, 또 장래 계획은 어떤 것인지 알아보기로 마음먹었다. 선주는 장을 불러 의문점을 물었고, 장은 용기를 내어 선주에게 자신은 자네트를 깊이 사랑하고 있으며, 그녀도 자신을 깊이 사랑하고 있음을 확신한다고 했다. 그리고 자네트와 결혼하고 싶다고 했다. 그러자 선주가 말했다.

"이보게. 나는 자네에게 배은망덕한 인간으로 비치고 싶지는 않네. 자네가 여태까지 나를 위해서 한 일을 절대로 잊은 건 아니야. 그 점에 대해 늘 고맙게 여기고 있네. 자네도 알다시피 네게 만약 아들이 있었다면, 그 아들이 자네 같았으면 할 정도야. 그렇지만 자네트는 내 외동딸이야. 그 아이가 언젠가 고통받게 되도록 둘 수가 없어. 선원이라는 직업이 얼마나 위험한 일인지 자네나 나나 잘 알지 않나. 내가 아무리 자네의 능력과 용기 그리고 늘 자네를 따라다니는 행운을 높이 평가한다고 해도, 누가 알겠나? 혹시 어느 바다 한가운데서 무시무시한 폭풍이 자네를 노리고 있는지, 또 바다 깊이 자네를 밀어넣을 파도가 저 넓은 대양 어디선가 밀려오고 있을지 말이야. 나는 내 딸이 돌아오지 않을 사람을 허망하게 기다리며 눈물 흘리는 모습은 보고 싶지 않네. 말했다시피, 나는 자네를 무척 좋아하네. 절대로 안 된다고는 말하지 않겠네. 그렇지만 자네트와 결혼하겠다면, 자네가 돈을 많이 벌어서 나 같은 선주가 되어야 해. 자네가 더 이상 직접 배를 타지 않아도 된다는 조건 하에 결혼을 허락하겠네."

장은 무척 마음이 상해서 선주의 집에서 나왔다. 그러고는 자신을 기다리고 있던 자네트를 만나러 갔다.

"당신 아버지가 나쁜 사람이어서가 아니야. 선주님이 나를 무척 좋아하는 것도 사실이야. 하지만 선주님의 눈에 난 당신과 결혼하기에는 너무 가난하다는 거지. 내가 선주로 자립할 정도로 부자가 되어서 더 이상 배를 타지 않아도 된다면 결혼을 승낙하시겠다는군. 나에게 이런 제안이라도 해 주신 것이 고맙지 뭐. 그렇지만 그 제안이 내게 무슨 소용이 있겠어. 내가 가진 재산은 당신 아버지 밑에서 일하면서 모은 돈 약간이 전부인데. 내 부모님은 너무도 가난하셔서 손을 벌릴 수가 없어."

자네트는 애써 그를 위로했지만 장은 이미 그녀의 말이 귀에 안 들어왔다. 그의 머릿속에 생각이 하나 떠올랐기 때문이다. 항해하는 도중, 나이 많은 선원들이 종종 전설의 황금 섬에 대해서 이야기하는 것을 들은 적이 있었다. 그들 말로는 이 섬은 남쪽 아주 먼 바다에 있는데 전체가 황금으로 덮여 있어서, 섬을 발견하는 사람은 한 배 가득 황금을 싣고 돌아와 이 세상 어느 왕보다 부자가 될 것이라고 했다. 이 섬을 찾아 떠난 선원은 많이 있었지만 그들 중 아무도 돌아오지 못했기 때문에, 과연 얼마나 엄청난 보물이 있었는지를 얘기해 줄 수 있는 사람이 없었다. 그 섬은 악마가 늘 직접 지키고 있으며, 누가 황금을 실어가려고 배의 닻을 내리도록 내버려 두지 않아서 누군가가 겨우 그 섬에 가까이 간다 해도 악마가 그를 죽여 버린다고들 했다.

장은 황금 섬을 찾아 떠나기로 마음먹었다. 자네트와 결혼하려면 이 길 말고 무슨 방법이 있겠는가? 그가 자네트에게 그녀의 아버지가 요구한 부를 얻기 위해 택한 길을 이야기하자, 그녀는 장이 이 계획을 포기하게 하려고 애를 썼다.

"장, 그런 생각이라면 빨리 포기하세요. 악마를 우습게 보면 안 돼요. 난 당신이 그렇게 위험한 일을 하는 걸 원치 않아요. 우리 조금만 더 기다려요. 아버지 마음을 움직일 수 있을 거예요. 아버지는 우리 결혼을 승낙하실 거예요."

장은 그녀에게 잘 생각해 보겠노라고, 서둘러 결정하지는 않겠노라고 약속했다. 그러나 마음속으로는 이미 황금 섬으로 가는 길을 곰곰이 생각하며 준비하고 있었다.

이런 일이 있은 후, 그는 동쪽 먼 나라로 항해를 하게 되었다. 항해 도중 배가 인도양에 이르렀을 때 장은 배를 정지시키고 선원들을 갑판 위로 소집하였다.

"선원 여러분, 내가 지금 하는 말을 잘 들으시오. 여러분은 내가 이번 항해 출발 전에 평소보다 훨씬 더 철저히 배를 정비하게 하고, 필요량보다 더 많은 식량을 싣는 것을 보았을 것이라 믿소. 이유없이 그렇게 한 것이 아니오. 우리는 이제 아주 긴 항해를 하게 될 것이오. 여러분 중에서 황금 섬에 대해 들어 보지 못한 사람 있소? 여러분은 그 섬을 발견하는 사람을 기다리고 있는 엄청난 보물에 대한 모든 이야기를 알고 있을 것이오. 그 사람은 평생 죽을 때까지 이 세상 어느 귀족 나리보다 부자로 살 수 있을 만큼, 그리고 자손 대대로 왕족이나 귀족처럼 살 수 있는 부를 물려줄 수 있을 만큼 많은 황금을 자기 배에 싣고 올 수 있을 거요. 나는 여러분과 함께 그 섬으로 갈 것이오. 나와 동행하는 사람 모두에게 똑같은 몫을 줄 것을 약속하겠소. 그리고 이 배에 황금을 가득 싣고 돌아올 것을 약속하겠소. 자, 누가 나와 함께 가겠소?"

대답으로 환호성이 울려퍼졌다. 선원들은 누구나 마음속으로 황금 섬을 꿈꾸고 있었던 것이다. 그들은 모두, 언젠가 행운이 찾아와 자기가 타고 있는 배가 바다 한가운데서 길을 잃고 표류하다가 전설의 섬에 닿고, 가져올 수 있는 대로 잔뜩 황금을 싣고 돌아오는 꿈을 꾸고 있었다. 게다가 장과 같은 선장과 함께라면 지옥에 간다도 두려울 것이 없는 충직한 선원들이었다.

단 한 사람만이 선장의 계획에 반대했다. 그는 늙은 타수였는데, 백발이 되도록 선주 밑에서 일해 온 사람이었다. 그는 무엇보다도 선주 편에 서서 말했다. 그는 젊은 선장이 결정을 번복하도록 노력했다. 그들 모두 선주의 명령에 따를 것을 맹세한 이상, 항로를 변경한다는 것은 선주에 대한 신의를 저버리는 것이라는 점을 상기시켰다. 또한 이 같은 행동은 명백한 반란이며 여기에 대한 형벌은 해상법에 따르면 죽음뿐이라는 사실도 상기시켰다.

장 선장은 대답했다.

"만약 우리에게 운이 있다면 황금 섬을 발견하게 되겠지. 그리고 우리 모두 아주 부자가 되어 돌아올 것이고, 선주도 자기 몫을 받게 될 텐데, 자네 생각엔 이런 경우에도 그가 우리를 비난하고 처벌할 것 같은가? 정말이지 난 그렇게 생각하지 않네. 그리고 만약 우리에게 운이 없다면 우리 행동의 결과에 대해 생각해 볼 필요도 없지. 이런 경우에는 우리들 중 누구도 살아 돌아오지 못할 테니까. 죽은 자들을 처벌할 수는 없지 않나? 자, 여러분이 얼마나 큰 위험을 무릅써야 하는지 나도 잘 알고 있소. 여러분도 잘 알아 주길 바라오. 그러나 행운은 용감한 자들에게 오는 법이오!"

그렇게 해서 길고도 긴 열두 달 동안 장 선장의 배는 남쪽 바다를 항해했다. 불안감이 선원들에게 엄습해 왔다. 썩어서 벌레가 우글거리는 고기와 돌처럼 딱딱한 비스킷 그리고 겨우 마실 만한 물을 장 선장도 먹지 않았더라면, 선원들은 반란을 일으켰을 것이다.

그러나 이 모든 것에도 불구하고, 장 선장은 인내와 규율의 힘이 한계에 와 있다는 것을 잘 알고 있었고, 이 상태를 유지하기도 어렵다는 사실도 알고 있었다. 그는 선원들을 소집하여 이렇게 말했다.

"1년 전부터 우리는 황금 섬을 찾아 헤매었소. 열두 달 동안 찾아 헤맸지만 허사였소. 난 여러분들의 생각을 짐작할 수 있소. 여러분들이 먹어야 하는 음식은 더 이상 음식이라고 할 수조차 없소. 여러분의 옷은 누더기가 되었소. 하지만 우리의 항해 끝에 기다리고 있는 보물을 생각해 보시오. 앞으로 한 달만 더 나를 믿고 따라 주시오. 난 우리가 반드시 그 섬을 찾게 되리라 확신하오! 한 달만이오! 만약 우리가 황금 섬을 찾지 못하게 되면 그 즉시 고향으로 돌아갈 것이오. 그리고 거기서 내 결정에 대해 주저 없이 책임을 질 것이오."

선원들은 조용해졌다. 선장의 말이 그들에게 다시 희망을 주었다. 배는 남쪽 바다에서 탐색 작업을 계속했다. 한 달이 흘렀다. 어디를 보아도 망망대해만이 있었고, 단조로운 리듬으로 영원히 일렁이는 푸른 물결만이 보일 뿐이었다.

드디어 이 열세 번째 달의 마지막 날이 왔다. 장 선장이 선원들에게 요구했고, 또한 자기 스스로에게 부여한 기간의 마지막 날이 온 것이다. 바로 그 날 수평선에 황금 섬이 나타나지 않으면 모두 끝이었다. 항구로 돌아가면 그는 선주 앞에 나설 수 있을 것인가? 자네트를 만나 얘기를 나누고 손을 잡고 안아 볼 수 있을 것인가? 아니다. 그건 불가능한 일이었다. 그는 선주에게 명령을 어기고 손해를 입힌 것에 대한 대가를 지불해야 할 것이다. 그리고 자네트와 결혼하여 평생 그녀 곁에서 지내려는 꿈을 영원히 접어야 할 것이다.

절망에 빠진 장 선장은 큰 소리로 외쳤다.

"아니야! 차라리 내 영혼을 악마에게 팔겠어! 선원들이 말한 대로 정말 악마가 그 섬을 직접 지키고 있다면, 악마는 분명 이 근처에 있을 거야. 지옥의 왕자여, 내가 너를 부르고 있다. 내 목소리 듣고 있나? 난 네 황금과 내 영혼을 맞바꾸자는 거야!"

그가 소리치자마자 맑았던 하늘이 갑자기 구름으로 뒤덮이고, 눈부신 번개가 어둠을 갈랐다. 그때까지 조용하던 파도가 일어나 해일이 되었다. 갑자기 거대한 배 한 척이 깊은 바다 속에서 솟구치듯, 파도 위로 떠올랐다. 이 배는 장이 보았던 도시들 중 제일 큰 도시보다도 더 컸고, 뱃머리가 높이 치솟아 구름을 뚫을 것만 같았고, 거대하고 붉은 돛은 하늘의 절반을 덮었다.

이 이상한 배의 선교에는 키가 아주 큰 남자 한 사람이 서 있었다. 그는 머리 꼭대기부터 발끝까지 검붉은 망토를 두르고 있었다. 그리고 움푹 팬 창백한 뺨, 정갈하게 다듬은 칠흑의 턱수염이 이와 대조를 이루어 뚜렷이 보였다. 남자의 납빛 뺨 위에는 이글거리는 두 눈이 빛나고 있었다. 남자는 쉰 목소리로 말했다.

"선장, 날 불렀나? 나 여기 있네. 내게 거래를 하자고 했나? 좋아. 하지. 잠시만 기다리게. 내가 자네 옆으로 갈 테니. 가서 얘기하자고."

검은 배에서 바로 보트 한 척이 내려지고, 장 선장이 정신을 차리기도 전에, 그의 배 선교에 이 이상한 남자가 와 있었다. 이 남자의 발이 배에 닿는 그 순간, 흥분한 목소리가 뱃머리에서 들려왔다.

"야호, 선장님, 섬이 보여요! 황금빛으로 빛나는 섬이에요! 우와, 우리가 섬을 찾았어요!"

그러는 동안, 이 불길한 사람은 들어가도 되느냐고 묻지도 않고 선장실로 들어갔다. 장은 그를 따라 들어가는 수밖에 없었다. 장은 두 다리로 간신히 지탱하고 서 있었다. 아직도 어리둥절하여 정신이 들지 않았다. 이 놀라움은 차츰 까닭 모를 두려움으로 변하기 시작했다. 이상한 남자가 말했다.

"들었나! 선장? 황금 섬이라네. 자네가 꿈꾸던 그 섬 말이야, 그렇지 않은가? 그건 내 섬이야. 내 소유라고. 난 내 황금을 거저 주지 않아. 그걸 팔지. 여느 장사치들처럼 말이야. 그다지 비싸게 팔진 않는데 단지 인간의 영혼만 받지. 자네 영혼 말일세, 선장. 자네가 원한다면 그렇게 함세. 바로 값을 치르지 않아도 돼. 외상으로 주지. 이 어음에 서명만 하면 되네. 자네 피로 말이야. 자네가 원하지 않으면 안 사도 돼. 하지만 섬은 다시 바다 밑으로 사라질 거야. 자네 배와 자네 선원들도 함께 말일세. 어떤가? 나와 거래를 할 텐가?"

불쌍한 장이 어떤 결정을 할 수 있겠는가? 자신의 영혼을 내놓겠다고, 아니면 선원들의 목숨을 내놓겠다고? 이러는 사이, 선교에 모인 선원들은 마침내 바라던 목적을 이루었다고 흥분에 들떠 소리를 지르고 기뻐서 날뛰었다. 어떻게 그럴 수가 있단 말인가? 그들은 이상한 배와 불길한 방문객을 보지 못했단 말인가? 그들은 악마가 이 배에 직접 와 있다는 사실을 알지 못한단 말인가?

그랬다. 사실 그들은 아무것도 보지 못했다. 장의 눈앞에만 악마가 나타났고, 악마는 그만을 만나러 온 것이었다. 다른 사람들은 악마를 부르지 않았기 때문에, 그들의 눈에는 악마가 보이지 않았다.

악마는 장의 생각을 알아차렸다.

"겁낼 것 없어. 지금 자네 부하들은 아무것도 모르고 있어. 우리가 계약을 맺는다 하더라도 저자들에게는 말할 필요가 없어. 어때, 서명하겠나?"

장은 열에 들뜬 채 이 사태로부터 벗어날 방법을 생각하고 있었다. 아니, 최소한 결정적인 대답을 늦출 방법을 찾고 있었다. 마침내 한 가지 생각이 떠 올랐다.

"물론 서명하지. 내가 자네를 괜히 부른 건 아니니까. 약속한 거나 마찬가지라고 볼 수 있지. 게다가 이렇게 와 줘서 고마워. 그리고 자네의 황금을 팔겠다니 고맙고. 그런데 사고는 싶지만 내가 우리 고향에까지 가져갈 수 없다면 자네 황금이 다 무슨 소용이 있겠나? 지금 내 배가 얼마나 엉망인지 보게나. 선채는 부서지고, 돛은 누더기가 되었네. 선원들은 지금 너무나 지쳐서 어느 항구든지 갈 수나 있을지 의문이라네. 자네 배를 보았는데 그만 한 돛이면 파도를 번개처럼 가로지르며 나아갈 수 있겠더군. 그러니 우리가 황금을 실으면 자네가 우리 배를 고향까지 좀 끌고 가 주게. 우리 배가 항구에 닻을 내리자마자, 자네가 약속을 이행한 것으로 인정하고 배 위에서 어음에 서명을 하지."

"여보게, 장 선장! 내가 타고 다니는 배는 닻을 내리지 않아. 이 배가 질주할 땐 멈출 수가 없단 말이야. 이 배는 태풍을 타고 앞으로 나가지. 그리고 지나가는 길에 있는 것은 모두 태워 버리지. 하지만 우리의 거래가 성사될 수 있도록 내가 자네의 귀향길을 보장해야 한다는 점은 인정하지. 내가 자네 배를 조종하겠네. 내가 얼마나 배를 잘 모는지 보라고. 그리고 이 일은 자네와 나, 둘만의 일이니까, 자네 선원들의 귀찮은 질문을 피할 수 있게 이렇게 하지. 황금 섬 해안에 닻을 내리게. 자네와 나는 황금 섬 해안에서 만나는 거야. 난 난파당한 사람의 행색을 하고 있겠어. 파도에 휩쓸려 그곳에 와 있던 나를 자네 배에 태워 구해 주는 거야. 하지만 이건 잊지 말게. 자네 배가 약속한 항구에 닿자마자 이 어음에 서명해야 하네."

악마는 이 말을 마치자 바다 속으로 사라졌다. 장은 선교로 올라가 그가 나타나기를 기다리던 선원들에 합류했다. 잠시 후 배는 섬의 황금 해안에 닻을 내렸다.

황금 섬의 전설은 전혀 과장된 것이 아니었다. 섬의 해안선을 따라서 황금 해변에 파도가 밀려와 부서졌다. 높은 곳에는 황금 절벽이 솟아 있었고, 섬 내부에는 불그스름한 빛을 발하는 황금이 끝없이 널려 있었다.

선원들은 주저하지 않고 재빨리 배에 황금을 싣기 시작했다. 오랜 항해로 쌓인 피로나 탈진의 흔적은 마술에라도 걸린 듯 사라졌다. 발밑에 널린 막대한 부가 그들에게 새로운 활력을 주었던 것이다. 그들은 금을 싣느라 정신이 없어서, 섬에 조난당한 사람이 있고 선장이 그를 배에 태워 주기로 약속하는 것조차 거의 알아차리지 못했다.

배에는 금방 황금이 가득 찼고 장은 귀환 명령을 내렸다. 선원들은 닻을 올리고, 뱃머리를 돌려 넓은 바다로 향해 나아갔다. 잠시 후, 황금 섬은 그들의 시야에서 사라졌다. 섬은 마치 처음부터 존재하지 않았던 것처럼 수면에 그림자조차 남지 않았다.

항해 중 내내, 장이 섬에서 구해 준 조난자는 선장실을 떠나지 않았다. 하지만 선원들은 그 사실에 별로 신경 쓰지 않았다. 그들은 모두 머릿속에 한 가지 생각만을 했다. 자기 몫의 황금을 가지고 고향으로 돌아가 멋진 인생을 펼치는 것이다.

말 없는 손님과 동행하고 있는 선장 장만이 고민에 빠져 있었다.

마치 한 마리의 야생마처럼 배는 파도를 뛰어넘으며 질주했다. 석 달이 지나자 마침내 항구가 눈에 들어왔다. 자네트는 장이 바다로 나간 후로, 언젠가 장의 배가 수평선에 나타날 것이라고 생각하면서 창가를 떠나지 않고 바다를 지켜보고 있었다. 드디어 그녀는 멀리 물결 위로 그녀가 그토록 기다려왔던 배의 윤곽이 나타나는 것을 보았다. 그녀는 서둘러 아버지에게로 달려가 이 기쁜 소식을 전했다. 그들은 곧바로 함께 보트에 올라 장을 맞으러 나갔다.

그들이 장의 배에 오르자, 흥분한 선원들이 그들을 에워쌌다. 선원들은 자신들이 만난 믿을 수 없는 행운에 대해 말하려고 모두들 떠들어댔다. 선주는 자신의 귀를 믿지 않았다. 그러나 늙은 타수가 그를 화물칸으로 데려가자 그는 이 상황을 받아들였다. 어떤 인간도 한 장소에 이렇게 많은 황금이 쌓여 있는 것을 본 적이 없을 것이고 아마 앞으로도 없었을 것이었기 때문이다.

선교에서는 자네트가 열심히 눈으로 장을 찾았지만 찾을 수 없었다. 그녀는 선장실로 달려갔다.

그러나 그녀가 선장실 문을 열었을 때, 자기가 알고 있었던, 그리고 사랑했던 장과는 많이 달라진 장을 발견하였다. 그는 머리도 제대로 들지 못하고 그녀를 고통스러운 눈길로 바라보았다. 그의 앞에는 창백한 얼굴에 불타는 눈을 가진 이상한 사람이 서서, 그에게 종이 한 장을 내밀며 말하고 있었다.

"자, 자네 고향에 다 왔네, 선장. 난 내 약속을 아주 세세한 부분까지 다 지켰어. 이제 자네가 그렇게 해야 할 차례야. 자, 여기 어음이 있네. 서명하게! 자네 피로 말이야! 때가 되면 내가 자네를 데리러 올 테니!"

바로 그때 자네트는 무슨 일이 일어났는지 알아차렸다. 그녀는 장이 어떤 위험한 모험을 감행했는지 잘 알고 있었다. 그녀도 전설을 들어서 황금 섬이 악마의 소유라는 사실을 너무나도 잘 기억하고 있었던 것이다. 이 이상한 남자가 바로 그 악마라고 생각하면서 그녀는 정신을 차리고 머리를 굴렸다.

"오, 나의 사랑 장, 무슨 일이 있는지는 잘 모르겠지만, 이분의 말씀이 옳으신 것 같아요. 당신이 약속을 했으면 지켜야지요. 당신이 약속을 지키지 않으면 난 당신을 더이상 존경하지 않을 거예요!"

장은 너무도 놀라서 한 마디 말도 할 수가 없었다. 그는 그저 슬픈 눈으로 자네트를 돌아보고는 깊은 한숨을 내쉬었다. 그는 종이를 받으려고 손을 뻗었다. 바로 그 순간 자네트는 악마의 손에서 그 종이를 낚아채었다. 그리고 말했다.

"오, 죄송해요. 제가 한 가지 일을 잊었어요. 여보세요, 실례지만 여기까지 누구 배를 타고 오셨나요?"

깜짝 놀란 악마는 이 아가씨의 얼굴을 잠시 뚫어져라 바라보았다. 그러고는 대답했다.

"당연히 이 배를 타고 왔지!"

"그렇다면 당신은 승선료를 내야겠군요. 얼마나 지불하시겠어요? 제가 한 말이 실례가 되었다면 용서하세요. 하지만 저는 이 문제를 짚어야 해요. 제 아버지가 이 배의 주인이세요. 아버지의 이익을 지켜야죠. 그럼 어떻게 지불하시겠어요?"

"그렇다면……."

몹시 화가 난 악마는 말했다.

"아가씨가 원하는 걸 말해 보시오. 그럼 그걸 주기로 약속하지."

"지금 한 말 잘 기억해 두세요."

자네트는 미소를 띠며 말했다.

"전, 이 종이 한 장이면 돼요. 저에게 원하는 걸 주기로 방금 동의한 것 아시죠."

그러고는 악마의 눈앞에서 그 종이를 잘게 찢어서 선실 창 밖의 바다로 던져 버렸다. 악마는 화가 나서 소리쳤다.

"이, 이 아가씨가 날 속였군! 좋아, 이번에는 자네가 이겼어. 하지만 선장, 자네한테 경고하는데, 자네가 바다에 나오면 그땐 가차 없이 없애 버리겠어!"

이 말을 남기고 악마는 날아가 버렸다. 그가 떠난 자리에는 유황 연기만이 조금 남았다.

장 선장은 현명한 자네트와 곧 결혼했고, 두 사람은 죽는 날까지 행복하고 평화롭게 살았다. 아주 큰 부자가 된 장은 다시는 배를 타고 바다로 나가지 않아도 되었고, 악마는 자신의 불길한 약속을 실행할 기회를 결코 잡지 못했다.

밤에 빨래하는 여자

마오 쿠자네크와 그의 아내 앙도리는 네 아이와 함께 플로네베자 파우 교구에 살고 있었다. 마오는 종일 나무를 베고 자르는 나무꾼이었다. 다른 곳도 마찬가지겠지만, 브레타뉴에서는 나뭇꾼이 부자가 되는 일이 결코 없었으며, 일터로 갈 때 자신의 배낭에 갓 구운 빵과 베이컨 같은 것을 넣고 가는 일은 절대로 없었다. 먹을 것이랍시고 보리빵 한 조각을 가져갈 뿐이었다.

앙도리는 실 잣는 일을 했다. 때로는 밤늦게까지도 물레와 솜뭉치를 놓지 못했다. 그녀는 다림질 일까지도 맡아서 했다.

삼위일체 축일을 앞둔 토요일이었다. 전날, 마을 사람들은 뿔 달린 짐승을 지켜주는 성 에르보에게 바치기 위해 버터 덩어리를 성당으로 가져갔다. 앙도리는 빨래터에 다녀와야겠다고 생각했다. 일주일 내내 실을 잣고 다림질을 하느라, 아이들과 남편이 성당의 큰 미사에 입고 갈 셔츠를 빨 시간이 없었기 때문이다. 하지만 그날 저녁에는 다행히 짬을 내어 빨래를 할 수 있을 것 같았다. 늦은 밤 달빛만이 산 자들의 세계를 비췄다.

그녀가 빨래터에 자리를 잡자 어떤 여자가 다가왔다. 그 여자는 머릿수건을 쓰지 않은 채 흰옷을 입고 빨래를 한 아름 들고는 말했다.

"안녕하세요, 아주머니. 이것들을 빨려고 하는데 옆에서 해도 되겠어요?"

앙도리는 약간 놀라고 겁이 났지만 상냥하게 대답했다.

"물론이지요. 자리는 넉넉해요."

그 여자는 순식간에 빨래를 해치웠다. 옷가지와 이불 홑청에 비누를 문지르고 비비고 두드려서 헹구는 일을 눈 깜짝할 사이에 다했다. 그러고는 앙도리에게 말했다.

"도와드릴까요? 아주머니 빨래를 전부 해 드릴 수도 있어요. 빨래 방망이를 든 팔이 힘들어 보여요."

앙도리는 미소를 띠면 대답했다.

"그래요. 난 좀 힘들어요. 살기가 어렵거든요. 아침부터 저녁까지 일만 하지요. 심지어는 한밤중에도 일이 끝나지 않을 때가 종종 있어요."

"그 셔츠들 제가 빨아 드릴게요. 이리 주세요. 집에 밀린 빨랫감이 있으면 가서 가져 오세요. 우리 둘이서 하면, 저 보름달이 이 비눗물로 세수하는 것을 마치기 전에 끝낼 수 있을 거예요."

앙도리는 이 낯선 여자에게 연신 고맙다고 하면서, 남은 빨랫감을 가지러 집으로 달려 갔다.

집에 도착하자, 이렇게 빨리 돌아온 앙도리를 본 남편 마오는 깜짝 놀랐다. 그녀는 자신이 만난 여자 이야기를 했다. 그리고 그녀가 이 여자가 얼마나 상냥한지 설명하기도 하기 전에, 마오는 말을 잘랐다.

"이런 불쌍한 여편네야! 이런! 당신이 지금 마누에 노즈를 만난 거 알아? 귀신말이야. 그 귀신은 악마의 명령을 받고 당신이나 우리 아이들의 영혼을 훔치러, 마치 성모 마리아처럼 착한 척하면서 당신한테 접근한 것이 틀림없어. 어서 문이나 단단히 걸어 잠그라고."

"하지만 내가 다시 돌아가지 않으면, 그 여자가 내 빨래를 갖다 주러 여기로 올 텐데."

마오는 다시 말했다.

"빨리 문이나 잠가. 그리고 내가 하라는 대로 해. 빗자루로 집 안을 쓸고 난 다음, 빗자루를 구석에 거꾸로 세워. 벽난로 옆에 있는 세 발 달린 냄비 받침대는 못에다 걸고, 양동이에 담긴 빗물로 당신 손도 씻어."

앙도리는 얼른 남편이 시키는 대로 했다. 그녀가 손을 씻자마자 마오는 양동이의 빗물을 벽난로에 끼얹어 불을 꺼 버렸다.

옷을 벗을 틈도 없이 그들은, 그들이 결혼하기 전 바닷바람에 키질을 한 귀리가 들어 있는 이불 속으로 들어갔다.

그렇다. 그 여자는 귀신이었다. 그녀는 아무리 기다려도 앙도리가 오지 않자, 집으로 찾아와 문을 두드렸다.

"앙도리 쿠자네크, 문 열어 줘! 당신 빨래를 깨끗이 빨아서 가지고 왔어."

앙도리도 그녀의 남편도 대답하지 않았다. 귀신은 문을 열게 하려고 일곱 번을 두드렸다. 하지만 소용이 없었다. 그러자 잠시 침묵이 흘렀다. 그리고 갑자기 엄청난 돌풍이 부는 소리가 들렸다. 그것은 다름아닌 귀신의 분노였다. 이불 속에 꼭 숨어 있는 앙도리와 마오는 그녀의 목소리를 들었다.

"세 발 달린 냄비 받침대야, 예쁜 냄비 받침대야, 이 문 좀 열어라. 저 기독교도들은 내 말을 들어 주지 않는구나."

"그럴 수가 없어요. 전 못에 걸려 있어요."

냄비 받침대가 더듬거리며 대답했다.

"내 착한 빗자루야, 어서 와서 문 좀 열어 다오."

"그럴 수가 없어요. 전 거꾸로 세워져 있어요."

"그렇다면 양동이에 담긴 물아, 내 착한 빗물아, 나에게로 흘러와서 문 좀 열어 줘."

"그럴 수가 없어요. 저자들이 저를 불에다 끼얹어 버렸어요. 저도 불처럼 죽어 버렸어요!"

이렇게 빗물이 대답하자 돌풍은 잠잠해졌다. 앙도리와 마오는 서로 꼭 껴안고 벌벌 떨고 있었다. 귀신의 성난 목소리가 들렸다.

"저주받을 앙도리 쿠자네크, 넌 너를 가르칠 정도로 현명한 나무꾼과 결혼했으니 복도 많구나!"

다음날 네 아이들과 함께 성당에 가는 길에 마오는 앙도리에게 말했다.

"아마 그 귀신은 생전에 비누를 아끼느라고 돌로 사람들의 옷을 문질러 빤 죄를 지은 여자일 거야. 그 죗값을 치르느라고 천국에서 편안히 지내지 못하고, 백년이고 천년이고 빨래를 해야 하는 벌을 받은 게지. 그 귀신은 당신을 잡아다 자기 일을 시키려고 했을 거야!"

●──주

1   manoues-noz. 여자 유령 또는 마녀를 일컫는다. 특히 밤에 빨래하는 유령인 경우, 때로는 강네레즈 노즈(gannerez-noz)라고도 한다.

●——남부 지중해 연안.

드모아젤 호와 마녀들

  투아누는 평범한 어부가 아니었다. 그는 자신의 고깃배와 조금 특별한 관계를 맺고 있었다. 그는 이 배를 자신의 가족의 일원으로 여겼다. 자신의 손으로 직접 만든 이 배를 마치 아버지가 딸을 사랑하듯이 사랑하였다. 이 배를 바다에 타고 나간 후부터 투아누는 바다가 따분하다고 느껴 본 적이 없었다. 이렇게 붙어다닌 지 어언 10년이 되었다!

  드모아젤 호는 프로방스 지방에서 가장 아름다운 고깃배였다. 노랗고 파란색으로 칠한 기다란 몸체의 우아한 선은 질투심을 불러일으켰다. 앞으로 뻗은 뱃머리에는 커다란 두 눈이 그려져 있어 거의 인간과 같은 관능적인 모습을 하고 있었다. 그리고 그 의미심장한 눈길은 마치 이렇게 말하고 있는 듯했다.

  "너희들이 어떤 나쁜 마음을 품고 있다면 그냥 너희들 갈 길이나 가. 우리 투아누에게는 신경 쓰지 말고. 만약 우리 투아누를 건드리면 너희들 후회하게 될 거야!"

이런 경고 앞에 바람 귀신, 파도 귀신, 암초 귀신은 벌벌 떨었다. 이 귀신들은 감히 드모아젤 호를 공격하지 못했다. 또한 농어도 그물에 걸리지도 않았다. 어부들은 농어가 그물에 걸리면 재수가 없다고 믿고 있었는데, 그에게는 그런 일이 일어나지 않았다.

매일 바다로 나갔다가 항구로 돌아오면 투아누는 드모아젤 호를 손질했다. 항상 그는 먼저 선체를 씻은 후, 갑판을 마석으로 닦고 얽힌 낚싯줄을 차근차근 풀고는, 마지막으로 닻줄 끝에 예쁜 매듭을 지어 주었다.

드모아젤 호에 안 좋은 일이 생길 수 있다는 생각만으로도 투아누는 식은땀을 흘렸다. 그래서 매일 저녁 배에서 내릴 때, 그는 배를 아주 단단히 묶었다. 그리고 항상 같은 방향으로 배를 정박시켰다. 날씬한 선두는 바다를 향하고 땅딸막한 선미는 육지를 향하도록 했다.

어느 상쾌한 아침, 항구에 나온 투아누는 가슴이 찢어지는 듯했다. 드모아젤 호가 반대 방향으로 정박해 있었던 것이다.

"내가 분명히 바로 묶어 놓았을 텐데!"

그는 혼자 말했다.

"투아누, 너 미쳤구나."

사람 좋고 선량한 그는 자신의 부주의를 탓했고, 더욱 드모아젤 호에 관심을 쏟았다. 그러나 다음 날 아침, 투아누는 또다시 이 배가 반대 방향으로 묶인 것을 발견했다.

"됐어."

그는 다소 불안한 마음으로 스스로에게 말했다.

"가끔 이럴 수도 있지 뭐! 드모아젤이 돌아다니고 싶어 안달이 났군. 사춘기 소녀처럼 가출한 거야. 그 나이에는 여기저기 다니면서 보고 싶지. 그런데 난 늘 다람쥐 쳇바퀴 도는 것처럼 같은 일만 반복시키잖아! 난 드모아젤을 즐겁게 해 주지 못하고 있지!"

투아누는 자신의 감정을 숨기려고 애썼다. 그러고는 배에게 최대한 다정하게 말을 걸었다.

"드모아젤, 무슨 일이야? 네 닻줄이 너무 꽉 조이니? 닻줄이 불편해? 내가 널 잘 안 씻겨 주었어? 드모아젤, 혹시 내가 너한테 뭔가 잘못한 일이 있으면 말해 봐. 그러면 내가 바로 사과할게!"

투아누는 오랫동안 배의 눈을 바라보았다. 드모아젤 호는 흔들리기 시작했다. 선체가 요동을 쳤다. 아름답게 그려진 배의 두 눈에 바닷물이 묻어, 눈물처럼 뱃머리에서 흘러내렸다. 그때 배는 이상한 소리를 냈다. 마치 안개를 경계할 때 울리는 고동과 같은 소리였다. 배를 진정시키려고 투아누는 배를 쓰다듬었다. 그리고 뱃머리의 뾰족한 코에 자신의 귀를 갖다 대었다.

"네가 그런 것이 아니라고?"

드모아젤이 말을 끝냈을 때, 그는 되물었다.

"드모아젤, 난 내가 제대로 이해했는지 잘 모르겠어. 다시 한번만 말해 줄래?"

그러자 드모아젤 호는 소리를 내며 흔들리기 시작했다. 투아누는 이제 충분히 잘 알아들었다. 그는 흥분해서 물었다.

"네가 그러지 않았다면 누가 그랬어? 누가 한밤중에 너를 깨워서 이렇게 거꾸로 묶어 둔단 말이야? 어디로 가려고? 대답해 줘, 드모아젤! 누가 범인인지 말해 봐! 당장 가서 그자를 혼내 줄 테니!"

그렇지만 드모아젤 호는 더 이상 말하려고 하지 않았다.

이런 일은 계속 반복되었다. 매일 아침 하루도 거르지 않고 드모아젤 호는 반대 방향으로 묶여 있었다. 그러나 드모아젤 호는 여전히 투아누의 질문에 대답하지 않았다. 그는 온갖 방법을 동원하였다. 부드럽게, 친절하게, 협박도 하고 때로는 냉정하게 대하기까지 하였다. 그러나 드모아젤 호는 아무 말도 하지 않았다. 투아누는 이 사실을 자신의 아내에게 털어놓기로 결심했다. 이 이야기를 들은 그의 아내 아나이스는 처음에는 놀랐으나, 그가 이야기를 계속하자 점점 관심을 보였다. 그러나 투아누의 이야기를 다 듣고 나더니 그녀는 별로 걱정하지 않았다. 그녀는 약간 놀리는 듯한 말투로 대답했다.

"여보, 당신이 착각한 거예요! 드모아젤은 혼자서 움직일 수 없어요. 그건 그저 드모아젤을 탐내는 어떤 자가 당신을 골탕 먹이려고 배를 움직여 놓은 거예요."

"그런 건 확실히 아니야! 그 도둑은 이 배를 타고 나갔대. 꽤 멀리까지 갔다는데!"

"누가 그래요?"

"드모아젤이!"

"뭐, 배가 당신한테 말을 한다고요?"

"말을 하는 게 아니라, 고동 소리를 내지."

"갈수록 태산이네! 여보, 당신한테 제가 충고를 세 가지 할 테니까 잘 들어요. 첫째, 당신 그 야채 수프나 식기 전에 다 먹어요. 둘째, 푹 잘 수 있게 잠 잘 오는 차 한 잔 마셔요. 셋째, 어디 가서 미친 사람 취급받기 싫거든 이 이야기 아무한테도 하지 말아요."

"여보, 정말이라니까······."

"그렇게 확실하다면 배를 감시하면 되잖아요! 됐지요?"

"당신도 알다시피 우리 집에는 개도 없잖아."

"그럼, 고양이더러 지키라고 해요. 누가 배를 건드리면 고양이가 야옹거릴 거예요!"

투아누는 아나이스가 시키는 대로 했다. 바로 그날 저녁, 그는 고양이를 배에 갖다두었다. 그리고 자신은 부교 밑에 숨어 교각에 바싹 붙어 있었다. 자정을 알리는 종소리가 울렸다. 그는 머리 위에서 나는 가벼운 발자국 소리를 들었다. 그는 고개를 조금 들어서, 망토를 뒤집어 쓴 검은 형체 일곱이 일렬로 걸어가는 것을 보았다. 첫 번째 사람이 등불을 들고 나머지를 인도하고 있었다. 그 사람이 나머지 여섯을 드모아젤 호에 태웠다. 놀랍게도 고양이는 잠자코 있는 것이었다. 뿐만 아니라, 고양이는 좋아서 가르랑거리며 이 정체 불명의 도둑들의 다리에 몸을 문질러 댔다. 그들 중 대장으로 보이는 사람이 고양이를 안아 올려서 부교 위에 내려 놓았다.

"여기서 기다려라, 야옹아. 우리는 너를 데려갈 수 없단다!"

그렇지만 흥분한 고양이가 울어대자 대장은 조금 화가 난 것 같았다. 대장이 손가락을 딱 부딪치자, 고양이는 마비되었다. 투아누는 부교 밑에 숨어서 이 장면을 보았다. 불쌍한 고양이는 입을 벌리고 앞발을 공중에 들어올린 채, 뻣뻣하게 굳어 버렸다!

"세상에, 세상에."

투아누는 혼자 말했다.

"저자는 마녀들처럼 발걸음을 마비시키는 재주를 가졌잖아. 악마들이나 저런 능력을 인간한테 전해 주는 게 아닌가! 마녀로군! 옆에 있는 자들도 마찬가지고! 근데 저 목소리는 어디서 들어 본 것 같은데?"

그는 결론은 내렸지만 마음이 편치 않았다. 이런저런 생각에 빠져 있다가 마녀들이 외치는 소리를 듣고 정신을 차렸다.

"한 사람을 위해 출발!"

대장이 시작하자 다른 마녀들도 합창으로 따라했다

"두 사람을 위해 출발, 세 사람을 위해 출발, 네 사람을 위해 출발, 다섯 사람을 위해 출발, 여섯 사람을 위해 출발, 일곱 사람을 위해 출발!"

마지막으로 '출발'이라는 말이 떨어지기가 무섭게 드모아젤 호는 바다를 향해 질주했다!

"이런!"

아연실색한 투아누가 중얼거렸다.

"그래, 최소한 이제 나는 아침이 되면 왜 드모아젤이 바닷물이 젖은 채 거꾸로 묶여 있는지 알게 되었어. 그런데 저 마녀 무리들이 어디로 가는지는 좀 알아야겠어. 내가 악마하고 코를 맞대게 되는 한이 있더라도 이 점은 분명히 해야지!"

다음 날 저녁, 투아누는 자신의 배 밑바닥에 있는 그물 더미 속에 몸을 숨겼다. 자정을 알리는 열두 번의 종소리가 들리자, 일곱 여자가 배에 올라탔다. 그러고는 선체 옆면의 긴 의자에 앉았다. 그런데 드모아젤을 출발시키려는 순간 대장이 다른 마녀들에게 말했다.

"냄새가 나! 너희들은 못 느끼겠어? 조심하자고. 가끔 이상한 자들이 주변에서 어슬렁거리기도 하거든!"

"대장은 너무 예민한 것 같아."

그들 중 하나가 대답했다.

"어서 출발하게 주문이나 시작해."

일곱 마녀는 전날 밤과 같은 일을 했다.

그리고 모두가 '일곱 사람을 위해서 출발'까지 외쳤다. 그런데 이번에는 드모아젤이 조금도 움직이지 않았다! 투아누는 들킬 거라

는 불안감에 휩싸였다. 마녀는 분명히 그를 금방 찾아낼 것이다! 그때 한 마녀가 웃으면서 말했다

"대장이 왜 그렇게 예민한지 이제야 알겠어. 대장은 임신한 거야. 그러고는 우리에게 숨기고 있었지?"

"넌 정말이지 멍청해!"

대장이 대꾸했다. 당황한 마녀는 발로 바닥을 톡톡치며 말했다.

"어디 그런지 아닌지 볼까! 여덟 사람을 위해 출발!"

드모아젤은 명령을 수행했고 믿을 수 없는 속도로 바다 위를 미끄러져 갔다. 몇 분 후 배가 멈추었다. 투아누는 마녀들이 내리는 소리를 들었다. 그리고 그 소리가 멀어질 때까지 기다려서 그물 밑에서 나왔다. 후끈한 공기가 느껴졌다. 멀리서 피라미드가 보였다. 그는 자신이 이집트에 와 있다는 것을 알아차렸다. 투아누는 놀라서 소리쳤다.

"세상에, 세상에! 불과 몇 분 만에 지중해를 건널 수 있는 여자들이라면, 엄청난 마력을 가졌을 거야!"

그는 두려웠지만, 일곱 마녀가 간 길을 따라갔다. 그곳은 커다란 궁전의 정원이었다. 그녀들은 멋있는 기사들과 춤을 추었고 매우 즐겁게 놀고 있었다. 이 여자들은 이렇게 모여서 신나게 놀려고 온 것이었단 말인가! 그는 자신이 꿈을 꾼 것이 아니라는 것을 증명하기 위해서, 대추 야자 한 송이를 따가지고 배로 돌아가 그물 더미 속에 숨었다.

새벽이 되기 직전, 일곱 마녀는 술에 취해서 비틀거리며 배로 돌아왔다. 그녀들은 술을 많이 마셔서 미친 사람처럼 깔깔대며 웃고 목이 터져라 노래를 불렀다.

드모아젤은 이집트에서 돌아온다.
돛을 달고
순금의 돛대를 달고
산호를 몸에 붙이고
그리고 선장 투아누는
드모아젤을 사랑하지, 사랑하지!

비웃는 듯한 웃음을 터뜨리며, 그녀들은 돌아가는 주문을 외우고는 다시 웃어댔다. 몇 분 후, 드모아젤 호는 다시 항구에 돌아왔다. 드디어 투아누는 비밀을 캐냈다!

다음 날 아침에 그는 자신의 엄청난 경험을 이야기하러 신부와 시장을 찾아갔다. 이집트의 태양을 잔뜩 머금은 대추야자를 보자, 신부는 자신이 이 일을 처리하겠다고 했다.

"이 불쌍한 신들린 여자들에게서 마귀를 쫓내야 하네! 그 여자들의 영혼에서 악마를 쫓아내려면, 돌아오는 일요일에 시험을 해 봐야겠어. 내가 성당 앞에 소금을 뿌려놓을 거야. 그러면 그 여자들이 들어올 수 없을 거야. 그 소금은 축성받은 것이라서 마녀들이 겁내거든!"

다음 일요일이 되자, 일곱 여자가 정말로 성당의 문턱을 넘기를 거부했다. 모든 일이 세 남자가 예상했던 대로 진행되었다. 예상하지 못했던 점이 있었다면 그건 그 대단한 대장이 투아누의 아내인 아나이스라는 것이다! 그리고 멍청이 마녀는 시장의 누이인 오귀스틴느이고 또 다른 마녀는 신부의 조카인 마농이었다. 그리고 나머지 마녀들도 모두 훌륭한 집안의 딸들이었다!

이 여자들을 모아놓고 신부가 그 앞에서 뱀 가죽과 오렌지 나무

잎을 태웠다. 그러자 이 냄새를 역겨워하는 악마는 도망가 버렸다! 그리고 이 사건은 적당히 무마되었다.

1   이 이야기에서 마녀는 가부장제의 도덕과 규율에서 탈주한 여인들이다. 이 마녀들은 고양이 한 마리도 해치지 않는 유쾌한 여자들인데 마지막에는 결국 남편, 오빠, 성직자들이 그녀들을 규율 안에 다시 가두게 된다.

악마를 골린 바람 행상

페이르는 행상이었다. 사실 그는 좀 이상한 물건들을 팔고 다녔다. 그의 짐꾸러미에는 천 조각, 부엌에서 쓰는 조리 기구, 여러 가지 잡다한 공구 따위는 들어 있지 않았다. 이따금씩 그는 책 꾸러미를 가지고 다녔는데, 특히 시집을 많이 가지고 다녔다. 그렇지 않을 때는 아무것도 없었다. 책도 한 권 없었다. 그저 그의 기억만 가지고 다녔다. 한때 대단한 음유 시인이었던 그는 많은 시를 외우고 있을 뿐 아니라, 이 마을 저 마을로 장사하러 다니며 들은 이야기를 많이 알고 있었다. 그의 짐이 별로 무겁지도 않은 데다가, 악마가 그에게 시 따위는 가치 있는 상품이 되지 못한다고 속삭였기 때문에 그는 기꺼이 '바람 행상'이라고 자칭하고 다녔다.

그는 긴 시를 낭송한 후 잠시 분위기를 가볍게 하기 위해서 이야기들을 들려 주었다. 시는 들으면서 항상 웃을 수 있는 것이 아닌데 웃는다는 것도 꼭 필요한 일이니까. 그리고 악마를 조롱하는 것은 가장 미묘한 기쁨 중의 하나이다. 페이르의 이야기를 들을 때처럼

●──프랑스 민담

대낮이면 두려움은 덜하다. 하지만 화로 앞에서 악마 이야기를 하는 것은 전혀 다른 문제이다. 다들 알고 있듯이 악마는 불을 아주 좋아한다. 화로에 불이 환하게 타고 있을 때 화로에서 튄 불티나 불똥에서 갑자기 나타난 악마가 "뭘 원하는 거야?" 하고 크게 물으면 당신이 어떤 표정을 지을지 정말 궁금하다!

페이르는 시 두 편을 낭송하는 사이에 자신이 악마를 골탕먹이고 궁지에 빠진 농부를 구한 이야기를 하기를 좋아했다. 일단 그는 이런 식으로 악마 이야기를 시작했다.

· · ·

지난여름, 고르드와 페른느 레 퐁텐느 사이를 지나가며 저녁에 이 성 저 성에서 시를 노래하고 있을 때였소. 페른느에서는 한 후작의 성에서, 고르드에서는 한 남작의 성에서 시를 노래하며 그렇게 지내고 있었지. 하루에 15킬로미터를 왔다갔다 했소. 가끔 날씨가 아주 좋을 때면, 나는 마지막 구절을 부르자마자 성에서 빠져 나와 아름다운 별을 보면서 자든지, 세낭크의 마음씨 좋은 수도사들을 찾아가 그곳에서 잤소. 이렇게 하는 것이 다음날 여정에 시간을 절약해 주었거든.

푸라그로 가는 길에, 텃밭을 가꾸고 있는 한 가난한 농부를 보게 되었소. 지난해에 겪었던 가뭄과 해충에다가 그 땅은 본래 자갈이 많아서, 키울 수 있는 것이 별로 없었지. 그래도 농부는 열심히 김을 매고, 길어 올 수 있는 물을 다 길어다 붓고 있었지만 그가 바라는 콩은 자라지 않았소.

"마티유, 내가 보기에는 아무것도 자라질 않는군! 그렇게 미친 사람처럼 땅을 파 봐야 무슨 소용이 있나?"

그러자 그는 화를 냈소.

"이봐, 풍각쟁이야, 그 깡깡이 줄을 뜯어 대면 뭔가 생기는 게 있나?"

"웬걸, 잘 보라고!"

나는 후작과 남작이 준 돈이 가득 들어 있는 지갑을 꺼냈지!

"아, 이런! 노래만 불러서도 지갑을 가득 채울 수 있다니! 너희들은 복 받은 거야. 너희들은 모두!"

이 늙은 농부가 놀라는 모습을 보니 웃음이 나왔지만 어느 날 일이 벌어졌소.

"마티유, 악마한테 조금 도와달라지 그래."

"그런 말을 하다니, 자네 미쳤군! 내가 더 살기 어려워진다 해도 악마하고 흥정하러 가지는 않을 거야! 위험하다는 걸 모르나? 내가 듣기로는 악마는 도와주는 대가로 사람 영혼 한쪽만 달라는 정도가 아니라 영혼을 몽땅 통째로 달란다는군!"

"이봐, 마티유. 자네 그 이가 모두 성하던 시절에 말이야, 아름다운 아가씨의 매력에 빠진 적이 없었나?"

"아, 그런 일이라면 있지."

늙은 농부는 그렇게 말하고는 한숨을 쉬었소.

"세금 관리를 피해서 닭장에 숨은 적은?"

"물론, 가끔 있지! 그자들은 가난한 사람들의 어려운 처지는 도통 알지 못하잖나."

"그렇다면, 마티유, 악마는 말이야, 아름다운 아가씨의 눈길이나 세금 관리의 설교보다는 덜 위험하다고. 내 말을 한번 믿어 보라고. 그리고 악마란 놈은 탐욕스럽고 시샘이 많아서 어린애처럼 속이기가 쉬워. 말하자면 악마보다 더 못 거두는 농부는 없다니까. 나를 믿어. 우리 둘이서 그놈을 멋지게 속여 보자고."

"자네가 그렇게 말한다면."

마티유는 중얼거렸소.

"하지만 시인을 믿어도 되는지 모르겠구먼."

"걱정하지 말게. 내가 알아서 할 테니. 내가 있으니 무서워할 것 하나도 없어."

"좋아."

노인은 삽을 비탈진 언덕에 기대어 놓고, 이마의 땀을 닦았지. 양손을 확성기처럼 입에 대고, 베나스크 숲을 향해 돌아서서 악마를 불렀소.

"소리 지를 필요는 없어."

우리 등 뒤에서 목소리가 들렸소.

"나 여기 있어. 뭘 원하는 거야?"

나는 돌아보았소. 아, 야비한 놈, 이놈이 어디 있는지는 알기 어렵지. 그놈은 우리가 아는 그런 악마의 모습이 아니었소. 발끝이 갈라져 있지도 않았고, 뿔도 없었고, 눈썹이 더부룩하지도 않았소. 그자는 멋쟁이에다가 잘생긴 남자였는데, 왼쪽 팔에는 가방을 끼고 오른손에는 수첩을 들고 있었소. 게다가 그의 뒤에는 약간 거리를 두고 역시 잘생긴 하인도 서 있었소. 하인은 여행용 필기도구 세트를 들고 있었지. 악마가 말했소.

"난 바빠. 요새 사정이 그리 나쁘지는 않고. 나는 불리한 거래는 하고 싶지 않아. 내가 어떻게 하면 되나?"

마티유가 악마에게 말했소.

"이 땅에는 아무것도 자라질 않아. 내가 아무리 물을 주고 김을 매도, 아무것도 자라질 않아."

"도대체 뭘 심었나?"

"여기? 콩을 심었지."

"그래, 콩 때문에 나를 찾았단 말이야?"

"난 그걸 팔아서 먹고 산다고. 내 밥줄이란 말이야."

"그래, 콩이 잘 팔리기는 한단 말인가?"

"팔리지, 팔리지."

"좋아, 그럼 물은 그만 줘. 내일 아침이 되면, 자네의 텃밭은 풀이 가득할걸세."

"그 대가는?"

노인은 숨을 몰아쉬며 묻자 악마 놈은 중얼대며 이렇게 말하는 것이었소.

"요즘 늙은이 한 명 영혼의 시세가 어떤지 잘 몰라서 말이야. 난 주로 조그만 일에도 날 불러 대는 사기꾼이나 강도하고만 거래를 해봐서 말이야. 손쉬운 사냥감들이지! 그래 봤자, 사람의 영혼은 영혼이지 뭐. 좋아, 이렇게 하지. 20년 동안 콩 풍년이 들게 해 주는 대신에 네 늙은 영혼을 내놔. 얘야, 이걸 잘 적어 두어라."

악마는 하인에게 말하고 노인에게 서명하라고 했소.

마티유는 나에게로 와서 귀에다 속삭였소.

"풍각쟁이야, 이제 어떻게 하지? 내 영혼 말이야. 난 그걸 꽤 소중히 여긴다고……. 그리고 저 좋은 옷을 입은 놈이 겁난다고. 자네가 날 도와줄 거라고 했잖아."

악마는 우리가 밀담을 나누는 것을 좋아하지 않아서 나를 턱 끝으로 가리켰소.

"저자는 누구야? 왜 끼어드는 거야? 난 바쁘다고. 시간이 돈이야, 돈."

●──프랑스 민담

악마가 조급해하면서 발을 구르자 그의 눈 꼬리에서 김이 약간 오르는 것이 보였소. 악마가 화가 났을 때 생기는 일이지. 좋아! 이 놈이 이렇게 성질이 급하다면 쉽게 냉정을 잃겠지. 속이기 쉽겠군.

마티유는 대답했소.

"이자는 풍각쟁이야."

"난 풍각쟁이는 좋아하지 않아. 그자들은 머릿속이 복잡하고 말이 많거든. 그놈들은 잘도 빠져나가지."

"난 아무도 못 잡아. 이건 내 일이 아니야. 그런데, 악마 선생, 당신은 돈 필요없나? 힘들이지 않고 쉽게 번 돈 말이야. 필요하지?"

"필요할 수도 있지. 그래서 어쨌다고?"

"어디 보자. 20년 동안 거두어 들일 수확이 만만치 않을 텐데, 왜 그걸 이용하지 않나? 둘이 나누어 갖지. 반은 악마 선생 당신이 갖고, 반은 노인이 갖고 말이야. 돈으로 한번 거래를 해 보지 그래. 그러면 그 남아도는 영혼들 때문에 고민 안해도 될 텐데."

악마는 웃음을 터뜨리고는 이렇게 말했소.

"내가 인간하고 똑같은 몫을 나누어 가지는 거래를 하는 첫 번째 경우가 되겠구먼. 게다가 영혼도 받지 말라고 했던가? 돈만 받으라고? 야, 시인, 너 웃기는구나. 하기사 이런 거래를 굳이 거절할 필요까진 없겠지? 우린 악마니까, 가끔 재미도 볼 만하지."

악마는 한참을 웃다가, 하인을 돌아보고 간신히 말했소.

"애야, 이걸 적어 두어라. 지옥의 역사책에 기록할 만한 일이지. 이렇게 적어. 오늘 사탄이 푸라그에 사는 늙은 마티유와 동업자가 되었다! 아, 이건 정말 웃기는 사건이야! 사탄이 빈털터리 농부와 거래를 하였다! 게다가 재정고문은 음유시인이고! 프로방스에서 정말 별꼴 다 보겠다!"

하지만 악마는 다시 냉정을 되찾고 능숙한 재무장관의 몸가짐으로 돌아갔지.

"실제적인 문제로 돌아가서, 합의서의 문구는 정확히 어떻게 하지?"

"악마 선생이 정하쇼. 콩 경작에서 뭐가 중요하겠어? 콩 열매겠어, 줄기겠어? 먹는 부분이 중요하겠어, 버리는 부분이 중요하겠어?"

"그야 콩알이지."

악마는 대답하고는 쌀쌀한 맞은 말투로 덧붙였소.

"오, 여보게, 시인. 그 놈의 '선생' 같은 말투는 제발 쓰지 말라고!"

그래서 나는 다시 말했소.

"악마 나리, 이 늙은 마티유가 이 콩알을 어디다 쓸지 물어 봐도 되겠나이까?"

"물론 땅에다 심겠지."

"그렇다면 중요한 것은 땅 속에 있는 거요? 아니면 줄기나 잎처럼 땅 위로 나와 있는 거요?"

"괜히 힘들게 그럴 것 없어. 다 알아들었다고."

그러고는 악마가 마티유를 돌아보며 말했소.

"노인장, 땅 위로 나오는 것은 당신이 거두는 대로 다 가져. 나는 땅 속에 있는 걸 모두 가질 거야. 게다가 덤으로 올해 당신이 심은 것은 물 한 방울 뿌리지 않아도 금방 다 자라게 해 주지. 됐나?"

"좋아. 그렇게 거래를 정하지."

악마는 하인을 거느리고 사라졌소.

"봤지? 악마가 얼마나 무식한지! 그자는 콩이 깍지 속에 들어 있

●──프랑스 민담

다는 사실도 모를걸!"

다음 날 아침, 내가 페른느에서 돌아오자, 마티유가 기쁨에 들떠서 내게 달려 오는 게 아니겠소.

"이봐, 빨리 와! 내 텃밭에 와 보라고."

환상적이었지! 텃밭에는 잘 자란 식물들이 빽빽했소. 나는 마티유에게 일렀소.

"자, 이제 자네가 움직일 차례야. 자네는 저 풀들을 베어서, 집 안에 들여가 턴 후 나귀에 싣고 페른느 장터로 출발하기만 하면 되네."

"알아. 하지만 악마는?"

"뭘 걱정이야. 자기 몫을 가지러 오겠지."

정말로 그날 낯선 사람 열 명이 언덕에서 내려와서 말 한 마디 없이 밭을 돌아다니며 콩뿌리를 캐서는 가방에 그득그득 담더니 화차에 짐을 싣고 사라져 버렸소. 그 뒤에는 지독한 유황 냄새만 남았지.

며칠 뒤 내가 마티유의 농장에서 그다지 멀지 않은 곳에서 노숙하고 있는데, 누군가가 소리치는 게 들렸소. 그건 마티유와 악마의 하인이었소.

"너 잘 왔다."

마티유가 울상이 되어 말하더군.

"악마가 화났어. 페른느 장에서 콩 뿌리를 팔려고 했는데, 하나도 못 팔고 웃음거리가 됐다는구먼. 그리고……."

그는 아주 작은 목소리로 소근댔지.

"실은 나도 우스운데, 그래도 앞으로의 일이 걱정돼서……."

이때 악마의 하인이 끼어들었소.

"저의 주인님께서는 다른 모든 분야에는 지식이 풍부하시지만,

농업 분야의 지식은 전무하다고 자발적으로 시인하셨습니다. 그분은 말하자면 지식인이시지요. 하지만 그분께서는 당신의 선의가 기만당했다고 생각하십니다. 당신이 그분께 좋은 가정의 가장답게 처신하지 않았다고 말입니다. 하지만 그분께서는 또한 계약서 내용을 번복하는 일은 없다고 말씀하셨습니다. 말한 것은 지켜야 한다고 생각하시니까요. 그분께서는 이 일은 더 이상 문제 삼지 않겠다고 하셨습니다. 페른느 시장에서 콩 뿌리를 내놓았을 때 상인들이 킥킥대며 손가락으로 조롱하던 일도 조용히 묻어 두기로 했답니다. 시장 상인들의 그 웃음소리는 아직도 주인님의 귓전에 울려퍼지고 있단 말입니다. 하지만 주인님은 당신이 즐겨 쓰시는 방법을 동원해서 당신네들 문제를 청산하는 것은 너무 싱거운 일이라고 생각하고 계십니다. 그런 방법은 말을 순순히 안 듣는 자들한테 흔히 쓰는 것인데, 예를 들면 지진이나, 벼락, 화재 같은 것들이지요. 쉽게 말해서 감히 주인님을 속인 자들을 겁 주어서 완전히 항복하게 만드는 것들이지요. 결론을 말하자면, 정말 공정한 계약을 체결하기 위해서 그분의 이름으로 된 새로운 계약서를 보여 드리겠습니다. 콩 이야기는 이제 그만 접읍시다. 그것은 좋지 않은 기억이니까. 이렇게 정합시다. 다음 수확 때에는 땅 위에 나온 것은 모두 우리 주인님께서 가지시고, 땅 속에 남아 있는 것은 모두 당신들이 가지는 걸로 말입니다."

이렇게 말하고는 악마의 하인은 서류를 마티유 앞에 내놓았소. 나는 마티유에게 다시 한번 나를 믿어보라고 말하고 서류에 서명한 다음 이튿날 아침에 악마더러 만나자고 제안하라고 했소. 마티유가 좀 머뭇거리다 내 말대로 하자 하인은 계약서를 가지고 떠났소. 그러고 나서 마티유가 내 계획이 무엇인지 묻더군.

"자네, 양파밭 있지. 내일 아침에 악마를 그 밭으로 데리고 가서 싹이 돋은 걸 보여 주라고. 그리고 이렇게 말하게. '악마님, 우리가 합의한 바에 의하면 저기 땅 위에 나와 산들바람에 흔들리고 있는 것들은 모두 당신 것입니다.' 그리고 자네는 양파를 고스란히 갖는 거야. 땅 속에 있는 것 말이야. 계약은 문자 그대로 지켜지는 거지."

그래서 그대로 일이 진행되었지. 악마는 약속 장소에 나타났소. 푸른 싹들을 보며 미소를 지으면서 마티유에게 빨리 이 풀들을 뽑아 달라고 재촉하더군. 게다가 이 말을 하면서, 콩 사건에 대한 복수를 생각하고 있는 듯이 천천히 경멸의 표정을 지었지.

나는 일이 어떻게 될지 궁금해서 미칠 지경이었소.

드디어 예상한 대로 일이 벌어졌소. 악마의 하인들은 페른느 시장에서 또다시 웃음거리가 되고 마티유는 양파를 힘들이지 않고 다 팔아 승리를 거두었지. 그는 이 돈으로 가족들에게 줄 새 모자와 새 나막신을 사서는 조금 지나칠 정도로 기분 좋게 집으로 돌아왔겠지. 나귀에게 길을 맡기고 나귀의 등에 반쯤 엎혀서 말이오.

악마가 화가 난 것은 두말할 나위가 없소. 그는 이번에는 그 하인을 보내지 않고 자기 부하 중에서 꽤 중요한 인물을 보냈소. 그자는 일종의 집사 같은 자였는데 매우 냉정해 보였지. 저녁 나절에 마티유를 찾아 오더니 마티유가 시장에서 그렇게 비싸게 판 물건이 무엇인지 알고 싶다고 했소. 그것이 바로 양파라는 걸 듣고 나서 그는 자기 주인의 호의를 이런 식으로 기만한 것은 모욕이라고 결론을 내렸지.

그자는 시간이 없다고 하면서, 더 이상 계약 문구 따위에 대해 얘기하지 않겠다고 했소. 다만 최후의 계약 내용을 통보해 주러 왔을 뿐이라고 했는데 그것은 이런 내용이었소.

마티유는 자신이 수확할 예정인 밭으로 내일 아침 나올 것.

악마는 그 농작물의 잎과 뿌리를 가질 것임.

마티유는 줄기를 가질 것. 그리고 그 오만방자한 풍각쟁이, 페이르의 충고를 듣지 말 것.

하지만 마티유는 밤 늦게 고르드 성문 앞에서 나를 만났소.

"어떡하지? 그 집사 놈은 아주 고약하게 생겼더라고."

이 불쌍한 농부는 연신 손을 비벼댔소.

"이 봐, 마티유. 저쪽에 말이야, 카느비에로 가는 길 아래 쪽에 있는 밭에 삼을 키우지 않나?"

"그렇지. 게다가 올해에는 악마가 도와줘서 키가 4미터 이상 자랐는걸."

"그렇다면, 됐어. 지금 출발하면, 내일 새벽이면 거기에 닿을 거야. 자네 동업자도 거기 오겠지. 자넨 고맙다고 인사를 하게. 그리고 수확이 얼마나 좋은지 보여 주라고. 그러고는 이 삼을 수확하는 데 사흘 정도 걸린다고 하게. 삼은 줄기를 가지고 밧줄을 만드는 데 쓰는 거니까, 악마한테는 뿌리하고 잎을 주는 데 문제가 없지."

"하지만 삼을 말리려면 보름은 족히 기다려야 하는데 악마가 기다려 줄까? 그렇지 않으면, 삼 줄기는 쓸모가 없어져."

"기다려 줄 거야. 기다려 줄 거라고. 악마는 줄기 따윈 아무 쓸모가 없다고 확실히 믿고 있어서, 자네가 시간을 달라는 대로 줄 거야. 그 다음에 자네는 겨우내 가족끼리 둘러앉아 옷감도 짜고, 론 강 선원들에게 팔 밧줄도 꼬면서 조용히 지내는 거지. 그리고 우리끼리 잔치라도 한 판 벌이면 어때?"

마티유는 내가 시키는 대로 했소. 때가 되자 악마는 아주 흡족해하면서 부하들을 보내 뿌리와 잎사귀를 실어 갔지. 그리고 당연히 온 시장이 웃음바다가 되었소. 그 후로 한동안은 이 악마와 그의 부하들 소식은 들은 사람이 없었소.

어느 맑은 날 아침, 나는 페른느 후작의 성으로 가려고 세낭크에서 올라오는 길이었소. 도중에 마티유를 만났는데 그는 성으로 채소를 싣고 가는 길이었지.

"타게, 풍각쟁이. 함께 가세나. 베르나르 드 벙타도르Bernart de Ventadorr. 음유시인나 랑보 드 바케라Rambaut de Vaquieras. 음유시인의 노래를 불러 주겠나? 자네가 양파와 파에 둘러싸여서 이 늙은 농부를 위해서 비엘을 뜯는 것이 부끄럽지 않다면 말이야."

사실, 비엘의 줄을 고를 틈도 없었지. 첫 번째 길모퉁이를 돌자마자, 악마를 만난 것이오. 악마는 길 한가운데 턱 버티고 서 있었소. 검은 가죽 바지를 입고 붉은 장화와 벨트를 하고는 다리를 벌린 채로 우리를 정면으로 막고 서서, 가끔 손톱을 가슴에 문질러 광을 내며 다듬고 있었소. 악마는 말했소.

"정정당당하게 한 판 해 보자고. 너희들 때문에 일이 돌이킬 수 없는 지경에 이르렀단 말이야. 이제 협상이란 없어. 너희들 말은 듣지 않아. 난 그저 너희들이 저지른 일들을 다시 회복시키기만 원해. 게다가 그 잘못은 사소한 정도가 아니거든. 내 부하들이 시장에서 세 번씩이나 웃음거리가 됐어. 우리 악마 중 누구를 조롱하는 것은 용서할 수 없어. 너희들은 그 대가를 치러야 해. 그래서 내가 농부하고 결투를 하기로 마음먹었어. 규칙을 지키는 공정한 결투 말이야. 내가 모욕을 당한 쪽이니, 내가 무기를 선택해야지. 내 무기는 이 손톱이야. 이상. 농부는 자기 마음대로, 자르고 할퀼 수 있는 무기를 골라. 낫으로 하든지 쇠스랑으로 하든지 말이야. 킥킥, 이 손톱에 대항할 만한 뭔가를 마음대로 고르라고."

그러고 나서 악마는 살쾡이처럼 손톱을 하나씩 하나씩 곤두세워 보였소. 손톱은 잘 간 낫처럼 길고 예리하더군. 그러면서 그가 호랑이처럼 울부짖자, 몸의 여기저기에서 무럭무럭 김이 솟는 게 보였소.

그리고 악마는 마지막으로 이렇게 말했소.

"결투 장소를 정해."

불쌍한 마티유는 무서워서 한마디도 못했지. 나도 역시 당당하지는 못했고. 하지만 한 가지 생각이 떠올랐소.

"악마 나리, 여기서 이렇게 가랑잎처럼 떨고 있는 이 노인은 여태까지 결투 연습이라는 것을 한 적이 없습니다. 칼 쓰기라고는 포도나무나 올리브 나무 다듬기밖에 할 줄 모릅니다. 제가 아는 후작이 무술의 대가인데 그 후작한테서 몇 차례 무술이라도 배울 시간을 주는 것이 공정하지 않을까요? 나리께서 보름만 주시면 되겠는데요. 정확히 보름 후 새벽에 베나스크 계곡에 나와 있을 겁니다. 계곡 입구에 보면 탑이 하나 있습니다. 그 탑 위에서 만나지요. 저도 증인으로 가겠습니다."

"언제나 자네가 나서는군. 하지만 좋아. 거기가 어딘지 알아. 그 계곡 입구는 내가 프로방스에 올 때 머무르는 곳이기도 하지. 보름 후에 보자고."

악마는 그 자리를 떠났고, 나는 마티유를 진정시키느라 애를 먹었소.

"도대체 무술 수업이라는 게 뭐야."

마티유는 울상이 되었소.

"어떻게 보름 만에 검을 다루는 법을 익히란 말이야? 겨우 쇠스랑 자루로 돼지들이나 몰 줄 아는 내가?"

나는 이 무술 수업 얘기는 그저 악마를 속이기 위한 거짓말에 불과하다고, 그리고 시간을 벌기 위한 것이었다고 말했소. 마티유가 무술의 대가로부터 뭔가 배울 일은 없을 거라고, 나를 믿고 그저 운명의 순간까지 하던 일이나 열심히 하라고 말했지.

그리고 보름이 지나 약속한 날이 되어서 마티유를 데리고 그 탑으로 향했소. 지진 때문에 그 탑의 꼭대기부터 바닥까지 균열이 일어나 있었지. 나는 마티유를 그 안에 숨기고, 그 속에서 소리도 내지 말고 움직이지도 말고 있으라고 말했소. 그리고 나는 근처 바위 위에 앉아, 교현금을 타며 노래를 부르기 시작했소.

해가 뜨자마자 악마가 모습을 나타냈는데 악마답게 정말 멋있었지. 빨간 천을 덧댄 검은 망토를 두르고 검은 장화를 신고, 은으로 만든 깃털을 꽂은 빨간 모자를 쓰고, 눈썹과 턱수염을 말끔히 정리한 얼굴에는 두 눈이 날카롭게 빛나고 있었소. 아무 말도 하지 않고 역시 빨간색인 장갑을 벗어서 땅에다 던지고는 손톱 열 개를 하나씩 하나씩 움직여 보고 후후 불고, 비단 천 조각으로 닦아서 광을 냈소.

"이봐, 풍각쟁이, 그 농부 어디 있어? 도망이라도 친 건가?"

"도망이라니요? 그는 지금 탑 안에서 정신 집중을 하고 있답니다. 길게 자란 왼쪽 새끼손톱에, 별로 심하지는 않지만 좀 긁힌 자국이 있어서 그것도 좀 손질하고요."

"그래? 요즘은 농부들도 나처럼 이렇게 긴 손톱을 쓰나? 쇠스랑이나 낫을 쓰지 않고?"

"아닙니다. 악마 나리. 무르 들라 벨 에투알 산에 사는 늙은 마녀가 농부에게 손톱 여남은 개를 주었지 뭡니까? 그 손톱을 그런대로 잘 쓰고 있지요. 저 탑을 좀 보십시오. 오늘 아침에 여기에 오자마자 손톱으로 한 번 그었는데 저런 틈이 생겼지 뭡니까? 손톱 자국이지요. 좀 전에 제가 말씀드렸던 그 자국이 바로……."

그러면서 나는 탑 정면에 나 있는 균열을 가리켰지.

악마는 잠시 말이 없더니 확인하듯 말했소.

"한 번 긁은 자국이라고 했나?"

"한 번."

"그럼, 잘 있게, 시인! 농부에게 안부나 전해 주게. 난 내 집으로 가야겠어."

그러고는 사라져 버렸소. 재가 약간 남았을 뿐이었지.

• • •

페이르의 이야기는 이런 것이었다. 이 바람 행상은 사람들을 웃기고 싶거나 아이들을 달랠 때 이런 이야기를 하곤 했다. 그러고는 다시 시를 읊었다. 이 시절 프로방스 사람은 모두들 시를 좋아했다. 그는 이렇게 시작하곤 했다.

"기쁨에 찬 종달새가 날갯짓을 하고 햇살을 받으며 날아오르는 것을 나는 본다네."[1]

●──주

1 베르나르 드 벙타도르가 부른 유명한 노래의 첫 구절.

밀랍 아가씨

한 노부부가 자식 없이 살고 있었다. 쓸쓸하게 생을 마칠 생각을 하면 그들은 울적해지곤 하였다. 남편은 고급 목단 세공인으로 나무에 조각하는 일이 전문이었다. 그의 작품들은 전 유럽에 널리 알려져 있었다. 특히 움직이는 인형을 만드는 이탈리아 사람들이 자주 왔다. 그에게는 인형 제작을 부탁하고, 자신들은 기계 장치를 사용하여 인형들을 움직이게 하는 것이었다.

이탈리아에서 온 인형 기술자들은 일에 있어서는 매우 정확하며 좀스럽기까지 하여, 목단 세공인이 작업하는 것을 몇 시간씩 옆에 앉아 지켜보곤 하였다. 인형이 완성되면 그들은 세공인이 인형을 고급 상자 속에 넣기 전에, 인형을 한동안 햇빛에 비추고 살피면서 이렇게 말하곤 했다.

"선생, 당신은 마법사시구려! 또 하나의 걸작이 탄생했습니다! 이 인형은 대단히 아름답고 꼭 살아 있는 것 같아서, 왜 우리가 또 기계 장치를 덧붙여야 하는지 모를 정도입니다. 그러지 않아도 일어서고 춤도 출 것 같은데 말이죠. 벌써 어떤 목소리라고 할까, 음악 소리 같은 것이 이 우아한 입에서 흘러 나오는 것 같습니다."

하지만 세공인은 매우 겸손했다. 단지 이렇게 대답할 뿐이었다.

"그건 그저 제 일일 뿐입니다. 나무 다듬는 일이 제가 할 줄 아는 유일한 일인데요, 뭐."

그러고는 연신 정말 대단하다는 소리를 연발하면서 찬사를 퍼붓는 이탈리아 기술자나, 부유한 귀족, 사치스런 부르주아를 작업장 문까지 배웅하였다.

그의 아내는 이런 남편을 무척 자랑스러워했다. 그리고 남편을 도와 작업실을 정돈하고 청소하였다. 무엇보다 인형의 마무리 작업은 그녀의 몫이었다. 그것은 바로 얼굴과 손에 밀랍을 입히고 생기를 주는 색을 칠하는 일이었다. 두 볼에는 분홍색을, 손에는 약간 어두운 색을, 입술에는 진홍색을 칠하고, 두 눈에는 강렬한 빛을 그려넣었으며 머리카락과 속눈썹을 붙이고 그녀가 직접 만든 예쁜 옷을 입혔다.

남편은 아내에게, 그녀가 아니었더라면 자신이 만든 인형은 모두 그저 나무토막 같을 것이라고 말했다. 이 말에 그녀는 인형이 아이들 같아서 위안이 된다고 대답했다.

그러나 그건 아주 초라한 위안일 뿐이었다.

활기찬 젊은이들을 보고 있노라면, 그들의 집과 작업장에서는 결코 저렇게 즐겁게 떠드는 소리가 나지 않을 것이라는 생각에 가슴이 아팠다.

그런데 가끔씩 젊은 앙투안 왕자가 말이나 마차를 타고 이곳에 들렀다. 왕자는 그와 비슷한 또래의 젊은이와 아가씨들을 대동하고 와서는 작업장에 한참 있다 가곤 했다. 왕자는 별로 말이 없었지만,

함께 온 젊은이들은 까치처럼 종알거렸고 탄성을 질러 댔다. 왕자와 젊은이들이 가 버리고 나면, 두 노인은 다시 자신들의 일과 고독 속으로 돌아갈 수밖에 없었다.

날씨가 좋은 어느 날 추운 나라에서 온 사신 한 명이 왔다. 그는 이곳의 말을 잘하지 못하였기 때문에, 주로 몸짓으로 이야기했다. 사신은 자신의 생각을 이해시키려고 발레 같은 것을 했는데, 이 동작으로 그가 원하는 인형의 특징을 자세히 묘사했다.

세공인 부부는 이 사람이 원하는 것을 이해했다. 사신은 안개와 얼음으로 뒤덮인 곳에 살고 있는 자기 나라 왕에게 바칠, 햇빛이 쏟아지는 나라의 아가씨를 본뜬 인형을 주문했다. 검은 머리에 푸른 눈을 지니고, 발레리나처럼 우아하고 새처럼 민첩한 아가씨를 닮은 인형을 만들어 달라고 했다.

세공인 부부 역시 몸짓으로 자신들의 생각을 전달할 수밖에 없었다. 세공인과 그의 아내는 차례로 일어나서 춤을 추었다. 그 동작과 그림으로 상대방에게 원하는 것을 확인시켰다. 다음 날 북국에서 온 사신은 많은 돈을 지불하고 떠났다.

1년 후 인형이 완성되었다. 그것은 이 분야의 장인들이 만들어 낸 인형들 중에서 가장 예쁜 인형임에 틀림없었다. 작업장의 어두운 조명에서 밝은 태양 아래로 인형을 가지고 나오자, 인형의 밀랍 얼굴과 손이 가볍게 떨리고 마치 살아 있는 피부를 가진 것처럼 생기가 돌았다. 특히 인형의 시선은 지나가는 사람을 따라가는 것 같아, 정말로 바라보고 있는 듯했다. 머리칼은 바람에 가볍게 휘날렸고, 여느 집의 소녀들처럼 몇 가닥의 앞머리가 말을 듣지 않아서 계속 빗어 올려도 다시 내려왔다. 몸은 균형이 잘 잡혀서 어떤 포즈를 취하게 하여도 넘어질 염려가 없었다.

두 노인은 인형을 바라보면서 시간 가는 줄 몰랐다. 두 사람 사이에는 이 인형에 대한 대화가 끊이질 않았다. 혹시 작업장의 탁한 공기가 인형의 색깔을 변색시킬까 봐 인형을 이층에 있는 침실로 데려갔다. 이 방은 그들이 결혼할 때, 아이의 방으로 생각하고 만든 것이었지만 늘 비어 있었다.

그들은 인형에게 숄과 꽃무늬 치마, 조끼, 은 단추가 달린 우단 구두를 만들어 주었다. 또 인형의 옷과 머리 모양을 매일 바꾸어 주고 그때마다 이런저런 이야기도 건넸다. 몸가짐을 단정히 하라느니, 찬바람을 쐬지 말라느니 하는 주의도 주었다.

세공인의 아내는 인형이 마치 딸인 것처럼 말하고 인형 놀이를 하는 소녀처럼 지냈다. 그녀의 남편도 그 놀이에 끼었다. 그는 거실에서 바느질을 하고 있는 아내를 작업실에서 소리쳐 불렀다. '그 애'가 잘 있는지 농담 삼아 묻기도 하고 오늘 아침에는 무슨 옷을 입혔는지, 날씨가 추워지기 시작했는데 든든히 입혔는지, 올라가서 방에 불을 지펴야 하지는 않는지 등을 묻기도 했다.

그들은 인형에게 이름까지 지어주었다. 당시 유명했던 조각가의 이름을 따서 '사라진'이라고 불렀다. 이 인형이 사라센의 아름다운 공주보다 더 검은 머리를 하고 있었기 때문이기도 했다.

그들은 다른 사람들에게 이 인형에 대해서 말할 때도 마치 자신들의 딸 이야기를 하듯이 했다. 이웃 사람들도 그들과 보조를 맞추어 주었다. 세공인의 집에 들르면 반드시 사라진의 안부를 묻곤 했다. 동네 상인들은 이 부부에게 물건을 팔 때면 사라진은 잘 있냐고 했다.

당연히 이 노부부가 가장 두려워하기 시작한 것은 북국 사람이 주문한 인형을 찾으러 와서, 머나먼 튈레로 데려가 버리는 것이었다.

그래서 세공인은 사라진을 본따 다른 인형을 만들기 시작했다. 하지만 첫 번째 인형을 만드는 데 힘과 정신을 모두 쏟았기에, 두 번째 작품은 다소 모자라는 모사품처럼 보였다. 하지만 다른 사람들의 눈에는 이 인형도 완벽해 보였을 것이다.

인형을 마호가니 상자에 넣고 사신이 오는 것을 안심하고 기다렸다. 몇 달 후에 사신이 왔다. 세공인이 사신을 거실에 들여놓지도 않고 사라진은 보여 주지 않았기 때문에, 사신은 만족해서 새 인형을 가지고 갔다.

한편 사라진은 이제 이 마을 사람들뿐만 아니라 더 먼 곳에 사는 사람들에게도 알려져 있었다. 사람들은 이 유명한 인형을 직접 보기를, 아니 사귀기를 원했다. 그래서 세공인 부부는 사라진을 거실 창가에 내놓곤 했다. 안주인이 인형의 밀랍 손에 뜨다만 레이스나 양탄자를 끼워 놓아서, 인형은 마치 자기 솜씨를 자랑하는 공주처럼 보였다.

날씨가 좋은 날이면 인형의 얼굴이 햇빛을 받아 환하게 빛나서, 이 고장에서 가장 아름다운 아가씨도 인형의 미모에 샘이 날 지경이었다. 로제트 가를 지나가는 이방인 청년들은 이 예쁜 소녀를 바로 쳐다보면 결례가 될까 봐 걸음을 멈추지는 못하고, 하루 종일 바쁜 걸음으로 이 집 앞을 오락가락했다. 가끔씩은 공교롭게도 그들의 손수건이나 모자, 장갑 같은 것이 땅에 떨어졌다.

앙투안 왕자도 사라진에 대해 들었지만, 그는 다른 사람들의 사생활을 존중하는 사람이었기 때문에 목각 세공인을 방해하러 오거나 호기심을 드러내 보이는 짓은 않았다.

하지만 어느날 저녁에 왕자가 혼자 부두에서 성으로 돌아가고 있는데 세공인의 집 앞을 지나는 순간 바람이 불어 사라진의 앞머리가 흔들리고, 그녀가 짜고 있는 레이스 조각도 흔들렸다. 너무나도 사실적이었다. 그런데 이 소녀는 왕자를 못 본 듯 고개를 약간 앞으로 숙인 채 계속 레이스를 들여다보고 있었다. 그래서 왕자는 세공인 부부가 딸을 하나 두었으며, 그 딸은 무척 얌전하고 조신하여 왕자가 지나가는 데도 고개를 빼고 구경하지 않는 거라 여기고 그녀가 매우 아름답다고 느꼈다.

꼼짝도 하지 않는 그녀의 아름답고 우아한 자태에는 무엇이라고 설명할 수 없는 독특한 것이 있다는 생각이 들었다. 그것은 다른 여인들에게서는 느낀 적이 없는 것이었다.

많은 아가씨들이 거울을 들여다보면서 자기가 모든 우아함을 갖추었다고 상상했다. 물론 귀족 처녀들은 태어날 때부터 왕비가 될 자격을 갖고 있다고 생각하며 자라났고, 서민의 딸들조차 미모나 지성, 혹은 자기가 가졌다고 생각되는 장점 두세 가지가 신분상의 하자를 보충해 줄 수 있으리라 계산하고 있었다. 그러니 왕자의 눈에 이렇게 욕심 없어 보이고, 겸손해 보이는 소녀의 자태는 아주 매력적으로 보였다.

왕과 왕비는 앙투안 왕자가 빨리 결혼하여 왕위를 물려받길 바라고 있었다. 그래서 그들은 이 도시에 사는 아가씨들을 모두 초대하는 무도회를 열기로 하였다.

앙투안은 목단 세공인의 딸을 초대하십사 부모에게 부탁했다. 왕자는 매우 소극적인 성격의 노부부가 딸을 성으로 데려 오지 않을 것이라 생각하고 초대장에 왕자가 마차를 보내 딸을 데리고 갈 것이라고 적어 넣게 하였다.

이 초대장을 받은 세공인 부부의 당황한 모습을 상상해 보라! 그들은 이 인형을 친자식처럼 여겼다. 그리고 사람들에게도 그렇게 애기하곤 했다. 하지만 이제 곤란한 상황이 발생한 것이다. 그들이 왕자와 이 도시에 사는 모든 사람을 우롱한 게 되는 것이다.

무도회가 열리기까지 한 달을 고민 속에서 보냈다. 무도회 날 아침 그들은 이런 결정을 내렸다. 왕자가 보낸 마부가 와서 사라진 아가씨가 갈 채비가 다 되었느냐고 물으면, 사라진이 간밤에 아팠고 무도회에 가기에는 몸의 상태가 매우 좋지 않다고 말하기로 했다.

저녁이 되자 로제트 가에 마차 한 대가 방울을 딸랑거리며 포도를 경쾌하게 걸어차는 말발굽 소리를 내더니 집 앞에 섰다. 목단 세공인은 작업장 깊숙한 곳에 들어가 나타나지도 않았다. 안주인은 상황에 맞는 표정을 짓고는, 마부에게 준비한 이야기를 하려고 나갔다.

"황송하게도 저의 여식이 지난 밤에 몹시 앓아서, 이런 성대하고 고귀한 자리에 초대받았음에도 몸이 불편하여……."

그녀는 미처 말을 끝낼 시간이 없었다. 위층에서 부드러우면서도 당당한 목소리가 들렸기 때문이었다.

"어머니, 제 건강 때문에 걱정하지 마세요. 하루 쉬었더니 다 나았어요. 앙투안 왕자님의 무도회에 갈 수 있을 정도로 아주 가뿐해요. 밤새도록 춤 수 있을 것 같아요. 혹시 그렇게 늦게 돌아와도 된다는 허락을 해 주신다면요. 그리고 혹시 앙투안 왕자님께서 저를 다시 집까지 태워다 주라고 해 주신다면요."

이 목소리의 주인공은 이렇게 말하고는 눈을 아래로 내리깔았다.

세공인의 아내는 비명을 질렀다. 그녀는 바로 기절하여, 아무것도 모르고 달려온 마부의 팔에 쓰러졌다. 그리고 작업장에서 달려온 아버지는 이 광경을 보고 입을 다물지 못했다.

사라진은 침착하게 어머니를 보살폈다. 어머니를 긴 의자 위에 눕히고는 밤늦도록 춤을 추고 와도 좋다고 허락해 달라고 했다. 기진맥진한 어머니는 겨우 허락을 했다. 사라진은 그때까지 말을 하지 못하고 있는 아버지에게 재빨리 입을 맞추고는 마차를 타고 갔다.

그 다음은 어떻게 되었을까? 앙투안 왕자와 사라진은 무도회가 열린 지 한 달 만에 결혼식을 올렸다. 그러고는 일생 동안 행복하게 살며 많은 자식을 두었다.

그 후 한 부유한 상인이 사업차 튈레 왕국에 이르러 왕궁에 초대를 받아 갔다. 그는 튈레 왕에게 그 유명한 움직이는 인형들을 구경하고 싶다고 했다. 왕은 기꺼이 허락하고 자신이 제일 아끼는 작품을 보여 주었다. 그것은 비올라를 켜는 소녀였다.

"이것은 당신 고향에서 만든 거지요. 우리는 이 작품을 '프로방스에서 온 미녀'라고 부른다오."

상인은 이 인형이 움직이며 악기를 연주하는 것을 보았다. 그러고는 놀라서 소리쳤다.

"아니! 이것은 사라진 왕비님이 아니신가! 이목구비 하나하나가 바로 그분이시다! 말을 하지 못하는 것만 빼면!"

어떻게 해서 늙은 세공인 부부가 딸처럼 여기던 인형이 뼈와 살을 가진 아가씨가 된 걸까?

프로방스에는 요정이 세 명 있었다. 이들은 사람들 눈에는 보이지 않지만, 좋은 일을 하기 위해서 새처럼 도시 위를 날아다니며 이곳저곳을 돌아다니고 있었다. 그들은 오래전부터 세공인 부부를 알고 있었고 이들의 작품을 보며 감탄했다. 또한 이들이 아이가 없어서 쓸쓸해하는 것도 알고 있었다.

무도회가 있던 날 아침에 침대에 누운 인형 사라진과 난감한 처지에 빠져 있는 세공인 부부를 본 요정들의 생각엔 왕자의 초대를

●──프랑스 민담

거절하기 위해 세공인 부부가 짜낸 계획이 무기력해 보였다. 그래서 그 계획에 끼어들기로 했다.

첫 번째 요정 '음악'이 사라진의 침대로 다가갔다. 하지만 이미 우아한 모습을 갖춘 것을 보고는 달리 도울 것이 없다고 생각했다.

"하지만 너에게 지식을 주마. 지식이란 본래 다른 사람과 공유하지 않으면 필요가 없는 법. 너에게 아름다운 목소리와 우아하고 섬세한 손짓을 주마. 이렇게 해서 네가 일생 동안 만나게 되는 사람들은 너를 한 곡의 노래처럼 기억하게 될 것이다."

두 번째 요정 '기억'이 말했다.

"나는 너에게 행복한 어린 시절의 기억을 주마. 네가 일생 동안 만나게 되는 사람들은 너의 미소를 기억하게 될 것이다."

세 번째 요정 '숨결'은 아무 말도 하지 않았다. 그저 몸을 숙여 인형의 입술에 입을 맞추었을 뿐이다.

순간 나무와 밀랍으로 된 사라진의 몸에 생기와 전율이 흘렀다. 나무로 된 몸통이 살로 변하고 두 뺨에는 분홍빛이 돌았다. 그리고 숨을 내쉬며 반짝 눈을 떴다.

●─주

1   전설 속의 섬. 기원전 4세기에 여행가 피테아스가 갔던 것으로 추정되며 아마도 아이슬란드라 여겨진다.

성녀 마르타와 어린 목동

프로방스는 아주 오랫동안 로마 제국의 지배를 받았다. 그리고는 많은 세월이 흘러서 평화가 왔다.

눈이 까맣고, 머리는 갈색이고 영리한 어린 목동이 봄이 되어 산으로 양떼를 몰고 가기 전에, 그의 부모들은 이 아이에게 강가에 있는 늪지에서 멀지 않은 곳으로 양을 몰고 가서 지키게 했다. 그는 부모 말을 잘 듣는 아이였기에 여러 번 말할 필요도 없었다. 하지만 아이는 며칠을 혼자서 지내야 한다는 생각을 하면 가슴이 시리곤 했다.

목초지 언덕 중에서 늪지대 맞은편에 있는 언덕은 부드럽게 비탈져 '흑림'이라고 부르는 숲까지 닿아 있었다. 흑림은 햇빛이 나는 대낮에도 무서웠다. 무엇보다도 흑림은 식인귀 열 마리가 한꺼번에 덤벼드는 것보다도 더 무서운 짐승, 즉 인간의 살에 굶주린 '타라스크'[1]의 영역이었다.

밤이 되고 강에 안개가 가득 차오르자, 아무것도 보이지 않게 되었다. 커다란 나무 꼭대기만이 안개 위로 삐죽 솟아 올라와 있었다. 어린 목동은 양들을 빨리 몰면서 울타리 속 오두막으로 숨어 들었다. 그것은 커다란 사각형 모양의 갈대 울타리였다. 목동은 나뭇가지로 한쪽 구석에 조그만 방을 만들었다. 그곳에 그의 침상이 있었다. 침상이라고 해야 겨우 습기를 피하려고 세운 말뚝 네 개 위에 널빤지를 몇 개 올려서 짚으로 덮은 것이었다. 그나마 위쪽은 그대로 열려 있어서 누우면 하늘이 보였다.

오두막에 도착하자마자 어린 목동은 불을 피우고 개 두 마리를 꼬옥 안았다. 밤은 타라스크의 세상이었다! 타라스크는 자주 다니는 강과 굴 속의 진흙탕에서 허우적거리거나 숲과 언덕에서 이리저리 먹이를 찾아 다녔다. 때로는 마을까지도 내려 갔다. 그의 발톱에 걸려들지 않도록 조심해야 했다. 양, 멧돼지, 암소, 말, 인간까지 이 괴물은 닥치는 대로 삼켜 버렸다. 먹이를 물고는 좋아서 씩씩거리며 뼈와 살을 씹는 소리는 마치 나뭇가지가 부러지는 소리 같았다.

어린 목동은 실제로 그 괴물을 본 적은 없었다. 하지만 얘기는 너무도 많이 들었다. 사자 머리, 칼날 같은 이빨, 말의 갈기, 물고기 꼬리, 곰의 발톱을 가졌다고 했다. 괴물은 발이 여섯 개라고도 했다. 이런 괴물의 모습은 실제로 눈 앞에 보는 것처럼 생생했다. 지난 해에 있었던 어부들 이야기는 끔찍했다. 괴물은 꼬리로 배를 전복시켜 어부들을 삼켜 버렸다. 땅 위에서 갈고리 같은 발 여섯 개로 먹이를 잡는 것보다 물에서 물고기 같은 꼬리를 사용해서 잡는 것이 더 쉬웠기 때문이다.

그러던 어느 날 밤, 어린 목동은 외로움을 달래려고 침상에 누워서 가장 빛나는 별 이름을 대면서 하늘을 보고 있었다. 그때 심한 유황 냄새와 썩는 냄새[2]가 나서 깜짝 놀랐다. 처음에는 이 냄새가 언덕 어딘가에서 썩고 있는 죽은 동물 냄새려니 했다. 하지만 양들이 야단법석을 떨었다. 어떤 놈은 앞발로 땅을 구르고, 어떤 놈은 이리저리로 날뛰는 것이 꼭 늑대 무리가 어슬렁거릴 때와 같았다. 매애 소리조차 내지 못했다. 개들도 짖지 못했다. 그저 가랑잎처럼 떨고 있을 뿐이었다.

 침상에 등을 대고 누운 어린 목동은 움직일 엄두조차 내지 못하고 있었다. 그저 이 냄새를 잊으려고 애썼다. 그리고 이 별, 저 별, 큰곰자리 그리고 북극성을 보면서, 공포를 가라 앉혀 보려고 했다. 그런데 갑자기 그림자가 마치 거대한 구름이 하늘을 가리듯이 오두막을 덮쳤다. 우아한 카시오페이아의 자리에 괴물의 머리가 나타났다. 어둠 속에서 이빨이 번쩍이는 아가리를 떡 벌리고 시뻘건 혀를 널름거리며 입가에는 침을 질질 흘렸다. 말 갈기는 일렁거리고 등지느러미의 비늘은 번쩍였다. 그리고 썩는 냄새가 진동을 했다.

 어린 목동은 자기가 어떻게 움직여서 침상을 빠져 나왔는지 기억이 나지 않았다.

 그는 갈대숲을 벼락처럼 통과해서, 언덕을 미끄러져 달렸다. 그쪽이 더 빠르기 때문이었다. 겨우 오솔길이 보였다. 하지만 곧 오솔길은 없어졌다. 그리고 숲 같은 것이 나타났다. 어린 목동은 그 위를 산토끼처럼 펄쩍펄쩍 뛰어 넘어갔다. 타임 수풀과 자갈, 유향나무 덤불을 뛰어 넘었다. 어딘가에 숨어야 한다는 생각 밖에는 없었다. 그의 다리는 따로 움직이는 것 같았다. 날고 있는 것 같았다. 하지만 그것은 기울어진 언덕의 경사 덕분이었다. 그 언덕은 흑림으로 이어지는 것이었다.

 흑림은 약간 왼쪽으로 기울어져 있었다. 지금 그곳에는 나무가 빽빽했다. 그래서 너무 어두웠다. 그는 더욱 무서워졌다. 지금쯤 울타리에서는 괴물이 양들을 전부 잡아 먹고 있을 것이다. 그는 멈추었다. 그는 타라스크가 마을 쪽으로 멀어져 가는 소리를 들었다. 아! 그 불쌍한 양들과 개들을 다 어떻게 했단 말인가?

앞에 아주 좁은 오솔길이 나타났다. 여우가 다니는 길인지, 사람이 다니는 길인지 어둠 속에서 구별이 되지 않았다. 하지만 앞으로 나아갔다.

큰 걸음으로 몇 발짝 앞으로 가자, 그 앞에 갈대와 마른 흙으로 지은 오두막이 기적처럼 나타났다. 목동은 더 이상 생각도 하지 않고 문을 열자마자 바닥에 깔린 짚단 위에 쓰러지며 기절했다.

그의 머리를 쓰다듬는 부드러운 손길이 그를 깨웠다. 그는 눈을 뜨고, 자신을 내려다 보고 있는 여인의 얼굴을 보았다. 검은 머리, 거무스레한 얼굴빛, 길고 검은 속눈썹 아래에서 미소짓고 있는 갈색의 눈을 가진 아주 마른 여인이었다. 오두막의 열린 문으로 들어온 밝은 빛에 그는 뚜렷이 보았다. 여인이 입을 열자 그 목소리가 어린 목동에게는 너무나도 온화하게 들리고 그녀의 손은 너무나도 부드럽게 소년을 흔들어서, 소년은 한순간 숲의 요정을 만났다는 생각이 들었다.

"큰 위험을 겪고, 공포에 질렸구나?"

어린 목동은 감격해서 목이 멨다. 그는 이렇게 부드러운 말투로 말을 거는 경우를 별로 본 적이 없었던 것이다.

"뭐 좀 마실래? 힘 좀 나게 과일을 먹는 것은 어때?"

그리고 여인은 오두막 안쪽으로 들어갔다. 그러고는 거의 보이지 않는 늙은 여자에게 말했다.

"마르셀, 이 아이에게 과일을 가져다 주어요."

그리고 자신은 물항아리를 가져왔다.

어린 목동은 그녀가 허리에 밧줄을 묶은 수도사복을 입고 있는 것을 보았다. 그녀는 가슴에 나무 십자가를 걸고 있었고 맨발이었으며, 너무나 말라서 그녀가 들기에는 물항아리가 너무 무겁지 않나 걱정이 될 정도였다.

그제서야 목동은 그녀가 누구인지 알았다. 벌써 오래전에 사람들이 숲에 사는 이상하고 신비로운 두 여인에 대해 얘기하는 것을 들은 적이 있었다. 그녀들은 타라스크가 자주 나타나는 곳 가까이에 살면서도, 주변에 출몰하는 도적들이나 괴물들을 전혀 무서워하지 않는다고 했다. 그녀들은 바다 너머 '팔레스타인'이라는 먼 나라에서 왔다고 했다. '예수'라는, 여기 사람들은 모르는 어떤 신이 보냈다고 했다. 그녀들은 자신들의 이야기에 귀를 기울이는 사람들에게 예수를 믿어야 한다고, 그가 진정한 신이라고 가르친다고 했다.[3] 그녀들은 론 강 가에서 매일 설교를 했다.

그 여인은 목동을 바라보며 말했다.

"자, 함께 도시까지 가자."

어떤 일이 있어도 어린 목동은 오두막을 나가고 싶지 않았다. 이건 미친 짓이다! 두 가난한 여인이 맨손으로 미소를 지으면서 타라스크를 물리칠 수는 없는 일이다. 그 괴물이 발길로 한 번 차면 바위가 산산조각나고 힘센 장사가 휘두르는 쇠스랑도 날아간다.

"자, 가자."

여인은 다시 말했다. 결국 그는 일어나서 따라갔다. 그때까지 겁에 질려서 이를 부딪치던 그가 믿으며 따라갔다.

숲을 벗어날 즈음, 발 밑의 땅이 울리는 것을 느낄 수 있었다. 그것은 발 여섯 개로 땅을 디디면서 걸어오는 타라스크였다. 끔찍했다! 괴물은 죽은 것처럼 보이는 사람을 물고 있었다. 마을 사람들이 모두 창과 쇠스랑을 들고 소리를 지르며 괴물을 쫓고 있었다.

　강에서 안개가 피어 오르는 이른 아침 어슴푸레한 가운데 이런 광경은 무시무시했다. 너무나 무시무시해서, 새로운 용기로 무장한 어린 목동은 다시 노간주나무 뒤로 달려가 숨어 버렸다.

　그러나 여인은 혼자서 타라스크 앞으로 걸어 갔다. 그녀는 오른 손으로 가슴의 나무 십자가를 잡고 있었다. 괴물은 아무 일도 없는 듯이 커다란 바위 위에 앉았다. 그러고는 자기의 힘을 자랑스러워 하는 야수처럼 조용히, 물고 온 사람을 뜯어 먹으려고 했다. 떠오르는 태양빛에 괴물의 비늘이 번쩍거렸다.

　여인을 보자 마을 사람들이 말했다.

　"기독교인 마르타다! 기독교인 마르타야!"

　그들끼리 잠시 말을 나누더니 그중에서 제일 나이가 많은 사람이 그녀에게 말을 건넸다.

　"마르타, 정말 네가 믿는 신이 네가 말하는 것처럼 강하다면 우리를 타라스크에게서 해방시켜 줘. 그러면 우리가 그 신을 믿지."

　마르타는 미소를 지었다. 그러고는 바위 위에서 그녀를 내려다보고 있는 괴물을 향해 십자가를 내밀면서 다가갔다. 그러면서 허리띠로 쓰고 있던 밧줄을 풀어서 괴물에게 그녀 쪽으로 오라고 명령했다. 괴물은 입에 물고 있던 기절한 사람을 천천히 땅에 내려 놓고는 일어섰다. 바위에서 내려 온 타라스크는 지독한 냄새 때문에 마르타가 거북해할까 봐 입도 다물었다. 그리고는 목을 쭉 뽑아서 여인에게 숙였다.

　마르타는 코 끝이 땅에 끌리는 괴물을 묶어서 끌고는, 경악한 마을 사람들 앞으로 나아갔다. 일부 마을 사람들은 마르타가 타라스크를 넘겨 주면 창으로 찔러서 죽이겠다고 주장했다. 하지만 이처럼 온화한 여인은 그런 방법을 생각할 수 없는 일이다. 다른 마을 사람은 더 나은 의견을 냈다. 그들은 괴물이 마을을 세 바퀴 돌게 한 다음, 마르타가 그 괴물의 귀에다 입을 대고 론 강 속 깊은 곳에 있는 굴에 들어가 어떤 이유로도 다시는 나와서는 안 된다는 명령을 부드럽지만 단호하게 내려 줄 것을 제안했다.

 타라스크는 복종하였다. 가끔 북풍이 부는 날, 만조와 간조 사이에 굳어 버린 비늘을 풀기 위해 잠시 나올 수 있다는 허락을 받았다. 그 때문에 도시 이름이 타라스콩이 되었다고 한다. 하지만 혹자는 그 반대라고도 한다. 이들은 그 도시의 이름이 '작은 언덕'이라는 뜻의 지역 토착어에서 왔다고 한다. 타라스콩 성은 론 강이 내려다 보이는 언덕에 세워져 있다.

●──주

1 타라스크(Tarasque)는 프로방스 지방의 전설적 괴물이다. 타라스콩에서는 성령강림제 날에 이 괴물의 상을 끌고 다닌다.
2 둘 다 악마의 냄새를 가리킨다.
3 기독교의 유입 시기에 형성된 민담임을 알 수 있다.

● ──동북부 내륙의 독일 접경 지대.

난쟁이와 인간

페레트 마을의 제롬은 숨이 턱에 차도록 달렸다.
"엄마! 엄마!"
그는 숨을 헐떡이면서 어머니를 불렀다.
"난쟁이를 봤어요! 난쟁이를 봤어요!"
그런데 그의 어머니는 아들이 총알처럼 달려들어 오는 바람에 떨어뜨린 우유 냄비만 바라보고 있었다.
"맙소사, 제롬, 웬 난리법석이니? 날 이렇게 놀래키다니!"
"엄마! 난쟁이들을 보았다니까요. 숲에서요. 말을 하는 진짜 난쟁이를요!"
어머니는 걱정했다.
'제롬이 정신이 나간 것일까? 애가 아픈 걸까? 마치 무엇에 홀린 듯이 말을 하고 있지 않은가……'
"그래, 이제 그 아닌 밤중에 홍두깨 같은 소리는 집어치우고 저리 가. 오늘은 이만하면 충분히 일을 저질렀으니까!"

●──프랑스 민담

어머니가 이야기를 들어주지 않아 기분이 상한 제롬은 방구석으로 가서 부루퉁해 있었다. 저녁이 되면 아버지와 누이에게 이야기해야겠다고 생각했다. 숲에서 길을 잃은 이야기며, 두 명의 난쟁이가 나타나 그에게 길을 가르쳐 준 이야기를 하리라고 생각했다. 그러나 그들도 그의 이야기를 믿어 주지 않을 것이다. 아마도 그가 목에 두르고 있던 목도리를 잃어버렸다고 야단을 맞기까지 할 것이다. 그 목도리는 잃어버린 것이 아니라 난쟁이들에게 주었다.

제롬을 구해 준 두 난쟁이인 트레플'토끼풀'이라는 뜻과 미라벨자두의 일종을 가리키는 말의 사정도 제롬과 다르지 않았다. 늑대 동굴에 사는 다른 난쟁이들은 그들의 이야기를 듣고 비웃어댔다.

"너희들 농담 정말 재밌다!"

동굴의 여자 난쟁이 중 한 명이 말했다.

"우리가 지어낸 이야기가 아니래도! 우리가 꼬마 인간에게 정말로 말을 했대도!"

늑대 동굴에 사는 난쟁이들은 이미 인간을 본 적이 있었다. 때문에 그들은 인간이 어떻게 생겼는지는 알고 있었다. 물론 그다지 정확하게 아는 것은 아니었다. 어쨌든 그들의 동굴이 있는 하이덴플뤼히 바위산은 페레트 마을에서 2킬로미터밖에 떨어져 있지 않았다. 하지만 거기서 한 인간이 한 난쟁이에게 말을 걸어온다는 일을 생각하니 정말 믿을 수 없는 일이었다.

미라벨은 자신의 가방을 열고는 주위를 돌아보며 물었다.

"내가 손에 들고 있는 게 뭔지 알아?"

난쟁이들은 그 물건을 자세히 들여다보았다. 그것은 노랗고 빨간 줄무늬가 있는 모직 천이었다. 그리고 난쟁이 키보다 더 길었다. 이게 뭘까?

"이게 바로 우리가 진실을 말하고 있다는 증거야."
미라벨이 외쳤다.
"이건 우리가 도와줘서 고맙다고 그 꼬마 인간이 준 선물이야. 그는 우리에게 말했어. '너희들이 이번 겨울을 따뜻하게 보낼 수 있도록 이 목도리를 줄게.'라고 말이야."

트레플과 미라벨은 거짓말을 하지 않았다. 인간이 난쟁이들에게 말을 한 것이다! 인간은 괴물이 아니었다. 인간이 친절을 보일 수도 있는 것이다. 이 얼마나 놀라운 발견인가! 얼마나 행운인가! 어쩌면 인간이 난쟁이들을 행복하게 해줄지도 모를 일이다.

사실 난쟁이들에겐 좀 곤란한 일이 있었다. 이 일은 처음에는 사소한 문제였으나 시간이 흘러가면서 심각한 문제가 되었다. 얼핏 보면 그들은 행복하게 사는 데 필요한 모든 것을 다 가지고 있는 듯이 보였다. 난쟁이들은 늙지 않는다. 그들의 젊음은 영원한 것이고 그들의 아름다움 또한 영원한 것이다. 그들은 여자 한 명, 남자 한 명씩 짝을 지어 동굴 속에 만든 작은 방에 살았다. 그들은 방을 정리하고 청소하고 멋진 옷을 만들면서 시간을 보내기를 좋아했다. 그래서 여자 난쟁이들은 황금 꽃을 수놓은 검은 드레스를 입고 보석이 박힌 허리띠를 매고 있었다. 드레스는 발을 덮을 정도로 길었다. 그러고도 남는 시간은 이웃과 사이좋게 지내는 데 썼다.

그들은 사랑할 사람도 도와줄 사람도 없었다. 동굴의 난쟁이들은 서로 돕고 살았다. 그러나 그것만으로는 충분하지 않았다. 그들은 귀여워할 자식이 없었다. 그들은 자식을 낳을 수가 없었던 것이다. 난쟁이들의 문제는 바로 이것이었다. 그런데 꼬마 인간 제롬이 그들의 호의를 받아 준 것이다. 아마 다른 인간들도 그럴 것이다. 어디 한번 해 보자.

인간에게 접근하는 일은 한두 주일, 한두 달, 한두 해 동안에 되는 일이 아니었다. 인간들이 난쟁이들을 빗자루로 쓸어 내버렸을 때마다 좌절했다. 그리고 인간들이 난쟁이들이 아이에게 접근하지 못하게 할 때마다 마음이 아팠다. 그러나 난쟁이들은 포기하지 않았다. 어느날 인간이 한 난쟁이에게 문을 열어 주고, 그에게 손을 내밀었다. 그리고 미소를 보냈다. 그 난쟁이는 그 집 아이들을 돌봐 주게 되었다. 난쟁이가 자기 아이들을 잘 돌보아 주는 것을 본 그 인간은 주변 사람들에게 이 일에 대해 이야기를 했다. 차츰 차츰 인간들은 난쟁이와 함께 지내는 일을 받아들이기 시작했다.

페레트 마을의 주민들과 난쟁이들은 뗄래야 뗄 수 없는 사이가 되었다. 여자 난쟁이들은 아기를 돌보았다. 아기들을 얼러 주고 재워 주고, 아기 부모들이 들에서 일을 하거나 식사 준비를 하거나 빨래를 하는 동안 아기들을 지켜 주었다. 여자 난쟁이들은 아이들과 놀아 주기도 했다. 아이들에게 독사를 조심하라고 일렀다. 독버섯을 따지 말라고 하고 그리고 속이 빈 나무 막대로 피리를 만드는 것도 가르쳤다. 남자 난쟁이들은 농부와 일꾼들을 도왔다. 그들은 지치지도 않았다. 그들은 밀을 거두어 들이고 단으로 묶었다. 폭풍이 올 것 같으면 놀란 가축들을 진정시키느라 뛰어다녔다.

그리고 이것이 전부가 아니었다! 난쟁이들은 일을 하지 않을 때는 즐거운 잔치판을 벌여서, 춤을 추고 음악을 연주했다. 난쟁이들에게 고마움을 표시하기 위해 마을 사람들은 그들을 결혼식에 초대했고, 그들을 가장 좋은 자리에 앉혀, 가장 부드럽고 맛있는 고기를 대접했다.

마침내 여자 난쟁이들은 그토록 많은 인간들이 두려워하는 가장 예민한 작업을 해 주기로 승낙하였다. 그것은 바로 사람의 죽음을 그 가족에게 전하는 일이었다. 난쟁이들이 슬픔과 고통을 없애 주는 요술쟁이는 아니었지만, 슬픔과 고통을 덜어 주기는 했다.

페레트의 주민들은 완전히 마음을 빼앗겼다. 난쟁이들은 이 세상에서 가장 사려 깊은 친구였다. 자신이 준 것에 대해 어떤 대가도 기대하지 않는 그런 친구였다. 난쟁이들은 자신들이 베풀 수 있는 모든 호의를 베풀고 있다는 사실에 만족하고 있었다.

대부분의 인간은 이 기묘한 작은 인간들에 대해 아무런 의문을 제기하지 않았다. 그들이 베풀어 주는 도움을 고맙게 여기고 있었다. 난쟁이들은 심지어 가난한 사람들에게 황금을 약간 주기까지 했다. 정말 멋졌다!

난쟁이들은 왜 이런 일을 하고 있을까? 그들은 어디서 온 것일까? 황금은 어디서 가져온 것일까? 그런 것은 모르는 편이 더 나았다. 그래서 모두들 아무 말도 하지 않았다. 그저 그것을 누릴 뿐이었다.

그렇지만 인간이 호기심을 갖지 않기는 어려운 일이다. 난쟁이들과 인간들 사이의 유대 관계를 끊어놓은 것은 여자 난쟁이들이 입고 있는 화려한 옷을 탐낸 한 여자였다. 그녀는 그 옷이 갖고 싶었다. 난쟁이에게 그런 옷 한 벌을 만들어 달라고 하고 싶어서 안달이 났다. 그렇지만 그렇게 조그만 난장이에게 부탁을 하려고 굽신거리기는 싫었다. 그래서 샘이 난 그녀는 난쟁이들에게 모욕감을 주고 마음을 상하게 하기로 결심했다.

어느 날 저녁, 그녀는 여자 난쟁이들과 함께 있다가 물었다.

"당신들은 자식이 없던데, 왜 그런 거지요?"

아무도 그 질문에 대답하지 않았다. 여자 난쟁이들의 얼굴에는 슬픔이 드리워졌다. 그리고 고개를 떨구었다.

여자는 대답을 듣지 못하자 화를 내며 고약한 말투로 이렇게 말했다.

"왜 아무 말도 못해요? 이런 침묵은 무슨 뜻이지요?"

침묵은 점점 더 무거워져 갔다.

"정말이지, 이 모든 호의, 이거 정상이 아니에요! 당신들은 너무 잘해 준다고요. 왜죠? 이유가 있을 게 아니에요?"

이유는 있었지만 난쟁이들은 그것을 절대로 입 밖에 내지 않았다. 그것은 비밀이었다. 그러나 난쟁이들은 더 이상 말을 않고 있을 수가 없어 여자에게 대답했다.

"우리가 당신에게 해 줄 이야기를 다른 사람에게 옮기지 않겠다고 약속해 줘요."

"약속하지요!"

"저어, 우리들, 늑대 동굴에 사는 난쟁이들은 원래 신을 섬기는 천사들이었어요. 우리의 일은 힘들지 않았어요. 우리는 천국의 주민들에게 좋은 소식과 사랑과 평화의 메시지를 전하는 일을 했지요, 그렇지만 신께서 우리들에게 너무 많은 것을 요구하셨어요. 우리는 어떤 권리도 없었지요. 우리는 신께 절대 복종해야만 했어요. 어떤 이론의 여지도 없었어요. 우리는 반란을 일으켰지만 그 반란은 실패로 돌아갔어요. 주모자는 지옥으로 끌려갔어요. 신께서는 우리들을 난쟁이로 만들어 지상으로 내려 보냈어요. 이곳에서 영원히 좋은 일을 하면서 살라고 말이에요."

그러나 여자는 아직도 만족하지 않았다.

"그 천사와 난쟁이 이야기는 알아듣겠어요. 그런데 당신들, 여자 난쟁이들은 왜 이렇게 긴 드레스를 입고 있지요?"

"오, 그건 순전히 우연이에요!"

한 여자 난쟁이가 얼굴을 붉히며 대답하였다.

"신께서 이렇게 입혀 주셨어요. 다른 뜻은 전혀 없어요. 그럼, 이만 동굴로 돌아가야 할 시간이군요. 안녕히 계세요."

수정 등불로 길을 밝히며 난쟁이들은 서둘러 돌아갔다. 여자는 난쟁이들의 치마 속에 무슨 비밀이 있는지 들여다보고 싶었다. 그녀는 난쟁이들의 설명을 전혀 믿지 않았다.

다음 날 아침에 눈을 뜨자마자, 여자는 비밀을 지키겠다던 약속을 깨뜨리고 자신의 가장 친한 친구들에게 전날 저녁에 있었던 일을 이야기해 주었다. 그녀는 하나도 빠짐없이 이야기했다. 친구 중 한 명이 잠시 생각을 하더니 이렇게 말했다.

"그래, 네 말이 맞아. 긴 옷을 입고 있어서 여자 난쟁이들은 발이 보이지 않잖아. 남자 난쟁이들도 마찬가지야! 그들도 절대로 그 큰 신발을 벗는 적이 없다고. 신기하게도 그들은 발이 아프다고 하면서도 신발을 벗지는 않는다고."

"왜 그럴까?"

다른 친구가 말했다.

이런 말이야말로 여자가 듣고 싶었던 말이었다. 그녀는 친구들에게 가까이 다가오라고 신호를 보내고는 속삭였다.

"우리, 한번 그 비밀을 알아보면 어떨까?"

이 고약한 여자는 한 가지 계획을 가지고 있었다. 그녀가 밤새도록 생각해 낸 계획이었다. 인간들은 난쟁이들이 꽃잎에 맺힌 이슬로 세수를 하기 위해서 아침 일찍 일어난다는 사실을 알고 있었다. 그때는 난쟁이들이 분명 신발을 신고 있지 않으리라. 동굴 입구에 모래를 살짝 뿌려놓으면 발자국이 찍히리라. 두 친구들은 기뻐서 펄쩍 뛰며 일어났다. 그러고는 좋아서 손뼉을 쳤다.

"정말 좋은 생각이야!"

여자들은 소리쳤다.

세 여자는 더 이상 망설이지 않고 다음 날 만나기로 서로 약속을 하였다.

새벽이 되기 전에 그녀들은 늑대 동굴로 갔다. 그러고는 난쟁이들의 지하 궁전 입구에 있는 평평한 돌 위에 모래를 뿌리고 나서 덤불 뒤로 가서 숨었다. 곧 남녀 난쟁이들이 줄을 지어 나타났다. 그들은 노래를 부르고 춤을 추고, 서로 입을 맞추고, 서로 쫓아 다니기도 하면서 즐겁게 놀았다. 그들은 세수를 하러 갔다. 그러고는 산딸기 몇 개로 요기를 하고 옷을 입으러 동굴로 돌아왔다.

여자들은 서둘러 가 보았다. 모래 위에는 난쟁이들의 맨발 자국이 선명하게 새겨져있었다. 여자 난쟁이의 것은 염소 발자국이었고, 남자 난쟁이의 것은 새 발자국이었다.

세 여자가 이 발자국들을 보고 너무나 큰 소리로 웃어 대는 바람에 난쟁이들이 그 소리를 들었다. 그들은 동굴 입구 쪽으로 돌아와 인간들이 자신들의 부끄러운 비밀을 알아 버린 사실을 알았다. 이 여자들의 고약한 행동은 난쟁이들을 슬프게 했다. 그들의 마음은 분노와 수치심으로 뒤범벅이 되었다.

다시 동굴 속으로 발길을 돌리면서 그들은 눈물을 흘렸다. 그들은 다시는 동굴에서 나오지 않았다. 그리고 다시는 인간들 앞에 모습을 드러내지 않았다.

● ─ 주

1 원문에는 '치마 속을 들여다본다.'라고 되어 있다.

한스 트랍

알자스 지방에서는 사람들이 나를 '한스 트랍'이라고 부른다. 다른 지방에서는 '매질하는 할아버지'라고도 하고 말이다. 12월 5일 저녁이 되면, 나는 성 니콜라스가 아이들을 방문할 때 함께 다니는데, 내가 맡은 일은 말 안 듣는 아이들을 벌을 주는 일이다.

사실, 원래 내 이름은 한스 트랍이 아니다. 나의 첫 번째 생애에선 한스 폰 드로트라는 이름을 가지고 있었다. 나는 황제 막시밀리언 1세의 총애를 받는 게르만 영주였지만 나의 가문은 이런 이름과 지위에 걸맞는 영지를 소유하고 있질 못했다. 그래서 황제는 나를 알자스 북쪽 끝에 있는 비셍부르의 수도원 소유인 베르와르슈타인 성에 살 수 있도록 명령을 내려주었다.

성은 훌륭했다. 에르렝탈 계곡의 에르렝바슈 마을 위에 있는 거대한 분홍색 사암 바위산 위에 있었다. 나와, 사제였던 나의 동생 틸로는 그곳에서 잘 지냈다. 맞다. 나는 사람들이 무엇이라고들 하는지 알고 있었다. 사람들은 우리가 성을 탈취했다고들 한다더군.

●─프랑스 민담

우리가 그 성의 주인이었던 비셍부르 수도원장의 동의를 구하지 않았으니까, 분명 그들의 말이 옳긴 옳았다. 하지만 우리도 살 곳이 필요했다.

수도원장은 우리에게 피곤하게 굴었다. 우리를 귀찮게 할 모든 구실을 찾아냈고, 우리가 계곡 마을의 주민들에게 부과한 세금에 대해 항의도 했다. 하지만 우리도 먹고 마시고, 군대를 유지하는 데 돈이 필요했다! 그는 우리가 소년 소녀들을 납치했다면서, 교황에게 신고하겠다고 협박도 했다! 하지만 우리는 우리 일을 거들어 줄 일손이 필요했다! 이런 상황에서 에르렝탈 사람들과 원만한 관계를 유지하기란 어려웠다. 우리가 말을 타고 나타나기만 하면 마을은 온통 공포의 도가니였다. 남자들은 여자와 아이들을 불러 모으고 그들의 집에 틀어박혀서는 문을 이중으로 걸어 잠그곤 했다. 나는 그들의 오두막 정도는 쉽게 부수어 버릴 수도 있었지만, 그럴 필요까지 있을까 싶어서 내버려 두었다.

난 군대를 동원하여 세금을 거두어 들였고 우리 지방의 선거후이자 멍청하기 그지없는 필립 공(公)을 따라다녔다. 그의 궁전에서는 늘 잔치와 공연이 벌어졌고 그는 나에게 호감을 가지고 있었다. 사람들은 그가 나에게 홀렸다고들 했다. 그건 맞는 얘기였다. 하지만 난 그저 마녀가 만들어 준 마법의 가루를 사용하여, 그가 나를 좋아하도록 약간 손을 썼을 뿐이다. 나는 수시로 필립이 마시는 술잔에 가루를 넣었고 그는 그 술을 마시면 마실수록 나를 더 좋아하게 되었다.

아! 하지만 내 인생은 금방 역전되어 버리고 말았다. 내 동생 틸로가 호위병을 거느리지 않고 성 밖으로 나가는 실수를 한 것이다. 틸로는 수도원장의 부하들에게 붙잡혀 감옥에 갇히고 우리의 원수들에게 재판을 받아 중형에 처해졌다. 아무리 하인들과 군사가 있다 하여도 틸로 없이 그 거대한 성 안에 홀로 남겨진 나는 외로웠다. 아무도 나를 도와 틸로를 석방시키려고 하지 않았다.

틸로가 감옥에 있다는 생각을 하면 미칠 지경이었다. 나는 성의 복도를 오락가락하며 복수할 방법을 찾았다. 한참 동안 생각한 나는 가장 오래, 가장 천천히, 가장 잔인한 방법으로 처벌할 길을 떠올릴 수 있었다. 내 육신은 분노에 휩싸였고, 내 영혼에서는 지옥의 불길이 타올랐다. 나는 다른 사람들에게, 다른 모든 사람들에게 이 지옥의 냄새를 맡게 해주기로 마음먹었다. 나는 "흥, 그자들은 처벌을 받게 될 거야. 그 겁쟁이 농사꾼들 말이야! 그리고 싸구려 사제들도! 그리고 우스꽝스러운 마을 녀석들도! 한스 폰 드로트의 말씀이란 말이야!" 하고 소리쳤다.

그 후로 내가 짜낸 잔인한 사건 없이 지나간 날은 하루도 없었다. 난 비셍부르를 가로지르는 로테르 강이 흐르지 못하게 둑을 쌓도록 해서 도시의 저지대에 물이 공급되지 않게 했다. 그러고는 얼마 후, 이 강둑을 허물어 버리게 했다. 엄청난 양의 흙탕물이 길과 광장, 집들을 쓸어 버렸다. 비셍부르는 파괴되었다.

장사치들에게서 돈을 뜯고, 여행자들의 짐을 털었다. 난 마을 주민들이 그들의 숲에서 사냥하는 것을 금지시키고, 숲에서 나무토막이나 줍는 아주 가난한 자들도 모두 쫓아내 버렸다. 내 부하들이 그들을 잡고 때리고 죽였다. 나의 백성들은 더 이상 땔감도 먹을 것도 없었다. 아이들은 울어 대고, 어미들은 그 눈물을 닦아 주고, 남자들은 고개를 떨구었다.

이 모든 것이 나를 기쁘게 했다! 난 종종, 불행을 지켜보는 즐거움을 느끼기 위해 내 부하들과 함께 성 밖으로 나갔다. 내가 기억하건대, 내 명령에 대항하기로 작정한 자콥 웰쉬라는 자가 있었다. 그자는 에르렝바슈에 사는 농사꾼이었다. 식구들을 먹여 살리려고 토끼 사냥을 나간 자였다. 감히 나한테 덤비다니! 그자가 없는 틈을 타서, 나는 그자의 처자식이 들어앉아 있는 오두막을 불태워 버렸다. 나는 이글거리는 불길이 꺼질 때까지 그 오두막 앞에 서 있었다. 거기서 누구도 살아남지 못한 것을 확인하려고 말이다.

저녁이 되면 성의 페치카 앞에 앉아, 나는 다른 사람들의 절망에 대해서 미친 듯이 기진맥진하도록 웃어 댔다. 새로 알게 된 나의 동반자인 검은 까마귀를 쓰다듬으면서 말이다. 그 새를 길에서 발견한 후 우리 가문의 문장에 그 까마귀의 그림을 그려넣었고 내가 지나가는 곳이면 어디에나, 내가 공포를 뿌리고 지나가는 곳이면 어디에나, 벽에다 내 까마귀의 그림을 그렸다. 그건 무자비한 인간의 표시였다. 가난한 자들은 이유도 모르고 죽었고 부자들은 죽음을 피하려고 가진 것을 다 내놓고도 결국에는 죽었지만 말이다!

막시밀리언 황제의 책상에 탄원서가 산더미처럼 쌓이고 있다는 것을 난 알고 있었다. 그래도 황제는 아무 말도 하지 않았고, 그대로 내버려 두었으며 계속 나에게 중요한 임무를 맡겼다. 어느 날은 나를 프랑스 왕 루이 9세에게 밀사로 보내기까지 했다. 그리고 그는 나에게 영광스러운 황금 양털 기사 작위를 내리기도 했다.

나의 복수는 열여덟 해 동안 계속되었다. 1503년 어느 날, 나는 내 침대에서 편안하게 죽었다. 내 부하들이 그 날로 비셍부르와 다안 마을 중간에 있는 생트 안 성당에 나를 묻었다. 그때부터 사람들이 끊임없이 내 묘지석 주변을 서성이면서 안도의 한숨을 쉬는 소리를 들었다. 드디어 내가 지상에서 사라졌다고, 드디어 정상적으로 살 수 있게 되었다고, 드디어 다시 행복해질 수 있게 됐다고들 했다.

"그가 정말로 죽었는지 어떻게 알 수 있어?"

그들 중 한 명이 묻더군.

훌륭한 질문이었다. 나는 죽었지만 아직 살아 있으니까. 내 혼이 여전히 숨을 쉬고 이야기를 듣고 비웃고 있었던 것이다. 모든 사람들의 기억 속에 내 망령이 깊이 새겨져 있었다. 나는 한 어머니가 자기 아들에게 하는 소리를 들었다.

"조심해라. 드로트가 너를 잡아 가려고 온다!"

그러자 아이는 바로 울기 시작했다. 내 이름만으로도 그들을 겁줄 수가 있었다. 난 그 사실이 무척 자랑스러웠다.

세월이 흘러 점점 어머니들이 아이들을 겁주는 데에 내 이름을 쓰기 시작했다. 대성공! 조금씩 조금씩 나도 잘 모르는 사이에, 내 이름이 바뀌어 가서 발음은 별로 다르지 않는데, 철자는 완전히 달라져 버렸다. 더 이상 '드로트'가 아니고 '트랍'이 되어 버렸다. 한스 트랍. 아이들은 한스 트랍을 본 적도 없지만, 그 이름만 들어도 겁에 질렸다.

내 이름을 불러 도움을 청하면, 그들이 원하는 대로 이루어졌다. 이런 일을 보고 나에게 한 가지 생각이 떠올랐다. 이 유령의 형상을 벗고 싶어진 것이다. 새로운 존재가 되고 싶어졌다. 내가 누구인지, 내가 할 수 있는 일이 뭔지 보여 주고 싶었다. 나는 다시 사람의 모습을 되찾았다. 더 무섭게 보이려고 나의 멋진 기사 복장도 버렸다. 사람들 집 문을 두드리러 갈 때면 짐승 가죽을 두르고, 얼굴에는 숯검정을 칠하고 갔다. 나타날 때나 사라질 때도, 갑자기 거대한 먼지 구름 속에서 늙은 독수리의 무시무시한 울음소리를 내고 다녔다. 대개의 경우, 혼자 다니지 않고 지옥에서부터 데려온 용 한 마리를 끌고 다녔다.

　내 이름을 불러 대는 부모들은 점점 더 늘어 갔지만, 그들은 결코 나에게 아이를 주지는 않았다. 꼭 마지막 순간에 마음을 돌리다니! 그들은 자기들이 어떻게 해야 하는지를 모르는 것이다. 내 생각에 말 안 듣는 아이는 당장 지옥으로 보내져야 하는데 말이다. 난 그 부모들이 망설이는 것을 참을 수가 없었다. 그 아이들, 난 그 아이들을 난 원했다! 아이들한테 겁만 주는 것으로는 더 이상 만족할 수 없었다.

　나는 점점 재미가 없어졌다. 그래서 다시 무덤 속으로 되돌아가려고 했다. 그런데 그 순간, 성 니콜라스가 조수 한 명을 구한다는 소식을 듣게 되었다. '지저분한 일'을 해 줄 사람 말이다. 그것은 바로 말썽꾸러기 아이들을 혼내 주는 일이었다. 나는 즉각 그 일을 맡았다. 난 지저분한 일이 좋으니까. 난 적응을 잘했다. 시간을 내서, 지저분한 일을 최대한 지저분하게 했다.

　그리고 그 후로 매년 12월 초에 나가려고 내 무덤 속에서 이제나 저제나 하면서 기다리게 되었다. 12월 5일 저녁이 되면, 아, 그 얼마나 행복한지! 마음씨 좋은 성 니콜라스를 따라, 이 집 저 집으로 돌아다닌다. 선물을 싣고 가는 당나귀에는 큰 가방이 매달려 있어서, 성 니콜라스가 그러라고 하면 아이들 중에서 정말 말 안 듣는 아이를 그 속에 잡아넣는다. 정말 생각만 해도 신나는 일이다. 작은 꼬마들이 무서워한다고 해서, 내가 끌고 다니던 지옥의 용도 버렸다. 어차피 선물을 싣고 가기엔 당나귀가 더 편리하니까.

　집집마다 아이들이 벌벌 떨면서 우리를 기다리고 있다. 때로는 옷장 위에 올라가 있는 아이나 침대 밑에 웅크리고 있는 아이를 찾아내야 할 때도 있다. 그러면 난 그 아이의 귀를 잡고 끌어낸다. 그럴 땐 정말 기분이 좋지만 금방 아이를 놓아주어야 한다. 성 니콜라스가 그런 방법을 안 좋아해서 나를 엄격한 눈초리로 노려보기 때문이다. 나는 앞으로도 오랫동안 주인님이 나를 필요로 하기를 바라고 있으므로 절대복종한다. 두고두고 아이들에게 겁을 주고 싶다. 이건 간단한 일인 데다가, 싫증이 나지 않으니까 말이다.

● — 주

1 알자스에서는 12월 5일이 성 니콜라스의 날이며 이 절기가 19세기에 세속화되어 오늘날 산타클로스와 성탄절의 유래가 되었다. 선물을 주는 성 니콜라스를 따라다니며 나쁜 아이에게는 벌을 주는 것이 '매질하는 할아버지'의 역할이다.
2 신성 로마 제국의 제후들 중, 1356년의 황금 문서에 의해 독일 황제를 선출할 선거권을 가지게 된 일곱 제후를 말한다.

호수의 약혼녀

마리는 스무 살이었다. 꿈 많은 이 아가씨에게는 아무 일도 일어나지 않았다. 머릿속으로는 많은 곳을 돌아다녔지만, 막상은 그녀가 사는 게브빌레 마을을 벗어나 본 적이 없었다. 그녀의 부모도 오빠도 그녀가 스무 살이 되었다고 생각하지 않았다. 여전히 그녀를 아이로 취급하고 있었다. 그녀가 집을 나서려고 할 때면 부모와 오빠의 충고가 산더미처럼 쏟아졌다.

"조심해라, 아가야!"

"알았어요, 엄마."

"낯선 사람과 얘기하지 말고!"

"알았어요, 아빠."

"사내 녀석들이 달콤한 소리를 해도 넘어가지 마라."

"알고 있어요, 엄마."

무슨 일을 하든지 충고가 뒤따라 다녔다. 성당에 가든지, 가게에 물건을 사러 가든지, 춤추러 가든지 늘 충고 투성이었다. 그래서 마리는 조금씩 조금씩 거짓말을 하기 시작하였다. 자기가 무엇을 하려는지 숨기기 위해서였다. 발롱 호수를 한 바퀴 돌아보러 갈 때는, 어머니에게 월귤나무 열매를 따러 간다고 핑계를 댔다. 마리는 바구니 한 개와 밀짚 모자, 점심 도시락을 준비했다. 막 집을 나서려는 순간 어머니가 붙잡았다.

"나막신이 닳았으니, 발목이 젖지 않도록 조심해라."

"알았어요, 엄마."

"어두워지기 전에 꼭 돌아와야 한다."

"그럼요. 엄마."

"그리고 절대로 발롱 호수 근처에는 가면 안 된다. 알지! 사람들이 하는 이야기를 알고 있지?"

"알아요, 엄마, 안다고요. 벌써 백번도 더 말했잖아요."

사실은 이 호수에 대한 이야기를 하도 들었기 때문에, 꼭 가 보고 싶었던 것이다. 예전에 마리의 할아버지는 옛날이야기를 많이 들려주곤 했었는데, 그 이야기들은 정말 무시무시했다. 할아버지는 전쟁과 시의 신인 보탕Wotan이 발롱 호수를 만들었다고 말하였다. 보탕은 호수 속에 금과 은으로 만든 수레를 숨겨 두었고 이 수레에 밤하늘에 뜨는 일곱 개의 별을 실어 놓고는, 해질녘이면 이 수레를 꺼내서 타고 이 세상 주위를 한 바퀴 돈다고 했다.

어떤 때에는 무시무시한 훙노의 왕인 아틸라의 보물이 이 호수 속에 가라앉아 있다고도 했다. 아틸라는 로마군에게 쫓기면서 후일 다시 찾으러 올 생각으로 보물을 호수 속에 던져 넣었다.

마리는 누군가 호수 속에 황금을 건지러 내려가 보지는 않았는지 할아버지에게 물어 보았다. 할아버지는 대답했다.

"쉿. 그 속에는 커다란 식인 물고기가 보물을 지키고 있다는 것을 몰랐니?"

어린 마리는 그저 이 식인 물고기 이야기만 들어도 소름이 쫙 돋았다. 하지만 다 큰 지금은 무섭지 않았다. 오히려 한번만이라도 이 호수가 여느 호수와 같은지 확인해 보고 싶었다. 그리고 그녀의 심장이 뛰게 하는 일이 생기면 더 좋을 것 같았다. 그녀의 생활은 너무나 단조로웠던 것이다. 아직도 어머니의 충고는 끝나지 않았다. 그녀는 딸을 붙잡아 두고 싶어했다.

"어머나, 하늘 좀 봐! 누르스름한 것이 폭풍우가 쏟아질 것 같다."

"그만 하세요. 다 알고 있어요. 여름에 폭풍이 내릴 때, 그 호수에 다가가면 온갖 종류의 괴물이 호수에서 나온다고요. 그리고 어쩌구저쩌구. 그만 하세요, 엄마. 오늘 저녁에 돌아올 때, 월귤나무 열매를 한바구니 따다 드릴게요. 몇 주 동안 파이를 만들어 먹을 수 있을 만큼요."

마리는 뛰어 갔다.

"왜 갑자기 호수 이야기를 한 거지?"

어머니는 혼자 생각했다.

'저 아이가 거짓말을 한 것은 아닐까?'

순간 어머니는 등줄기가 서늘해졌다. 나쁜 예감이 들었다.

마리는 어머니에게 반만 거짓말을 한 것이었다. 호수에 가는 길에 먼저 월귤나무 열매를 땄다. 바구니 속에 넣고 입 속에 한가득 넣었다. 입술과 이가 온통 보라색이 되었다.

천둥소리가 들렸다. 폭풍우가 몰려오는 것이었다. 하지만 마리는 호수의 어두컴컴한 물 속을 들여다 볼 작정이었다.

잠시 후 멀리서 호수가 보이기 시작했다. 그녀가 알아차리지 못하는 사이에, 조금씩 푸르스름한 안개에 휩싸이기 시작했다.

갑자기 불빛이 푸르스름한 안개를 갈라놓았다. 마리는 놀라고 당황했다. 호수는 어디에 있는지 더 이상 보이지 않았다. 그저 가볍게 찰랑거리는 물소리만 들렸다. 폭풍에 그녀의 머리카락이 휘날렸다. 호숫가에서 얼마나 떨어져 있는 것일까? 그녀는 알 수가 없었다. 그녀는 움직이지 않고 안개가 완전히 걷힐 때까지 기다렸다.

하늘에 태양이 완전히 사라지고 광풍이 몰아치기 시작하자, 놀라운 광경이 벌어졌다.

그녀 앞에 펼쳐진 광경은 상상을 초월하는 것이었다. 마리는 목소리가 안 나왔다. 소리칠 수가 없었다.

수십 마리, 아니 수천 마리의 물고기가 호수에서 솟아 올랐다. 하지만 이것이 무슨 물고기인가! 어떤 것은 뿔이 달리고, 어떤 것은 돼지 코가 달렸으며 어떤 것은 곰처럼 털이 북슬북슬 나 있었다. 원숭이나 늑대, 염소의 머리가 달려 있기도 했다. 그밖에 많은 것은 여태까지 보지 못한 모양을 하고 있었다. 그래도 물고기의 모양은 아니었다. 이 끔찍한 물고기 떼에서는 역겨운 냄새가 풍겼다.

이 수중 괴물들은 여기저기로 날뛰고 있었다. 그것들은 호숫가 방둑 가까이까지 펄쩍거리고 튀어 올랐다. 마리는 괴물들이 자신에게 달려들까 봐 겁이 났다.

엄청나게 큰 천둥소리에 그녀는 깜짝 놀랐다. 그 소리가 물고기들에게는 신호인 듯했다. 물고기는 지느러미로 받치고 서서, 두 줄로 정렬했다. 이렇게 늘어선 줄 끝 쪽에서 거대한 송어 한 마리가 솟아 올라왔다. 엄청나게 큰 송어였다. 황소만 했다. 비늘에는 각양각색의 풀들이 꽂혀 있었다.

송어가 두 줄 사이로 지나가자 물고기들은 차례로 사라졌다. 물고기들은 물 속으로 뛰어들기 전에 송어에게 인사를 했다.

'저렇게 존경받는 것을 보면, 저 송어는 호수의 여왕임에 틀림없어.'

마리는 생각했다.

송어는 천천히 호숫가로 마리를 향해서 다가왔다. 비가 쏟아지기 시작했다. 폭풍우는 거셌다. 송어는 방둑에서 겨우 몇 발짝 떨어진 곳까지 왔다. 마리는 여전히 꼼짝도 않고 있었다. 그녀 자신도 움직일 수 없는 것인지 움직이고 싶지 않은 것인지 알 수가 없었다. 한순간 한순간이 수천 년처럼 길게 느껴졌다. 그녀는 체념하고 눈을 감았다. 그리고 호수의 여왕의 뜻에 따르기로 마음먹었다.

비는 차츰 잦아들었다. 마리는 기다리고 또 기다렸다. 하지만 아무 일도 일어나지 않았다. 그녀는 살아 있었다.

비가 멈추자 주위는 고요해졌다. 그녀는 눈을 떴다. 아무도, 여왕도 물고기도 없었다. 호수는 물고기들을 숨긴 채 고요해져 있었다. 안개 덩어리가 수면 위에 여기저기 떠 있을 뿐이었다.

"모든 것이 끝났어! 나는 무사해!"

아직도 자신이 그곳에 있다는 사실이, 괴물들에게 화를 당하지 않았다는 사실이 놀라웠던 마리는 자기 얼굴을 만져 보고, 팔과 몸을 모두 만져 보았다. 입고 있는 회색 치마와 나막신도 쳐다보았다. 긁힌 상처도, 찢어진 데도 없었다. 아! 마리는 할아버지를 생각했다.

"커다란 물고기……. 할아버지 이야기가 사실이었어."

그녀는 어머니를 생각했다. 어머니 말씀을 안 들은 것이 어리석었다고 여겨졌다. 그녀는 돌아서서, 월귤나무 열매가 담긴 바구니를 들고 이 저주받은 호수를 떠나려고 하였다.

그때 등 뒤에서 따스하고 아름다운 목소리가 그녀를 불렀다.

"오세요. 아름다운 아가씨, 오세요. 두려워하지 마세요. 여기로 오세요."

목소리가 말했다.

'송어가 다시 온 것일까?'

마리는 도망쳐야 한다는 생각이 들었다. 하지만 궁금하기도 했다. 결국 마리는 호수를 향했다. 그곳엔 잘생기고 멋있는 청년이 물 위로 머리를 내밀고 있었다.

"누구세요? 왜 그러세요?"

청년은 바로 대답하지 않았다. 그는 물에서 천천히 떠올랐다. 그의 몸이 떠오르는 것을 마리는 놀란 눈으로 바라보고 있었다.

"열세 발자국 앞으로 걸어 와서 내 팔에 안겨요."

그는 속삭이듯 말했다. 섬세한 얼굴에 금빛 고수머리의 청년은 조각상처럼 멋있었다. 그녀가 꿈꾸던 사랑이 현실 앞에 나타난 것이었다.

마리는 월귤나무 열매가 담긴 바구니에 걸려 넘어질 뻔했다. 월귤나무 열매가 땅에 쏟아졌다. 다시 목소리가 들렸다.

"오세요. 내게로 오세요.

그녀는 완전히 반했다. 하지만 그녀의 이성은 넘어가면 안 된다고 말하고 있었다. 그래서 저항해 보려고 노력했다. 청년을 보지 않으려고 노력했다. 하지만 소용없었다. 그렇게 부드러운 사람을 어떻게 거절할 수 있겠는가? 청년은 마리에게 팔을 내밀었다.

"오세요. 내게로 오세요."

그는 금발에 꽃가지를 꽂아 장식하고 있었다.

"오세요. 내게로 오세요."

그의 푸른 두 눈은 말하고 있었다.

"오세요. 당신을 사랑해요."

마리에게는 어머니의 목소리가 들려 왔다.

'남자의 손을 잡지 마라!'

하지만 거기에는 어머니가 없었다. 마리는 혼자였다. 이런 사랑과 이런 부드러움 앞에서 어떻게 해야 할지 몰랐다. 그의 목소리는 사이렌의 노래처럼 그녀를 끌어당기고 있었다. 마리는 그 목소리에 굴복했다.

그녀는 물 속으로 들어가 청년에게 안겼다. 그러고는 그의 입술에 입을 맞추었다. 그는 그녀의 양 손에 번갈아 입을 맞추고 에메랄드가 박힌 금반지를 마리의 손가락에 끼워 주었다. 그리고 루비가 박힌 또 다른 금반지 하나를 내밀었다. 마리는 달빛 아래에서 헤엄을 쳤다. 기쁨에 취해서 황홀했다. 그녀는 청년의 손가락에 루비가 박힌 반지를 끼워 주었다.

"이제, 우리는 약혼했어요."

청년은 기뻐하며 말했다.

"당신은 내 약혼녀예요. 내일 밤에 결혼합시다. 지금 가서 당신 부모님께 하직 인사를 하고 와요. 빨리 갔다 와요."

마리는 호숫가 방둑으로 나와서, 약혼자가 호수 속으로 사라지는 것을 바라보았다. 밤이 되려고 했다. 집까지는 멀었다. 그녀는 서둘렀다. 월귤나무 열매 따위는 잊어 버렸다.

"신이시여, 감사합니다!"

마리를 보자 어머니는 환하게 빛나는 얼굴로 돌아오는 딸에게 말했다.

"얘야, 괜찮니? 산에서 아무 일 없었니? 어떤 나쁜 놈을 만난 건 아니지? 말해 봐! 말 좀 해 봐라!"

마리는 아무 말도 하지 않았다. 얼굴은 기쁨으로 빛났지만 아무 말도 하지 않았다.

"마리, 너 괜찮니?"

마리는 아무 말도 하지 않았다.

"그럼, 됐다. 너의 아버지와 오빠는 벌써 일을 마치고 돌아왔다. 아버지와 오빠 곁에 가서 불이나 쬐렴. 밤이 되니까 추워서 꽁꽁 얼었구나."

마리는 어머니가 시키는 대로 도자기로 만들어진 난로 옆에 앉아 난로의 타일에 손을 갖다 댔다. 그녀의 집은 따스했다. 그렇지만 마리는 벌벌 떨기 시작했다. 점점 더 떨기 시작했다. 어머니가 달려왔다. 마리의 두 손을 꼭 잡고는 말했다.

"손이 꽁꽁 얼었네! 그런데 이 반지는 웬 거냐?"

어머니는 딸의 이마를 짚어 보았다. 열이 펄펄 끓고 있었다.

어머니는 바로 마리를 침대에 눕히고 이웃 사람을 불렀다. 오빠는 의사를 부르러 갔다. 아버지는 어쩔 줄 몰라 두 손을 비비면서 부엌에서 서성이고 있었다. 마리는 헛소리를 하고 헛손질을 했다. 그녀는 침대에서 벌떡 일어나 두 팔을 내저었다. 누군가를 사랑한다 말하며 그녀 곁으로 와 달라고 애원했다. 그러고는 다시 누웠다. 그러고는 곯아 떨어졌다가는 잠시 있다가 다시 시작했다. 열 때문에 제정신이 아니라고들 하며 다들 그녀를 낫게 해달라고 기도를 했다.

의사는 마리를 진찰하고 나더니 그녀의 가족들에게서 희망을 빼앗아 버렸다.

"끝났소. 마리는 다시 깨어나지 않을 거요."

마리의 어머니는 이 말을 받아들일 수가 없었다.

● ─ 프랑스 민담

'어머니의 사랑은 죽음보다 강하다.'

어머니는 딸의 병상을 지키기로 마음먹었다. 시간이 흘렀다. 마리는 평온해 보였다. 마리의 열은 한계를 넘어 버려서, 오히려 진정된 것처럼 보였다.

새벽녘에 마리는 천천히 눈을 떴다. 그녀는 베개에 기대고 앉아 물을 한 모금 마시고는 어머니에게 자신이 겪은 일을 이야기 했다. 사실은 발롱 호수에 가보기 위해서 월귤나무 열매를 따러 간다고 했다고 말한 것, 호수에서 물고기들과 송어 한 마리 그리고 아주 잘생긴 청년을 본 걸 말했다. 그리고 그와 포옹했다고 말했다. 어머니는 생각했다.

'의사 말이 옳았어. 모든 것이 끝났어. 송어든지 남자든지 모두 호수에 사는 악마야. 그 악마가 내 딸을 점찍었으니, 오늘 밤에 죽게 되었어.'

그와 같은 함정에 말려든 다른 여자들의 이야기를 떠올린 어머니의 얼굴에는 눈물이 흘러 내렸다. 어머니는 부엌으로 내려가 의자에 앉았다. 한마디 말도 하지 않았다.

마리가 아프다는 소식을 듣고 달려 온 친구들은 집 안이 침묵에 잠겨 있는 것을 보고 놀랐다. 모두들 오자마자 더 이상 알려고 하지도 않은 채 살금살금 걸어서 되돌아갔다.

그날 저녁, 전날에 청년과 헤어졌던 시각이 되자 마리는 침대에서 다시 일어났다. 그녀는 기쁨에 들떠서 외쳤다.

"안녕히 계세요, 엄마! 내 결혼식 행렬이 이리로 오는 것이 보여요! 엄마, 아빠, 가야겠어요. 그가 약속한 대로 나를 데리러 오고 있어요!"

가족들은 그녀를 진정시켜서 겨우 다시 눕혔다. 잠시 후 그녀는 다시 소리를 질렀다.

"아! 결혼 축가를 부르는 소리가 들려요! 내 사랑, 난 준비 됐어요. 나를 데려가세요!"

창문을 세 번 두드리는 소리가 들렸다. 아버지는 창으로 달려가 보았다. 아무도 없었다. 바람이었나? 귀신이었나? 그 순간, 호수의 약혼녀는 영원히 눈을 감았다. 그리고 중얼거렸다.

"나, 갈게요."

프랑스 민담을 소개하며

•••••

예로부터 입에서 입으로 전해지고 귀로 듣던 이야기들은 인쇄술의 보급과 함께 문자 뒤로 숨게 되었다. 세계 각 지역마다 채집자들이 기록한 민담들은 특색을 달리하면서도 인간 보편의 공통 구조에서 크게 벗어나지 않는다. 이 책에서는 이러한 민담의 지역성과 보편성을 잘 느낄 수 있도록 이야기들을 엮었다. '프랑스'는 현재 한 나라이지만 각 지방마다 서로 다른 특징을 지닌 민담 기록이 있다. 그 기록들을 통해 독자들은 근대 이성과 과학이 지배하기 이전의 프랑스, 서로 다른 역사적 배경과 자연 배경을 지닌 프랑스 사람들의 모습을 발견할 수 있을 것이다.

  현대 프랑스 인을 민족적으로 명확하게 단정하기란 쉽지 않다. 대략 기원전 2000년 전에는 켈트 족이 살았다. 기원전 2세기 로마 제국이 유럽을 지배하던 시대에 현재 프랑스 지역은 갈리아로 불렸으며, 그곳의 켈트 계열 사람들은 골 족이라 했다. (영화로도 만들어진 프랑스의 국민 만화 「아스테릭스」의 자부심 강한 주인공들이 바로 골 족이다.) 그들은 농업을 기반으로 했으며 사제인 드루이드, 평민, 전사의 세 계층이 있었다. 결국 로마의 지배권에 편입된 갈리아 지방에 기독교가 들어오기 전까지 켈트 족의 신과 로마의 신이 공존하다가 3세기 경에는 게르만 족이 이동하여 작은 왕국들을 세우고 정착하였다. 다양한 민족들이 이 땅에 정착하면서 문화는 서로 섞이고 변화했다. 위시고트 족은 남프랑스에, 부르군트 족은 론 강과 사온 강 유역에, 프랑크 족은 북프랑스에 자리를 잡았다가 5세기 경 프랑크 족이 대부분의 땅을 차지하였고, 이후 왕권이 강화되면서 갈리아 지역은 마침내 '프랑스'가 되었다.

이런 이유로 프랑스 민담에는 켈트와 로마, 게르만 그리고 기독교 문화가 다양하게 나타난다. 여기 소개하는 이야기 중에는 토착민인 켈트 족의 색채가 느껴지는 「뱀의 알」이나 「까마귀 이야기」, 「유명한 사람」, 「멜뤼진」과 같은 이야기도 있고, 「성녀 마르타와 어린 목동」처럼 남프랑스 지역이 기독교화되는 과정을 보여 주는 이야기도 있다. 그런가 하면 브레타뉴의 「밤에 빨래하는 여자」와 같이 토착 신앙이 기독교에 의해 폄하되어 악귀처럼 변한 것을 엿볼 수 있는 이야기도 있다. 브레타뉴 지역 특유의 '코리간'이라는 난쟁이 종족들 이야기도 한 축을 이루며, 민담의 한 형태로 세계 어느 지역에서나 발견되는 '사람처럼 말하는 동물들'도 등장한다. 이 동물들 중 수탉의 등장이 특이한데, 수탉은 예전부터 오늘날까지 프랑스를 상징하는 동물이다.

이 책에 수록한 이야기 중 특히 「멜뤼진」은 많이 인용되고 널리 알려진 이야기로 16-17세기 기록에도 대표적인 민담으로 등장한다. 이 요정은 켈트 전설에 나오는 '갈증의 샘 Font de Sé'의 수호신이었는데, 오랫동안 푸아투 지방을 통치했던 뤼지냥 가문에서 이 요정을 자신들의 시조 la mère des Lusignan, 즉 뤼지냥 가의 어머니로 삼아서 이런 이름이 되었다고도 하고, 스키타이 족 여왕인 밀루지에나의 이름이 전승된 것이라고도 한다.

본래 구전이었던 것을 채집 기록한 만큼 지방별 민담들은 그 주제와 형식 면에서 매우 다양하다. 이 책에는 서북부 대서양 연안 브레타뉴 지역, 중남부 대서양 연안의 푸아투 샤랑트, 중부 내륙의 베리와 오베르뉴 지역, 남부 지중해 연안의 프로방스 지역, 동북부 내륙인 알자스 지역의 민담들을 가려 실었으며 페로 동화로 익히 알려진 17세기 문필가 샤를 페로가 정리한 민담들 중에서도 다섯 편을 골라 실었다.

페로의 민담 중 네 편은 가르니에 프레르 출판사에서 1967년 출간한 『페로 민담집』에서 옮겼으나, 프랑스의 절대군주 루이 14세도 어린 시절에 들으면서 잠들었다는 「당나귀 가죽」은 그림 출판사에서 1978년에 펴낸 산문 판으로부터 옮겼다. 이것은 운문판보다 읽기 쉽고 재미있는데, 1781년 라미 출판사에서 펴낸 『페로 민담집』에 실렸던 판을 재수록한 것이라고 하지만 그 진위 여부는 확인되지 않은 상태에서 현재까지는 페로의 작품으로 소개되고 있다. 한편 「빨간 모자」Le Petit Chaperon Rouge로 알려진 페로 동화를 생각나게 하는 「할머니 이야기」는 민속학자 아셀 밀리앙Achille Millien, 1838–1927이 니베르네 지역에서 1870년 경 채집한 것을 그대로 소개한다. 지금의 관점에서는 다소 엉뚱한 대사가 특이하다. 흔히 『페로 동화』로 알려진 『교훈을 붙인 옛날 이야기』Histoire ou Contes du Temps Passè, avec des Moralitès』에 실린 「빨간 모자」 이야기와 다소 다른 면을 느낄 수 있을 것이다.

페로는 민담집을 펴내면서 각 이야기 끝에 교훈을 덧붙였는데, 이 책에서도 이를 그대로 살려 실었다. 다만 원본으로 삼은 「당나귀 가죽」의 출판본에는 이 교훈이 붙어 있지 않으므로 그 부분만을 운문판 「당나귀 가죽」이 실려 있는 1967년 책에서 옮겨 실었다.

그 외 민담들은 장 피에르 시메옹Jean-Pierre Siméon이 정리한 『오베르뉴 지방의 민담과 전설Contes et Légendes d'Auvergne』, 이브 펭기이Yves Pinguilly가 정리한 『브레타뉴 지방의 민담과 전설Contes et Légendes de Bretagne』, 드니 몽테벨로Denis Montebello가 정리한 『푸아투 샤랑트 지방의 민담과 전설Contes et Légendes de Poitou et des Charentes』, 다니엘르 바세Danielle Bassez가 정리한 『베리 지방의 민담과 전설Contes et Légendes du Berry』, 자크 렝데케르Jacques Lindecker가 정리한 『알자스 지방의 민담과 전설Contes et Légendes d'Alsace』, 장 마리 바르노Jean-Marie Barnaud가 정리한 『프로방스 지방의 민담과 전설Contes et Légendes de Provence』, 클레르 드루엥Claire Derouin이 정리한 『지중해 연안 지방의 민담과 전설Contes et Légendes autour de la Méditérranée』, 자로스라브 코투치Jaroslav Kotouc가 옮긴 『바다, 강, 호수의 전설Légendes des Mers, des Riviéres et des

Lacs』, 밀로스 말리Milos Maly가 옮긴 『나라의 가장 아름다운 이야기들Les Plus Beaux Contes du Pays des Fées』을 참조하였다.

엮은이 | 김덕희

한국외국어대학교 불어과를 졸업하고 프랑스 스트라스부르 대학에서 프랑스 고전문학을 전공하여 석사 학위와 박사 학위를 취득하였다. 피에르 코르네유와 그의 저작에 대한 논문을 다수 썼으며 현재 한국외국어대학교 불어과에서 강의를 맡고 있다. 『미래를 원한다』, 『고대 그리스 시민』, 『연극적 환상, 오라스』 등의 역서가 있다.

세계 민담 전집 08 프랑스

1판 1쇄 펴냄 2003년 9월 15일
1판 4쇄 펴냄 2015년 11월 18일

엮은이 | 김덕희
발행인 | 김세희
편집인 | 김준혁
펴낸곳 | 황금가지

출판등록 | 2009. 10. 8 (제2009-000273호)
주소 | 135-887 서울 강남구 신사동 506 강남출판문화센터 5층
전화 | 영업부 515-2000 편집부 3446-8774 팩시밀리 515-2007
홈페이지 | www.goldenbough.co.kr

도서 파본 등의 이유로 반송이 필요할 경우에는 구매처에서 교환하시고
출판사 교환이 필요할 경우에는 아래 주소로 반송 사유를 적어 도서와 함께 보내주세요.
135-887 서울 강남구 신사동 506 강남출판문화센터 6층 민음인 마케팅부

ⓒ ㈜민음인, 2015. Printed in Seoul, Korea
ISBN 978-89-8273-588-2 04800
ISBN 978-89-8273-580-6 (set)

㈜민음인은 민음사 출판 그룹의 자회사입니다.
황금가지는 ㈜민음인의 픽션 전문 출간 브랜드입니다.